SIGMUND FREUD

OBRAS COMPLETAS

SIGMUND FREUD

OBRAS COMPLETAS VOLUME 1
TEXTOS PRÉ-PSICANALÍTICOS
(1886-1896)

TRADUÇÃO PAULO CÉSAR DE SOUZA
ANDRÉ CARONE

COMPANHIA DAS LETRAS

Copyright da tradução © 2025 by Paulo César Lima de Souza
Grafia atualizada segundo o Acordo Ortográfico da Língua Portuguesa de 1990, que entrou em vigor no Brasil em 2009.

Os textos deste volume foram traduzidos de *Gesammelte Werke*, volumes I e XVII (Londres: Imago, 1952 e 1941), e *Nachtragsband*. A outra edição alemã referida é *Studienausgabe* (Frankfurt: Fischer, 2000).
Projeto de uma psicologia foi traduzido por André Carone; os demais textos, por Paulo César de Souza.

Capa e projeto gráfico
Raul Loureiro/ Claudia Warrak

Imagens das pp. 3 e 4, obras da coleção pessoal de Freud:
Eros, período helenístico, terracota, 13,5 cm
Baubo, período ptolomaico, terracota, 9,5 cm
Freud Museum, Londres

Preparação
Célia Euvaldo

Índice remissivo
Luciano Marchiori

Revisão
Luís Eduardo Gonçalves
Huendel Viana

Dados Internacionais de Catalogação na Publicação (CIP)
(Câmara Brasileira do Livro, SP, Brasil)

> Freud, Sigmund, 1856-1939.
> Obras completas, volume 1 : Textos pré-psicanalíticos (1886-1896) / Sigmund Freud; tradução Paulo César de Souza e André Carone. — 1ª ed. — São Paulo: Companhia das Letras, 2025.
>
> Título original: Gesammelte Werke; Nachtragsband; Studienausgabe
> ISBN 978-85-359-3726-8
>
> 1. Freud, Sigmund, 1856-1939 2. Psicologia 3. Psicanálise 4. Psicoterapia I. Título.

24-212465   CDD-150.1952

Índice para catálogo sistemático:
1. Psicanálise freudiana : Psicologia analítica 150.1952

Cibele Maria Dias — Bibliotecária — CRB-8/9427

Todos os direitos desta edição reservados à
EDITORA SCHWARCZ S.A.
Rua Bandeira Paulista, 702, cj. 32
04532-002 — São Paulo — SP
Telefone: (11) 3707-3500
www.companhiadasletras.com.br
www.blogdacompanhia.com.br
facebook.com/companhiadasletras
instagram.com/companhiadasletras
x.com/cialetras

SUMÁRIO

ESTA EDIÇÃO 9

**INFORME SOBRE MINHA VIAGEM DE ESTUDOS
A PARIS E BERLIM (1886)** 13

**OBSERVAÇÃO DE UM CASO GRAVE DE HEMIANESTESIA
NUM HOMEM HISTÉRICO (1886)** 27

HISTERIA (1888) 39
APÊNDICE: HISTEROEPILEPSIA 65

**PREFÁCIO À TRADUÇÃO DE H. BERNHEIM,
DE LA SUGGESTION (1888)** 68
APÊNDICE: PREFÁCIO À SEGUNDA EDIÇÃO ALEMÃ (1896) 83

RESENHA DE AUGUSTE FOREL, O HIPNOTISMO (1889) 86

TRATAMENTO PSÍQUICO (DA ALMA) (1890) 104

HIPNOSE (1891) 132

UM CASO DE CURA POR HIPNOSE (1892-1893) 147

**PREFÁCIO E NOTAS À TRADUÇÃO DE J.-M. CHARCOT,
LEÇONS DU MARDI À LA SALPÊTRIÈRE (1892-1894)** 164
PREFÁCIO 165
EXCERTOS DAS NOTAS À TRADUÇÃO DE LEÇONS DU MARDI 171

**ESBOÇOS DA "COMUNICAÇÃO PRELIMINAR"
(1940-1941 [1892])** 179

**ALGUMAS CONSIDERAÇÕES PARA UM ESTUDO
COMPARATIVO DAS PARALISIAS MOTORAS ORGÂNICAS
E HISTÉRICAS (1893)** 189

RESENHA DE P. J. MÖBIUS, A ENXAQUECA (1895) 210

PROJETO DE UMA PSICOLOGIA (1950 [1895]) 217
    I. PLANO GERAL 218
    II. PSICOPATOLOGIA 284
    III. ENSAIO DE EXPOSIÇÃO DOS PROCESSOS NORMAIS EM Ψ 301

TEXTOS BREVES (1886-1895) 341
    PREFÁCIO À TRADUÇÃO DE J.-M. CHARCOT, *LIÇÕES SOBRE
       AS DOENÇAS DO SISTEMA NERVOSO* (1886) 342
    RESENHA DE H. AVERBECK, *A NEURASTENIA AGUDA* (1887) 344
    RESENHA DE WEIR MITCHELL, *O TRATAMENTO DE CERTAS
       FORMAS DE NEURASTENIA E HISTERIA* (1887) 345
    RESENHA DE OSWALD BERKHAN, "TENTATIVAS DE MELHORAR
       A SURDO-MUDEZ E OS BONS RESULTADOS DESSAS
       TENTATIVAS" (1887) 346
    RESENHA DE HEINRICH OBERSTEINER, "O HIPNOTISMO
       CONSIDERADO ESPECIALMENTE EM SUA IMPORTÂNCIA
       CLÍNICA E FORENSE" (1888) 347
    RESENHA DE A. HEGAR, *O INSTINTO SEXUAL:
       UM ESTUDO MÉDICO-SOCIAL* (1895) 349

ÍNDICE REMISSIVO 353

ESTA EDIÇÃO

Esta edição das obras completas de Sigmund Freud pretende ser a primeira, em língua portuguesa, traduzida do original alemão e organizada na sequência cronológica em que apareceram originalmente os textos.

A afirmação de que são obras completas pede um esclarecimento. Não se incluem os textos de neurologia, isto é, não psicanalíticos, anteriores à criação da psicanálise. Isso porque o próprio autor decidiu deixá-los de fora quando se fez a primeira edição completa de suas obras, nas décadas de 1920 e 1930. No entanto, vários textos pré-psicanalíticos, já psicológicos, serão incluídos nos dois primeiros volumes. A coleção inteira será composta de vinte volumes, sendo dezenove de textos e um de índices e bibliografia.

A edição alemã que serviu de base para esta foi *Gesammelte Werke* [Obras completas], publicada em Londres entre 1940 e 1952. Agora pertence ao catálogo da editora Fischer, de Frankfurt, que também recolheu num grosso volume, intitulado *Nachtragsband* [Volume suplementar], inúmeros textos menores ou inéditos que haviam sido omitidos na edição londrina. Apenas alguns deles foram traduzidos para a presente edição, pois muitos são de caráter apenas circunstancial.

A ordem cronológica adotada pode sofrer pequenas alterações no interior de um volume. Os textos considerados mais importantes do período coberto pelo volume, cujos títulos aparecem na página de rosto, vêm em primeiro lugar. Em uma ou outra ocasião, são reunidos aqueles que tratam de um só tema, mas não foram publicados sucessivamente; é o caso dos artigos sobre a técnica psicanalítica, por exemplo. Por fim, os textos mais curtos são agrupados no final do volume.

Embora constituam a mais ampla reunião de textos de Freud, os dezessete volumes dos *Gesammelte Werke* foram sofrivelmente editados, talvez devido à penúria dos anos de guerra e de pós-guerra na Europa. Embora ordenados cronologicamente, não indicam sequer o ano da publicação de cada trabalho. O texto em si é em geral confiável, mas sempre que possível foi cotejado com a *Studienausgabe* [Edição de estudos], publicada pela Fischer em 1969-75, da qual consultamos uma edição revista, lançada posteriormente. Trata-se de onze volumes organizados por temas (como a primeira coleção de obras de Freud), que não incluem vários textos secundários ou de conteúdo repetido, mas incorporam, traduzidas para o alemão, as apresentações e notas que o inglês James Strachey redigiu para a *Standard Edition* (Londres: Hogarth Press, 1955-66).

O objetivo da presente edição é oferecer os textos com o máximo de fidelidade ao original, sem interpretações de comentaristas e teóricos posteriores da psicanálise, que devem ser buscadas na imensa bibliografia sobre o tema. Informações sobre a gênese de cada obra também podem ser encontradas na literatura secundária. Para questionamentos de pontos específicos e do próprio conjunto da teoria freudiana, o leitor deve recorrer à literatura crítica de F. Cioffi, J. Paris, M. Macmillan, E. Gellner e outros.

Após o título de cada texto há apenas a referência bibliográfica da primeira publicação, não a das edições subsequentes ou em outras línguas, que interessam tão somente a alguns especialistas. Entre parênteses se acha o ano da publicação original; havendo transcorrido mais de um ano entre a redação e a publicação, a data da redação aparece entre colchetes. As indicações bibliográficas do autor foram normalmente conservadas tais como ele as redigiu, isto é, não foram substituídas por edições mais recentes das obras citadas. Mas sempre é fornecido o ano da publicação, que, no caso de remissões do autor a seus próprios textos, permite que o leitor os localize sem maior dificuldade, tanto nesta como em outras edições das obras de Freud.

As notas do tradutor geralmente informam sobre os termos e passagens de versão problemática, para que o leitor tenha uma ideia mais precisa de seu significado e para justificar em alguma medida as soluções aqui adotadas. Nessas notas são reproduzidos os equivalentes achados em algumas versões estrangeiras dos textos, em línguas aparentadas ao português e ao alemão. Não utilizamos as duas versões das obras completas já publicadas em português, das editoras Delta e Imago, pois não foram traduzidas do alemão, e sim do francês e do espanhol (a primeira) e do inglês (a segunda).

No tocante aos termos considerados técnicos, não existe a pretensão de impor as escolhas aqui feitas como se fossem absolutas. Elas apenas pareceram as menos insatisfatórias para o tradutor, e os leitores e profissionais que empregam termos diferentes, conforme suas diferentes abordagens e percepções da psicanálise, devem sentir-se à vontade para conservar suas opções — que cada qual seja "feliz à sua maneira", como disse aquele famoso rei da Prússia, citado por Freud.

P.C.S.

INFORME SOBRE MINHA VIAGEM DE ESTUDOS A PARIS E BERLIM
REALIZADA COM UMA BOLSA DO JUBILEU DA UNIVERSIDADE (OUTUBRO DE 1885-FINAL DE MARÇO DE 1886) (1886)

TÍTULO ORIGINAL: "BERICHT ÜBER MEINE MIT UNIVERSITÄTS-JUBILÄUMS--REISESTIPENDIUM UNTERNOMMENE STUDIENREISE NACH PARIS UND BERLIN". REDIGIDO EM 1886. TRADUZIDO DE *GESAMMELTE WERKE. NACHTRAGSBAND*, PP. 34-44. TAMBÉM SE ACHA EM I. GRUBRICH-SIMITIS (ORG.), *SELBSTDARSTELLUNG*, FRANKFURT: FISCHER TASCHENBUCH, 1993 [1971], PP. 129-38.

Honorável colégio de professores da Faculdade de Medicina de Viena,

Em minha solicitação de uma bolsa de viagem do Fundo do Jubileu da Universidade para 1885-6, manifestei o propósito de ir a Paris, para o hospício da Salpêtrière, a fim de lá prosseguir meus estudos neuropatológicos. Vários fatores contribuíram para essa escolha: primeiro, a certeza de encontrar na Salpêtrière um grande número de enfermos, que em Viena se acham dispersos e, portanto, são de acesso mais difícil; depois, o grande nome de Charcot, que havia dezessete anos já trabalhava e ensinava naquele hospital. Por fim, refleti que não podia esperar aprender algo essencialmente novo numa universidade alemã, depois que em Viena havia desfrutado, de forma direta ou indireta, dos ensinamentos dos professores Th. Meynert e H. Nothnagel. A escola francesa de neuropatologia, por outro lado, me parecia oferecer algo diferente e particular em seu modo de trabalho e, além disso, tinha abordado novos campos da neuropatologia, aos quais o trabalho científico, na Alemanha e na Áustria, não se aplicou da mesma forma. Devido aos poucos contatos pessoais entre médicos franceses e alemães, os achados da escola francesa — alguns bastante peculiares (sobre o hipnotismo); outros, de importância prática (sobre a histeria) — encontraram antes ceticismo do que crença e reconhecimento em nossos países, e os pesquisadores franceses, com Charcot à frente, muitas vezes tiveram de tolerar a objeção de ausência de senso crítico ou, pelo menos, de inclinação ao estudo de casos estranhos e à sua elaboração dramática. Depois que o honorável colégio de professores me distinguiu com a bolsa no exterior, aproveitei de bom grado a oportunidade para formar um juízo, fundado em experiência própria, sobre os fatos mencionados, com a satisfação, ao mesmo tempo, de nisso seguir o conselho de meu venerado mestre, o prof. Von Brücke.

Durante as férias que passei em Hamburgo, a amável solicitude do dr. Eisenloh, o conhecido representante da neuropatologia naquela cidade, tornou possível que eu examinasse bom número de doentes nervosos no Hospital Geral e no hospital Heine, além de me permitir o acesso ao hospício de Klein-Friedrichsberg. Mas a viagem de estudos, sobre a qual aqui informo, teve início apenas com minha chegada a Paris na primeira metade de outubro, no começo do ano letivo.

A Salpêtrière, que visitei primeiramente, é um amplo conjunto que, com seus prédios de dois andares, dispostos em quadrados, e com seus pátios e jardins, lembra bastante o Hospital Geral de Viena. Ao longo do tempo, a Salpêtrière foi destinada a usos diversos, o primeiro dos quais está indicado em seu nome (como em nossa *Gewehrfabrik*),* e se tornou, por fim, um asilo para mu-

---

* Em francês, *salpêtrière* designa uma fábrica ou depósito de *salpêtre* ("salitre", usado em fogos de artifício, explosivos etc.). A construção foi erguida para servir de arsenal, no início do século XVII. Também o prédio do Instituto de Fisiologia de Viena foi originalmente uma *Gewehrfabrik* ("fábrica de armas"). De maneira análoga, a famosa casa de concertos de Leipzig se chama *Gewandhaus* porque inicialmente abrigava os negociantes de roupas (*Gewand*). [As notas chamadas por asterisco e as interpolações às notas do autor, entre colchetes, são de autoria do tradutor. As notas do autor são sempre numeradas.]

lheres idosas (*pour la vieillesse* [*femmes*]), que abrigava mais de cinco mil pessoas. Era natural que as doenças nervosas crônicas estivessem grandemente representadas nesse material patológico, e anteriores médicos-chefes [*Primarärzte*] do asilo — Briquet, por exemplo — também haviam iniciado o estudo científico das enfermas; mas um obstáculo ao trabalho contínuo e sistemático era o hábito dos médicos-chefes franceses de mudar frequentemente de hospital e, assim, também a especialidade que estudavam, até culminar sua carreira no grande hospital clínico Hôtel-Dieu. Mas J.-M. Charcot, que em 1856 era médico residente (*Sekundararzt*) na Salpêtrière, percebeu a necessidade de fazer das doenças crônicas o objeto de um estudo exclusivo e ininterrupto, e se propôs retornar à Salpêtrière como *Primararzt* e não mais sair de lá. Sendo um homem modesto, Charcot afirma que seu único mérito foi haver realizado essa intenção. A natureza propícia do material clínico o fez dedicar-se às doenças nervosas crônicas e sua base anatômico-patológica, e por cerca de doze anos ele deu aulas de clínica voluntariamente, sem cargo docente, até que em 1881 foi instituída uma cadeira de neuropatologia na Salpêtrière, a ele confiada.

Isso trouxe mudanças decisivas nas condições de trabalho de Charcot e dos seus discípulos, que se tornavam numerosos. Como necessário complemento do material permanente do asilo, foi criado um departamento clínico na Salpêtrière, em que também eram atendidos pacientes homens e cujos doentes eram selecionados num tratamento ambulatorial oferecido uma vez por semana (*consultation externe*). Além disso, foram colocados à disposição do professor de neuropatologia, nas instalações daquele amplo hospital, um laboratório para trabalhos anatômicos e fisiológicos, um museu de patologia, um ateliê de fotografia e moldes de gesso, um gabinete oftalmológico e um instituto para a utilização de eletricidade e hidroterapia, garantindo-lhe a possibilidade de recorrer à colaboração duradoura dos discípulos a quem foi entregue a direção desses estabelecimentos. O homem que dirige todos esses recursos e assistentes tem hoje sessenta anos, é de uma vivacidade, jovialidade e perfeição no uso da língua que costumamos atribuir ao caráter nacional dos franceses, e de uma paciência e laboriosidade que tendemos a reivindicar para nossa própria nação.

Atraído por essa personalidade, em pouco tempo me limitei a frequentar apenas aquele hospital e a seguir apenas o curso desse professor. Fiz tentativas ocasionais de assistir a outras aulas, mas logo me convenci de que, na maioria das vezes, tinha de contentar-me com peças de retórica bem articuladas. Somente procurava não perder as autópsias e comunicações do prof. Brouardel no necrotério.*

Na Salpêtrière, meu trabalho assumiu uma forma diferente da que eu me havia proposto originalmente. Eu tinha chegado com a intenção de tomar uma só questão como objeto de uma pesquisa aprofundada, e, já que em Viena me ocupava sobretudo de problemas

* Cf. "Prefácio a *Ritos escatológicos do mundo inteiro*", de 1913 (p. 346 do volume 10 destas *Obras completas*).

anatômicos, escolhera o estudo das atrofias e degenerações secundárias após afecções cerebrais em crianças. Foi colocado à minha disposição um material patológico bastante valioso, mas achei que as condições para utilizá-lo não eram propícias. O laboratório não se achava instalado de modo a acolher um trabalhador de fora, e o que havia de espaço e recursos era pouco acessível, pela ausência de qualquer organização. Vi-me obrigado, então, a desistir do trabalho anatômico, e me contentei com uma descoberta referente às relações dos núcleos do funículo dorsal na medula oblonga. Mas depois tive a oportunidade de retomar pesquisas desse tipo com o dr. Von Darkchevitch, de Moscou, e nosso trabalho resultou na publicação de um artigo no *Neurologisches Zentralblatt*, n. 6, de 1886, com o título "Sobre a relação do corpo restiforme com o funículo dorsal e seu núcleo" ["Über die Beziehung des Strickkörpers zum Hinterstrang und Hinterstrangskern"].

Em contraste com as deficiências do laboratório, a clínica da Salpêtrière oferecia tantas coisas novas e interessantes que tive de empenhar-me completamente para usufruir aquelas oportunidades de aprendizado. A semana se dividia da seguinte forma. Na segunda-feira havia a aula aberta de Charcot, que encantava pela perfeição formal, ao passo que seu conteúdo já nos era conhecido dos trabalhos da semana anterior. Essas aulas não eram exatamente uma instrução elementar em neuropatologia, mas sim comunicações sobre as mais recentes pesquisas do professor, e impressionavam sobretudo pela constante referência aos doentes que eram apresentados.

Na terça-feira Charcot mantinha a *consultation externe*, em que os assistentes lhe traziam, para seu exame, tanto casos típicos como misteriosos, extraídos do grande número de pacientes ambulatoriais. Se às vezes era desencorajador, quando o mestre deixava alguns desses casos recaírem, em suas palavras, "no caos da nosografia ainda ignorada", outros casos lhe davam a oportunidade de fazer observações muito instrutivas sobre os mais diversos temas da neuropatologia. A quarta-feira era dedicada, em parte, aos exames oftalmológicos, que o dr. Parinaud realizava na presença de Charcot. Nos outros dias, o professor visitava as salas clínicas ou prosseguia os exames dos doentes que o ocupavam no momento, na sala de conferências.

Desse modo, tive a oportunidade de ver e examinar pessoalmente um bom número de pacientes e de escutar o parecer de Charcot sobre eles. De valor ainda maior do que essa aquisição de experiência, contudo, parece-me ser o estímulo que recebi, durante os cinco meses em Paris, do constante trato científico e pessoal com o prof. Charcot.

No tocante ao trato científico, não se pode dizer que eu recebesse maior atenção do que os demais estrangeiros. Tinha acesso à clínica todo médico que havia se apresentado, e o trabalho do professor se dava publicamente, em meio a todos os jovens médicos seus assistentes e aos médicos estrangeiros. Ele parecia trabalhar junto conosco, refletir em voz alta e esperar objeções da parte dos discípulos. Quem quisesse, podia intervir na discussão, e nenhuma observação deixava de ser considerada pelo mestre. A naturalidade na forma de relacionamento e o fato de que todos eram tratados de modo cortês e em pé de igualdade — algo que os estrangeiros estranhavam — faziam com que também os tímidos não achassem dificuldade em participar vivamente dos exames que Charcot realizava. Nós o víamos indeciso, inicialmente, diante de fenômenos novos e difíceis de serem interpretados; podíamos acompanhar as vias pelas quais buscava chegar à compreensão deles, a maneira como constatava e superava os obstáculos; podíamos observar e notar, surpresos, que Charcot nunca se cansava de contemplar aquele fenômeno, até que, pelo trabalho repetido e despreconceituoso dos seus sentidos, chegava à concepção correta. Se a isso acrescentarmos a total franqueza exibida pelo professor nessas horas de trabalho, será fácil compreender por que o autor deste relatório, assim como todos os demais estrangeiros na mesma situação, deixou a clínica da Salpêtrière como admirador incondicional de Charcot.

Ele costumava dizer que, em linhas gerais, a obra da anatomia está concluída, e a teoria das enfermidades orgânicas do sistema nervoso se acha pronta, de certo modo; agora seria a vez das neuroses. É lícito ver nessa afirmação apenas uma expressão da mudança ocorrida em sua própria atividade. Há anos ele trabalha quase exclusivamente com as neuroses, sobretudo com a histeria, a qual, desde a abertura do ambulatório e da clínica, pode estudar também nos homens.

Buscarei resumir em poucas palavras as contribuições de Charcot na clínica da histeria. Não se pode dizer que a histeria seja, atualmente, um nome de significado bem definido; o estado patológico a que se aplica esse nome é caracterizado cientificamente apenas por traços negativos, que são pouco estudados, de forma relutante, e que são alvo de alguns preconceitos bastante difundidos. Tais preconceitos são a suposta relação do adoecimento histérico com as excitações genitais, a opinião de que não é possível indicar uma sintomatologia determinada para a histeria, pois qualquer combinação de sintomas pode aparecer nela, e, por fim, a importância exagerada que se atribuiu à simulação no quadro clínico da histeria. Nas últimas décadas, era quase tão provável uma histérica ser tratada como simuladora quanto, séculos atrás, ser julgada e condenada como bruxa ou possessa. Por outro ângulo, houve até mesmo um retrocesso no conhecimento da histeria. A Idade Média conhecia muito bem os "estigmas", sinais somáticos da histeria, que interpretava e utilizava a seu modo. Mas nas policlínicas de Berlim eu notei que esses sinais somáticos da histeria eram praticamente desconhecidos e que, com o diagnóstico de histeria, parecia que se estava suprimindo toda inclinação a continuar se ocupando do paciente.

Ao estudar a histeria, Charcot partiu dos casos mais desenvolvidos, que ele entendeu como tipos acabados da doença, e primeiramente reduziu à medida correta a relação da neurose com o sistema genital, ao verificar a histeria masculina e, em especial, a traumática, numa frequência até então insuspeitada. Naqueles casos típicos, ele achou uma série de traços somáticos (natureza do ataque, anestesia, distúrbios do sentido da visão, pontos histerógenos etc.), que agora permitem fazer o diagnóstico da histeria seguramente, com base em traços positivos. Mediante o estudo científico do hipnotismo — um âmbito da neuropatologia que foi preciso salvar da descrença, por um lado, e da fraude, por outro —, ele próprio chegou a uma espécie de teoria da sintomatologia histérica, tendo a coragem de perceber os sintomas como reais na maioria dos casos, sem nisso esquecer a cautela que a insinceridade dos pacientes requer. Uma experiência que crescia rapidamente, graças a um excelente material, logo lhe permitiu levar em consideração também os desvios do quadro típico, e, quando precisei deixar a clínica, ele havia passado a estudar, após as paralisias e artralgias histéricas, as atrofias histéricas, de cuja existência pôde se convencer apenas nos últimos dias de minha estada.

A enorme importância prática da histeria masculina, geralmente ignorada, e sobretudo da histeria gerada após um trauma, Charcot esclareceu com o exemplo de um doente que por quase três meses constituiu o centro de todo o seu trabalho. Assim, por meio dos seus esforços a histeria foi destacada do caos das neuroses, delimitada em relação a outros estados de manifestação semelhante e dotada de uma sintomatologia que, embora bastante variada, não mais permite ignorar a existência de leis e certa ordem. A respeito dos pontos de vista que resultavam das investigações de Charcot tive com ele uma viva troca de ideias, verbalmente e por escrito, da qual derivou um trabalho a ser publicado nos *Archives* *de Neurologie*, intitulado "Comparação entre a sintomatologia histérica e a orgânica".*

Devo registrar que o fato de as neuroses geradas por traumas (*railway spine*) serem concebidas como histerias encontrou viva oposição em autores alemães, sobretudo em Thomsen e Oppenheim, assistentes no hospital Charité de Berlim. Depois vim a conhecer os dois em Berlim, e quis aproveitar a oportunidade para verificar se essa oposição era justificada. Mas, infelizmente, os pacientes em questão já não se achavam mais no Charité. Minha impressão foi de que ainda não era possível tomar uma decisão acerca do problema e que Charcot agia corretamente ao considerar primeiro os casos típicos e mais simples, enquanto seus opositores alemães começavam pelo estudo das formas complicadas e nebulosas. A afirmação de que na Alemanha não se achavam formas tão difíceis de histeria, como as que Charcot utilizara em seu trabalho, foi contestada em Paris, e defendeu-se a mesma identidade da histeria em todos os tempos e lugares, invocando-se os relatos históricos de epidemias desse tipo.

Também não descuidei de adquirir experiência própria nos fenômenos surpreendentes do hipnotismo, aos quais se dá pouco crédito, em especial o *grand hypnotisme*, que Charcot descreveu. Para meu assombro, vi que se trata de coisas palpáveis e absolutamente inquestionáveis, mas

---

* Esse texto foi publicado sete anos depois, com o título "Algumas considerações para um estudo comparativo das paralisias motoras orgânicas e histéricas" (1893, neste volume).

de tal forma extraordinárias que é preciso testemunhá-las para nelas acreditar. Contudo, não notei que Charcot tivesse predileção especial por fenômenos inusitados nem que buscasse utilizá-los com finalidades místicas. Para ele, o hipnotismo era antes uma área de fenômenos que ele submetia à descrição científica, exatamente como fizera, anos antes, com a esclerose múltipla ou a atrofia muscular progressiva. Ele não me parecia um desses indivíduos que se admiram mais com as coisas raras do que com as usuais, e toda a sua orientação intelectual me faz supor que não descansa até haver descrito e classificado corretamente um fenômeno de que se ocupa, mas que pode dormir tranquilamente sem haver dado a explicação fisiológica do fenômeno em questão.

Neste relato, dediquei um bom espaço às observações sobre a histeria e o hipnotismo, pois devia tratar do que é absolutamente novo e que constitui o objeto do trabalho de Charcot. Usei menos palavras para falar das doenças orgânicas do sistema nervoso, mas não quero dar a impressão de ter visto pouco, ou mesmo nada, relacionado a elas. Do rico material de casos notáveis, mencionarei apenas os seguintes, como sendo particularmente interessantes: as formas de atrofia muscular há pouco descritas pelo dr. Pierre Marie, que, embora não sejam mais contadas entre as doenças do sistema nervoso, ainda são acompanhadas por neuropatologistas; casos da doença de Ménière, de esclerose múltipla, de sífilis e todas as suas complicações, em especial o problema com as articulações, descrito por Charcot; de epilepsia parcial e outras formas que constituem o acervo de um ambulatório e de uma clínica de nervos. Das enfermidades funcionais (além da histeria), a coreia e as várias espécies de tique (a síndrome de La Tourette, por exemplo) recebiam particular atenção na época em que estive lá.

Quando soube que Charcot pretendia publicar uma nova coletânea de suas conferências, ofereci-me para fazer uma tradução alemã do volume, e graças a esse trabalho tive maior proximidade pessoal com o mestre, por um lado, e, por outro, a possibilidade de prolongar minha estada em Paris além do período coberto pela bolsa de estudos que recebera. Essa tradução aparecerá em maio deste ano, pelos editores Toeplitz e Deuticke, de Viena.

Devo dizer, por fim, que o prof. Ranvier, do Collège de France, teve a bondade de me mostrar seus excelentes preparados de células nervosas e neuroglias.

Minha estada em Berlim, de 1º de março até o final do mês, coincidiu com as férias semestrais. Não obstante isso, tive muitas oportunidades de examinar crianças com enfermidades nervosas nos ambulatórios dos professores Mendel e Eulenburg e do dr. A. Baginsky, e em toda parte fui muito bem recebido. As inúmeras visitas que fiz ao prof. Munk e ao laboratório de agronomia do prof. Zuntz, onde encontrei o dr. Loeb, de Estrasburgo, me permitiram formar um juízo próprio acerca da controvérsia, entre Goltz e Munk, relativa à localização do sentido da visão no córtex cerebral. O dr. B. Baginsky, do laboratório de Munk, teve a gentileza de me dar a conhecer seus preparados referentes ao trajeto do nervo acústico e de solicitar minha opinião acerca deles.

Considero minha obrigação agradecer calorosamente ao colégio de professores da Faculdade de Medicina de Viena por me haver concedido a bolsa de estudos no exterior. Esses senhores, entre os quais se acham todos os meus venerados mestres, possibilitaram-me assim a aquisição de importantes conhecimentos, que espero aproveitar como docente e também na atividade médica.

Viena, Páscoa de 1886.

OBSERVAÇÃO DE UM CASO GRAVE DE HEMIANESTESIA NUM HOMEM HISTÉRICO (1886)

TÍTULO ORIGINAL: "BEOBACHTUNG EINER HOCHGRADIGEN HEMIANÄSTHESIE BEI EINEM HYSTERISCHEN MANNE". PUBLICADO PRIMEIRAMENTE EM *WIENER MEDIZINISCHEN WOCHENSCHRIFT*, V. 36, N. 49. TRADUZIDO DE *GESAMMELTE WERKE. NACHTRAGSBAND*, PP. 57-64.

Prezados senhores,

Quando, em 15 de outubro deste ano, tive a honra de tomar sua atenção com um breve relato sobre os recentes trabalhos de Charcot no âmbito da histeria masculina, fui convidado por meu venerado mestre, o *Hofrat** prof. Meynert, a apresentar a esta sociedade casos daquele tipo, nos quais se podem observar em forma evidente os sinais somáticos da histeria, os "estigmas histéricos", que caracterizam essa neurose para Charcot. Hoje atendo a esse convite — ainda que de modo insuficiente, até onde me permite o material clínico a que tive acesso —, expondo-lhes o caso de um homem histérico que traz o sintoma da hemianestesia quase que em desenvolvimento máximo. Antes de iniciar a exposição, quero apenas dizer que não acredito lhes mostrar um caso raro e especial. Considero-o, isto sim, bastante comum e de frequência regular, embora muitas vezes seja ignorado.

Devo esse paciente à gentileza do colega Von Beregszászy, que o enviou a meu consultório para que eu confirmasse o diagnóstico por ele feito. Trata-se de August P., cinzelador de 29 anos, que os senhores aqui veem; um homem inteligente, que de bom grado se ofereceu para minha pesquisa, na esperança de uma rápida recuperação.

Permitam-me, primeiramente, informar-lhes sobre sua família e sua história pessoal. O pai do paciente

---

* Literalmente, "conselheiro da corte", título honorífico dado a cidadãos que se destacavam em alguns cargos, como professores universitários ou diretores de escolas.

morreu, aos 48 anos, da doença de Bright;* era um taberneiro, bebia muito e tinha natureza iracunda. A mãe morreu de tuberculose aos 46 anos, diz-se que sofria muitas dores de cabeça quando era mais jovem; o paciente não sabe dizer se ela tinha convulsões etc. Desse casal nasceram seis filhos homens, dos quais o primeiro teve uma vida desregrada e pereceu de uma afecção luética cerebral. O segundo filho é de interesse especial para nós; tem participação na etiologia da doença do irmão e parece ser ele próprio um histérico. Esse irmão contou a nosso paciente que sofreu ataques convulsivos; e um singular acaso fez com que hoje eu encontrasse um colega berlinense que tratou esse irmão em Berlim, durante uma enfermidade, e diagnosticou nele uma histeria, algo confirmado também num hospital de lá. O terceiro filho desertou do Exército, e desde então desapareceu; o quarto e o quinto morreram em idade tenra, e o sexto é o nosso paciente.

Durante a infância, ele se desenvolveu normalmente, nunca teve convulsões e superou as doenças infantis comuns. Aos oito anos de idade, teve a má sorte de ser atropelado na rua, sofreu uma ruptura do tímpano direito, com dano permanente da audição, e sucumbiu a uma doença que durou meses, durante a qual teve muitos ataques, cuja natureza não é mais possível descobrir. Eles persistiram por cerca de dois anos. Desse acidente se originaram uma leve inibição intelectual, que o pa-

---

* Denominação antiga para a insuficiência renal crônica; Richard Bright foi o médico que primeiro a estudou.

ciente acredita haver notado em sua evolução escolar, e uma tendência a sensações de vertigem toda vez que, por algum motivo, ele se sentia mal. Mais tarde, concluiu a *Normalschule*;* após a morte dos pais tornou-se aprendiz de um cinzelador, e fala a favor de seu caráter que ele tenha permanecido dez anos com o mesmo mestre. Descreve a si próprio como alguém que pensava apenas em se aprimorar no ofício, que, com essa finalidade, lia e desenhava bastante e renunciava às companhias e às diversões. Teve de refletir muito sobre si mesmo e a sua ambição, e nisso caía frequentemente num estado de agitação e fuga de ideias, em que ficava apreensivo com sua saúde mental. Com frequência, tinha um sono intranquilo, e a vida sedentária tornava lenta sua digestão. Por nove anos sofreu de palpitações, mas tinha boa saúde e seu trabalho não era afetado.

Sua doença atual teve início há cerca de três anos. Ele teve uma desavença com o irmão dissoluto, que se recusava a lhe devolver uma quantia emprestada. Esse irmão ameaçou matá-lo com uma faca. Isso gerou nele um medo indescritível, veio-lhe um zumbido na cabeça, como se esta fosse explodir, ele correu para casa, sem saber como pôde chegar lá, e caiu ao chão, inconsciente, diante da sua porta. Depois se soube que por duas horas teve fortes convulsões, e enquanto isso falava da cena com o irmão. Quando acordou, sentia-se debilitado. Nas seis semanas seguintes, sofreu de for-

---

* Literalmente, "escola normal"; mas designava, na época, uma espécie de escola profissionalizante.

tes dores de cabeça e de pressão intracraniana no lado esquerdo, a sensação na metade esquerda do corpo lhe parecia diferente e seus olhos se cansavam facilmente no trabalho, que já tinha retomado. Com algumas oscilações, seu estado permaneceu assim por três anos, até que sete semanas atrás uma nova comoção o fez piorar. Uma mulher acusou o paciente de furto, ele foi tomado de fortes palpitações e por cerca de catorze dias ficou tão deprimido que pensou em suicídio, e, ao mesmo tempo, sobrevieram-lhe intensos tremores nos membros do lado esquerdo. Sentia a metade esquerda do corpo como se estivesse afetada por um acidente vascular. Sua visão ficou fraca, e frequentemente ele enxergava tudo cinza. O sono era perturbado por aparições horríveis e por sonhos em que acreditava cair de uma grande altura. Surgiram dores no lado esquerdo do pescoço, no flanco esquerdo, no osso sacro e em outros lugares. Com frequência, o estômago lhe parecia "inchado", e ele se via obrigado a interromper o trabalho. Todos esses sintomas pioraram novamente há uma semana. Além disso, ele padece de fortes dores no joelho esquerdo e na planta do pé esquerdo ao andar por algum tempo, tem uma sensação peculiar na garganta, como se a língua lhe estivesse presa, com frequência escuta cantos em seus ouvidos etc. Sua memória diminuiu para as vivências tidas durante a enfermidade e está boa para eventos anteriores. Os ataques convulsivos se repetiram de seis a nove vezes nesses três anos; mas a maioria deles foi leve, apenas um acesso noturno, em agosto passado, foi acompanhado de "sacudidas" mais fortes.

Observem agora o paciente, um tanto pálido e de compleição média. O exame dos órgãos internos não mostra nada patológico, excetuando sons cardíacos abafados. Se pressiono o local de saída dos nervos supraorbital, infraorbital e do mento, o paciente vira a cabeça, com expressão de dores intensas. Então, como era de supor, há uma alteração nevrálgica no trigêmeo esquerdo. Também a abóbada craniana é muito sensível à percussão no lado esquerdo. Mas a pele da metade esquerda da cabeça tem comportamento muito diferente do que seria de esperar: é completamente insensível a estímulos de qualquer espécie; posso dar-lhe uma alfinetada, beliscá-la, apertar entre os dedos o lobo da orelha, sem que o paciente se dê conta de que foi tocado. Há, portanto, uma anestesia acentuada. Ela atinge não só a pele, mas também as mucosas, como se vê nos lábios e na língua do paciente. Se introduzo um pedaço de papel enrolado no canal externo do ouvido esquerdo e depois na narina esquerda, isso não provoca nenhuma reação. Repetindo o experimento no lado direito, constato uma sensibilidade normal. Em conformidade com a anestesia, também os reflexos sensoriais estão ausentes ou diminuídos. Assim, posso tocar com o dedo o lado esquerdo da garganta sem despertar ânsias de vômito. Mas os reflexos da garganta se acham diminuídos também no lado direito; apenas quando atinjo a epiglote no lado direito há uma reação. Tocando a conjuntiva palpebral e a ocular, quase que as pálpebras não se fecham; o reflexo da córnea está presente, mas de modo enfraquecido. Os reflexos da conjuntiva e da córnea se acham diminuídos também no olho direito, embora em grau menor, e esse comportamento dos reflexos me leva a concluir que os distúrbios da visão não se limitam necessariamente a um olho, o esquerdo. De fato, quando o examinei pela primeira vez, o paciente apresentava nos dois olhos a peculiar poliopia dos histéricos e distúrbios na sensibilidade às cores. Com o olho direito reconhecia todas as cores menos o violeta, que afirmava ser o cinza; com o esquerdo, apenas vermelho-claro e amarelo, ao passo que todas as demais cores tomava por cinza, quando havia luz, e por preto, quando estava escuro. O dr. Königstein teve a gentileza de examinar detalhadamente os olhos do paciente, e fará ele próprio um relato do que encontrou. No que toca aos outros sentidos, tanto o olfato como o paladar desapareceram por completo no lado esquerdo. Só a audição foi poupada pela hemianestesia cerebral. O ouvido direito, os senhores devem se lembrar, ficou bastante comprometido após o atropelamento de que o paciente foi vítima aos oito anos. O ouvido esquerdo funciona melhor; a redução da audição que nele se acha pode ser explicada, como me informou gentilmente o dr. Gruber, por uma visível afecção orgânica do tímpano.

Se agora passamos a examinar o tronco e os membros, também aí encontramos, inicialmente no braço esquerdo, uma anestesia total. Como os senhores veem, posso enfiar uma agulha numa dobra da pele do paciente sem que ele reaja. Também as partes profundas — músculos, ligamentos, articulações — devem estar insensíveis em alto grau, pois posso dobrar-lhe o pulso, estirando os ligamentos, sem provocar nele sensação alguma. Condiz com essa anestesia das partes profundas que o paciente, de olhos vendados, não tenha ideia da posição do seu braço esquerdo no espaço ou de algum movimento que executo com esse membro. Ponho uma venda em seus olhos e lhe pergunto o que fiz com seu braço esquerdo. Ele não sabe. Peço-lhe que segure o polegar, o cotovelo, o ombro esquerdo com a mão direita. Ele tateia no ar, pega a mão que lhe estendo, pensando ser sua, e afinal admite não saber de quem é a mão que segurou.

Deve ser de particular interesse verificar se ele consegue achar os locais da metade esquerda do seu rosto. Seria de crer que não teria dificuldade nisso, já que a metade esquerda do rosto se acha, por assim dizer, firmemente grudada na direita, que continua intacta. Mas a experiência mostra o oposto. O paciente não encontra seu olho esquerdo, o lobo da orelha esquerda etc.; parece mesmo se sair pior ao tatear com a mão direita as partes anestesiadas do próprio rosto do que se tocasse uma parte do corpo de outra pessoa. Isso não se deve a um distúrbio na sua mão direita, pois os senhores veem como ele age com rapidez e segurança quando lhe solicito que toque em pontos da metade direita de seu rosto.

Há a mesma anestesia no tronco e na perna esquerda. Constatamos que a insensibilidade é demarcada pela linha mediana, ou vai um pouco além dela.

Parece-me de interesse especial a análise dos transtornos de movimento que o paciente mostra nos seus membros anestesiados. Creio que se explicam apenas pela anestesia. Certamente não se trata de paralisia — do braço esquerdo, digamos. Um braço paralisado fica frouxamente caído ou é mantido em posições forçadas mediante contraturas. Aqui é diferente. Quando vendo os olhos do paciente, o braço esquerdo permanece na posição em que estava antes. Os transtornos de movimento são variáveis e dependem de circunstâncias diversas. De início, aqueles entre os senhores que observaram como o paciente tirou a roupa com as duas mãos, como tapou a narina esquerda com os dedos da mão esquerda, não tiveram a impressão de um transtorno severo do movimento. Olhando mais atentamente, ver-se-á que o braço esquerdo, sobretudo a mão, se move de maneira um tanto mais lenta e canhestra, como que entorpecido e com leve tremor. Mas todo movimento é executado, mesmo o mais complicado, e assim ocorre sempre que a atenção do doente é desviada do órgão do movimento e se dirige apenas para o objetivo do movimento. É muito diferente quando lhe solicito que faça com o braço esquerdo movimentos sem finalidade clara, por exemplo, que dobre o braço no cotovelo, seguindo-o com os olhos. Nisso o braço esquerdo se mostra bem mais inibido do que antes, o movimento se realiza com mais lentidão, de forma incompleta, em etapas, como se superasse uma grande resistência, e com vivo tremor. Os movimentos dos dedos são excepcionalmente fracos nessas circunstâncias. Um terceiro tipo de transtorno do movimento, o mais forte, aparece quando o paciente deve executar movimentos diversos de olhos fechados. É verdade que o membro totalmente anestesiado ainda faz alguma coisa, pois, como os senhores veem, a inervação motora é independente das informações sensoriais que normalmente chegam de um membro que vai ser movimentado; mas esse movimento é mínimo, não se dirige a um segmento particular, o paciente não pode determinar sua direção. Porém, não tomem essa última espécie de transtorno de movimento como uma consequência necessária da anestesia; justamente nisso há amplas diferenças *individuais*. Observamos, na Salpêtrière, doentes com anestesia que conservavam, de olhos fechados, um domínio bem maior do membro perdido para a consciência.[1]

Na perna esquerda nota-se a mesma influência da atenção desviada ou do olhar. Hoje o paciente caminhou a meu lado na rua por cerca de uma hora, em passo rápido, sem olhar para os pés, e notei apenas que levantava o pé esquerdo um tanto para fora, arrastando-o no chão com frequência.* Porém, quando eu lhe *digo* para andar, ele observa cada movimento da perna com anestesia, esta se move de maneira lenta e insegura, e ele se cansa depressa. Totalmente inseguro, ele acaba andando de olhos fechados, desloca-se com os pés aderindo ao chão, como fazemos no escuro, num local desconheci-

---

[1] Cf. Charcot, "Sobre dois casos de monoplegia histérica do braço etc." (*Neue Vorlesungen*, tradução do presente autor, Viena: Toeplitz e Deuticke, 1886 [versão alemã de *Leçons sur les maladies du système nerveux, tome III*, Paris: 1887; trata-se do cap. 22]).

* Ver a nota de Freud ao texto "Algumas considerações para um estudo comparativo das paralisias motoras orgânicas e histéricas", de 1893 (neste volume, p. 195).

do. Também lhe é muito difícil manter-se de pé apoiado na perna esquerda; se fecha os olhos nessa posição, cai no mesmo instante.

Descreverei ainda o comportamento dos reflexos. Geralmente são mais vivos que o normal, mas não muito concordantes entre si. Os reflexos do tríceps e dos flexores são decididamente mais vivos na extremidade direita, não anestesiada; o reflexo patelar parece mais acentuado à esquerda, o reflexo do tendão de Aquiles é igual nos dois lados. Também é possível produzir uma discreta reação do pé, mais visível à direita. Os reflexos do cremaster estão ausentes, já os do abdômen são vivos e bastante acentuados no lado esquerdo, de maneira que o mais leve toque na pele do abdômen gera contração máxima do músculo reto abdominal em seu lado esquerdo.

Em consonância com o quadro de uma hemianestesia histérica, nosso paciente mostra, de forma espontânea e sob pressão, locais doloridos no lado do corpo que é normalmente insensível, as chamadas "zonas histerógenas" — embora sua ligação com os ataques não seja acentuada no presente caso. Assim, o nervo trigêmeo, cujos terminais, como lhes mostrei antes, são sensíveis à pressão, é a sede de uma zona histerógena desse tipo; e também uma estreita faixa na fossa cervical média esquerda, uma área mais ampla na parede esquerda do tórax (onde também a pele ainda é sensível), a porção lombar da coluna vertebral e a parte mediana do osso sacro (a pele sobre a primeira é também sensível). Por fim, o cordão espermático esquerdo é bastante sensível à dor, e essa zona prossegue pela cavidade abdominal, ao longo do cordão espermático, até o local que nas mulheres é, com frequência, a sede da "ovarialgia".

Devo acrescentar dois comentários, referentes a desvios de nosso caso em relação ao quadro típico da hemianestesia histérica. O primeiro é de que a metade direita do corpo do paciente não foi poupada de anestesias, que, porém, não são de grau elevado, parecem atingir somente a pele. Há, por cima do ombro direito, uma zona em que a sensibilidade à dor (e à temperatura) se acha diminuída, e outra que rodeia, como uma faixa, a extremidade distal do antebraço; a perna direita é hipoestésica no lado externo da coxa e na panturrilha.

Um segundo comentário diz respeito ao fato de a hemianestesia, em nosso paciente, mostrar muito nitidamente a característica da instabilidade. Num exame da sensibilidade elétrica, sem querer sensibilizei uma área da pele do cotovelo esquerdo, e em repetidos exames mostraram-se oscilantes, quanto à intensidade, a extensão das zonas dolorosas do tronco e os distúrbios no sentido da visão. Nessa instabilidade do transtorno da sensibilidade é que baseio a esperança de em pouco tempo restaurar a sensibilidade normal do paciente.

HISTERIA (1888)

TÍTULO ORIGINAL: "HYSTERIE". PUBLICADO PRIMEIRAMENTE (SEM O NOME DO AUTOR) COMO VERBETE DO *HANDWÖRTERBUCH DER GESAMTEN MEDIZIN*, ORG. DR. A. VILLARET, STUTTGART: FERDINAND ENKE, V. 1, PP. 886-92. TRADUZIDO DE *GESAMMELTE WERKE. NACHTRAGSBAND*, PP. 72-90.

HISTERIA

HISTERIA (ύστέρα, útero); (fr. *hystérie* fem.; ing. *hysterics* [sic]; it. *isteria* fem., *isterismo* masc.)

I. HISTÓRIA. O termo "histeria" vem dos primórdios da medicina e é resultado do preconceito, superado apenas em nosso tempo, que relaciona a neurose com enfermidades do aparelho genital feminino. Na Idade Média, a neurose teve importante papel histórico-cultural, assumiu formas epidêmicas, devido ao contágio psíquico, e era o fundamento factual na história da possessão e da feitiçaria. Documentos daquela época atestam que sua sintomatologia não sofreu mudança até hoje. Uma avaliação e melhor compreensão da doença começou somente com os trabalhos de Charcot e da escola da Salpêtrière, por ele influenciada. Até então, a histeria era a *bête noire* da medicina. Os pobres histéricos, que em séculos anteriores eram queimados ou exorcizados como possessos, em nossa época esclarecida foram submetidos apenas à maldição do ridículo; seu estado era considerado mera simulação e exagero, não merecendo uma observação clínica.

A histeria é uma neurose no sentido estrito da palavra; ou seja, não só não foram encontradas mudanças perceptíveis do sistema nervoso nessa doença, como tampouco se deve esperar que algum refinamento das técnicas anatômicas venha a comprová-las. A histeria resulta de modificações psicológicas do sistema nervoso, e sua natureza poderia ser expressa numa fórmula que levasse em conta as condições de excitabilidade das diferentes partes desse sistema. Mas essa formulação fisiopatológica ainda não foi descoberta. Por enquanto, é preciso contentar-se em definir a neurose de maneira puramente nosográfica, pelo conjunto dos sintomas que nela aparecem, assim como a doença de Basedow, digamos, é caracterizada por um grupo de sintomas — exoftalmia, bócio, tremor, aceleração do pulso e mudança psíquica —, sem consideração de um nexo mais estreito entre esses fenômenos.

II. DEFINIÇÃO. Ainda hoje, autores alemães e ingleses costumam usar arbitrariamente os termos "histeria" e "histérico", juntando "histeria" e nervosismo em geral, neurastenia, muitos estados psicóticos e muitas neuroses ainda não separadas do caos das doenças nervosas. Em vez disso, Charcot sustenta que a histeria é um quadro clínico distinto e bem demarcado, que se mostra mais claramente nos casos extremos da chamada *"grande hystérie"* (ou histeroepilepsia). Além disso, a histeria abrange as formas mais leves e rudimentares do tipo da *grande hystérie*, que se esmaecem pouco a pouco em direção à normalidade. A histeria é fundamentalmente diversa da neurastenia; é, a rigor, o seu oposto.

III. SINTOMATOLOGIA. A sintomatologia da *grande hystérie*, bastante rica, mas nada irregular, compõe-se de uma série de sintomas, entre os quais se incluem:

1. *Ataques convulsivos*. Eles são precedidos de uma "aura" peculiar: pressão no epigástrio, constrição na

garganta, latejamento nas têmporas, zumbido nos ouvidos, ou parte desse complexo de sensações. Essa "aura" também surge de forma independente nos pacientes histéricos, ou constitui por si só um ataque. É conhecido, sobretudo, o *globus hystericus*, a sensação, lembrando espasmos da faringe, de que uma bola sobe do epigástrio para a garganta. O ataque propriamente tem três fases, quando é completo. A primeira fase, "epileptoide", semelha um ataque epiléptico comum, às vezes um ataque de epilepsia unilateral. A segunda, a dos *grands mouvements*, exibe movimentos bem amplos, como os chamados "movimentos de saudação", as posturas em forma de arco (*arc de cercle*), contorsões etc. A força neles aplicada é, com frequência, enorme. Para diferenciar esses movimentos de um ataque epiléptico, observe-se que os movimentos histéricos são sempre executados com elegância e coordenação, em forte contraste com a brusquidez das convulsões epilépticas. Além disso, nos espasmos histéricos mais violentos não há, em geral, lesões mais severas. A terceira fase, *alucinatória*, do ataque histérico, a da *attitude passionnelle*, distingue-se por posturas e gestos característicos de cenas apaixonadas, que o paciente alucina e, muitas vezes, são acompanhadas das palavras correspondentes. Durante todo o ataque, a consciência pode ser conservada ou perdida, este último caso sendo mais frequente. Ataques desse tipo podem se juntar numa série, de modo a persistir por horas e até dias. Diferentemente do que ocorre na epilepsia, o aumento da temperatura é insignificante. Cada fase do ataque, ou cada trecho de uma fase, pode surgir de maneira isolada e representar por si só o ataque, em casos rudimentares. Naturalmente, esses ataques abreviados são muito mais frequentes que os completos. De particular interesse são os ataques histéricos que, em vez das três fases, apresentam um coma que sobrevém de forma apoplética, os chamados *attaques de sommeil* [ataques de sono]. Esse coma pode parecer o sono natural, ou aparecer junto com tal decréscimo da respiração e da circulação que é tido como morte. Comprovadamente, estados desse tipo podem se prolongar por semanas e meses. Nesse sono contínuo, a nutrição diminui pouco a pouco; mas não há perigo de vida. O sintoma dos ataques, tão característico, está ausente em um terço dos histéricos.

2. *Zonas histerógenas*. Acham-se em relação íntima com os ataques as chamadas zonas histerógenas, locais hipersensíveis do corpo que, ao serem levemente estimulados, suscitam um ataque; um ataque cuja aura tem início, muitas vezes, com uma sensação vinda desse local. Essas zonas podem ter seu foco na pele, nas partes profundas, nos ossos, nas mucosas, até mesmo em órgãos dos sentidos; acham-se mais frequentemente no tronco do que nos membros e mostram certas predileções: por exemplo, um lugar da parede abdominal correspondente aos ovários nas mulheres (e até mesmo nos homens), o alto da cabeça, a região embaixo dos seios; nos homens, os testículos e o cordão espermático. Com frequência, a pressão nesses locais não desencadeia a convulsão, mas sim as sensações da aura. A partir de muitas dessas zonas histerógenas pode-se exercer também uma influência

inibidora no ataque convulsivo. Uma forte pressão no local dos ovários, por exemplo, tira muitos pacientes do ataque histérico ou do sono histérico. Nesses pacientes é possível evitar um ataque iminente fazendo com que utilizem uma faixa, semelhante a uma cinta para hérnias, com uma almofadinha que pressione o local dos ovários. As zonas histerógenas são, às vezes, numerosas, outras vezes, poucas, e unilaterais ou bilaterais.

3. *Distúrbios da sensibilidade*. Estes são os mais frequentes e, para o diagnóstico, os mais importantes sinais da neurose; prosseguem também nos períodos de remissão, e são tanto mais significativos porque, na sintomatologia das doenças orgânicas do cérebro, os distúrbios da sensibilidade têm papel relativamente pequeno. Consistem em *anestesia* ou *hiperestesia*, e apresentam enorme liberdade de extensão e de graus de intensidade, que não são alcançados em nenhuma outra doença. Podem ser atingidos pela anestesia: a pele, as mucosas, os ossos, músculos e nervos, órgãos sensoriais e vísceras; mas a anestesia da pele é a mais frequente. Na *anestesia histérica da pele*, todas as diferentes espécies de sensação da pele podem vir dissociadas e se comportar de forma independente uma da outra. A anestesia pode ser total ou atingir apenas a sensação de dor (analgesia, que é a mais frequente), ou apenas a sensação térmica, da pressão ou elétrica, ou as sensações musculares. Somente uma possibilidade não encontramos na histeria: a deterioração apenas do sentido do tato, com manutenção das demais capacidades. Por outro lado, ocorre que simples sensa-

ções táteis tenham efeito doloroso (*afalgesia*). Com frequência, a anestesia histérica é tão acentuada que a mais intensa faradização das raízes nervosas não produz reação sensorial. No que toca à extensão, a anestesia pode ser total; em casos raros, pode atingir toda a superfície da pele e a maioria dos órgãos dos sentidos. Com maior frequência, porém, é uma *hemianestesia*, semelhante à produzida por lesão da cápsula interna. Mas se diferencia da hemianestesia causada por doença orgânica pelo fato de habitualmente ultrapassar a linha mediana em algum ponto, incluindo, por exemplo, a língua, a laringe, os genitais como um todo, e de os olhos não serem alcançados sob a forma de hemianopsia, mas de ambliopia ou amaurose de um olho. E a hemianestesia histérica tem maior liberdade no modo como se distribui. Pode ocorrer que um órgão dos sentidos ou um órgão do lado anestésico se subtraia totalmente à anestesia, ou que todo local sensível no quadro da hemianestesia seja substituído pelo local simétrico do outro lado (*transfert* espontâneo; ver adiante). Por fim, a anestesia histérica pode aparecer em focos dispersos, de maneira unilateral ou bilateral ou apenas em algumas áreas, monoplégica nas extremidades ou como nódoas acima de órgãos internos doentes (laringe, estômago etc.).

Em todas essas situações ela pode ser substituída pela hiperestesia. Na anestesia histérica, os reflexos sensoriais costumam ficar diminuídos; assim ocorre com o reflexo conjuntival, o esternutatório e o faríngeo. Mas os reflexos da córnea e da glote, de importância vital, permanecem inalterados. Os reflexos vasomotores e a dilatação das pupilas por estimulação da pele não são perturbados mesmo havendo anestesia acentuada. A anestesia histérica é um sintoma que deve sempre ser pesquisado pelo médico, pois, mesmo tendo grande extensão e intensidade, geralmente escapa à percepção do doente. Para diferenciá-la das anestesias orgânicas, enfatizemos que o distúrbio histérico da sensibilidade não costuma impedir nenhuma atividade motora dos pacientes. Com frequência, as áreas da pele atingidas por anestesia histérica são isquêmicas, não sangram ao serem furadas, mas isso é apenas uma complicação, não uma condição necessária da anestesia. É possível separar artificialmente os dois fenômenos. Entre anestesia e zonas histerógenas há muitas vezes uma relação recíproca, como se toda a sensibilidade de boa parte do corpo fosse comprimida numa só zona.

Os distúrbios da sensibilidade são aqueles sintomas em que é possível basear o diagnóstico da histeria mesmo nas formas rudimentares. Na Idade Média, a existência de áreas anestésicas que não sangravam (*stigmata Diaboli*) era considerada prova de bruxaria.

4. *Distúrbios da atividade sensorial*. Estes podem afetar todos os órgãos dos sentidos e aparecer ao mesmo tempo que alterações da sensibilidade da pele ou de forma independente delas. O transtorno de visão histérico consiste em amaurose ou ambliopia unilateral ou ambliopia bilateral, nunca em hemianopsia. Seus sintomas são: fundo do olho normal, suspensão do reflexo conjuntival (enfraquecimento do reflexo da córnea), estreitamento concêntrico do campo visual, redução da per-

cepção da luz e acromatopsia. Nesta última, perde-se primeiro a percepção do violeta, e a do vermelho ou do azul é a que permanece por mais tempo. Os fenômenos não obedecem a nenhuma teoria da cegueira às cores; as percepções das cores se comportam de maneira independente uma da outra. São frequentes os distúrbios de acomodação e as falsas conclusões a partir deles. Objetos que se aproximam ou se afastam do olho são vistos em tamanhos diferentes, duplicados ou multiplicados (diplopia monocular com macropsia e micropsia).

A surdez histérica raramente é bilateral, em geral é unida, mais ou menos completamente, a uma anestesia do pavilhão auricular, do canal auditivo externo e até mesmo do tímpano. Também no distúrbio histérico do paladar e do olfato se encontra, via de regra, anestesia da pele e da mucosa pertencentes ao órgão do sentido. Parestesias e hiperestesias dos órgãos dos sentidos inferiores são frequentes nos histéricos; por vezes há um extraordinário refinamento da atividade sensorial, sobretudo do olfato e da audição.

5. *Paralisias*. Paralisias histéricas são mais raras que anestesias e quase sempre acompanhadas de anestesia da parte do corpo paralisada, enquanto nas enfermidades orgânicas predominam os distúrbios da mobilidade, que surgem independentemente da anestesia. As paralisias histéricas jamais levam em conta a estrutura anatômica do sistema nervoso, a qual, como se sabe, se revela bem claramente na distribuição das paralisias orgânicas. Não há, sobretudo, paralisias histéricas que correspondam às

paralisias periféricas do nervo facial, do radial e do serrátil, isto é, que afetem grupos de músculos ou músculos e pele, numa conjunção produzida pela inervação anatômica comum a eles. As paralisias histéricas são comparáveis somente às corticais, mas se distinguem dessas por uma série de traços. Assim, há uma hemiplegia histérica, que envolve apenas o braço e a perna do mesmo lado. Não há uma paralisia histérica do rosto; no máximo, junto à paralisia das extremidades, se encontra um espasmo dos músculos faciais e da língua, que ora está do mesmo lado da paralisia, ora do lado oposto, e se manifesta, entre outras coisas, por um desvio excessivo da língua. Outra característica diferenciadora da hemiplegia histérica consiste no fato de a perna paralisada não ser movida mediante um giro na articulação do quadril, mas ser arrastada como um apêndice morto. A hemiplegia histérica está sempre ligada a uma hemianestesia, em geral bastante desenvolvida. Além disso, na histeria também encontramos paralisados um braço ou uma perna somente, ou as duas pernas (paraplegia). Neste último caso, junto à anestesia das pernas pode haver uma paralisia do intestino e da bexiga, o que torna o quadro clínico muito semelhante a uma paraplegia espinal. A paralisia também pode, em vez de tomar todo um membro, atingir apenas partes dele: a mão, o ombro, o cotovelo etc. Nisso não há primazia da parte final do membro, enquanto uma característica da paralisia orgânica é sempre afetar mais nitidamente a parte final do que as anteriores do membro. Na paralisia parcial de um membro, a anestesia costuma obedecer a limites semelhantes aos da paralisia e é circunscrita por linhas perpendiculares ao eixo longitudinal do membro. Na paralisia histérica das pernas, escapa à anestesia o triângulo de pele entre os músculos glúteos, correspondente ao sacro. Em todas essas paralisias, não importando quanto durem, acham-se ausentes os fenômenos da degeneração progressiva, muitas vezes a flacidez dos músculos atinge um grau elevado, o comportamento dos reflexos é inconstante; já as extremidades paralisadas podem atrofiar e, de fato, sofrem uma atrofia que se desenvolve rapidamente, logo chega a parar, e não é acompanhada de nenhuma alteração da excitabilidade elétrica. Às paralisias dos membros deve-se se juntar a afasia histérica, ou melhor, mudez, que consiste na incapacidade de emitir algum som articulado, ou de fazer os movimentos da fala sem som. É sempre acompanhada de *afonia*, que também ocorre sozinha; nela, a capacidade de escrever é conservada e até aumentada. As demais paralisias motoras da histeria já não se relacionam a segmentos do corpo, apenas a funções: por exemplo, a astasia-abasia (incapacidade de andar e se manter de pé); esta ocorre enquanto há conservação da sensibilidade das pernas, da força geral delas e da possibilidade de executar todos os movimentos em posição horizontal — uma separação das funções dos mesmos músculos que não é observada em lesões orgânicas. Todas as paralisias histéricas se distinguem pelo fato de poderem ser bem acentuadas e, ao mesmo tempo, limitadas a certa parte do corpo, enquanto as paralisias orgânicas costumam, tendo sua intensidade aumentada, estender-se também por uma área mais ampla.

6. *Contraturas*. Em formas mais graves de histeria há uma tendência geral de a musculatura responder a estímulos leves com uma contratura (*diathèse* [diátese] *de contracture*). Para isso pode bastar o simples uso de uma faixa de Esmarch. Tais contraturas também aparecem frequentemente em casos menos graves, nos músculos mais diversos. Nas extremidades elas se caracterizam pela excessiva intensidade e podem ocorrer em todas as posições, algo que não se explica pela estimulação de raízes nervosas. São muito persistentes, não cedem durante o sono, como as contraturas orgânicas, e sua força não varia conforme a excitação, a temperatura etc. Relaxam somente na narcose profunda, voltando à plena força após o despertar. Nos demais órgãos, órgãos sensoriais e vísceras, as contraturas musculares são bastante frequentes e constituem, numa série de casos, o mecanismo pelo qual a função é suspensa durante as paralisias. Também a tendência a espasmos clônicos aumenta bastante na histeria.

7. *Características gerais*. A sintomatologia histérica tem uma série de características gerais, cujo conhecimento é importante para o diagnóstico e para a compreensão da neurose. Os fenômenos histéricos se caracterizam, antes de tudo, por serem excessivos: uma dor histérica é descrita pelos doentes como dolorosa em alto grau, uma anestesia e uma paralisia podem facilmente tornar-se absolutas, uma contratura histérica produz a maior retração de que um músculo é capaz. Nisso cada sintoma pode aparecer isolado, por assim dizer: anestesias e paralisias não sendo acompanhadas dos fenômenos gerais que em lesões or-

gânicas mostram doença do cérebro e que, por sua importância, costumam eclipsar os sintomas focais. Junto a um local totalmente insensível da pele se acha um local de sensibilidade absolutamente normal; junto a um braço paralisado por completo, uma perna intacta, do mesmo lado do corpo. *A conjunção de máximo desenvolvimento e clara delimitação do distúrbio é algo especialmente característico da histeria.* Além disso, os sintomas histéricos são "móveis", de modo tal que de antemão se afasta qualquer suspeita de lesão material. Essa mobilidade dos sintomas se dá de forma espontânea, como depois de ataques convulsivos, que muitas vezes alteram a distribuição de paralisias e anestesias ou as suspendem, ou por influência artificial, com os chamados métodos estesiogênicos, como eletricidade, aplicação de metais, utilização de estímulos cutâneos, ímãs etc. Esse tipo de influência parece tanto mais notável porque um sistema nervoso histérico costuma oferecer grande resistência à influência química por medicação interna e reage a narcóticos como morfina e hidrato de cloral de maneira anômala.

Entre os recursos que podem remover os sintomas histéricos, devem ser destacadas a influência da excitação e a sugestão hipnótica, esta última porque aponta diretamente para o mecanismo do distúrbio histérico e não incorre na suspeita de produzir efeitos que não sejam psíquicos. No deslocamento dos sintomas histéricos, algumas coisas se destacam. Com intervenções "estesiogênicas" é possível transferir uma anestesia, uma paralisia, uma contratura, um tremor etc. para o local simétrico da outra metade do corpo (*tranfert*), ficando normal o lugar anteriormente afetado. Assim se verifica, na histeria, a relação simétrica, que também comparece, de forma insinuada, no estado fisiológico, já que a neurose nada cria de novo, apenas desenvolve e exacerba relações fisiológicas. Outra característica das afecções histéricas, muito importante, é que de maneira alguma elas oferecem um espelho das condições* anatômicas do sistema nervoso. Pode-se dizer que a histeria tem tão pouco conhecimento da estrutura do sistema nervoso quanto nós mesmos, antes de aprender sobre ela. Como se sabe, os sintomas das afecções orgânicas refletem a anatomia do órgão central e são a fonte mais confiável para o nosso conhecimento deste último. Devemos, portanto, rejeitar a ideia de que a histeria tem por base um possível distúrbio orgânico, e não podemos invocar influências vasomotoras (espasmos vasculares) como causa de distúrbios histéricos. Um espasmo vascular é, em sua essência, uma alteração orgânica, cujo efeito é determinado por relações anatômicas, e se distingue de uma embolia, por exemplo, apenas pelo fato de não produzir uma alteração *permanente*.

Junto aos sintomas físicos da histeria, deve-se atentar para uma série de distúrbios psíquicos em que certamente se acharão, algum dia, alterações características da histeria, mas cuja análise mal se iniciou até agora. São alterações no curso e na associação de ideias, inibições da vontade, elevação e supressão de sentimentos etc., que podem ser resumidas, em geral, como sendo *alterações da*

---

* No original, *Verhältnisse*, termo que pode significar "relações", "condições, "situação" etc.

distribuição normal das quantidades estáveis de excitação no sistema nervoso. Uma psicose, no sentido psiquiátrico do termo, não é parte da histeria, mas pode se desenvolver com base no estado histérico, devendo, então, ser percebida como uma complicação. O que popularmente se costuma designar como temperamento histérico — a instabilidade da vontade, as mudanças de humor, o aumento da excitabilidade e a diminuição dos sentimentos altruístas — pode aparecer na histeria, mas de modo nenhum é necessário para o seu diagnóstico. Há histerias graves em que está completamente ausente uma alteração psíquica desse tipo. Muitos pacientes dessa categoria estão entre as pessoas mais amáveis, de vontade mais firme e inteligência mais lúcida, que sentem as manifestações da doença como algo estranho à sua natureza. Os sintomas psíquicos têm sua importância no quadro geral da histeria, mas não são mais constantes que cada um dos sintomas físicos, os estigmas. Já as alterações psíquicas, que devemos postular como fundamento do estado histérico, dão-se inteiramente no âmbito da atividade cerebral inconsciente, automática. Talvez se possa destacar ainda que na histeria (como em todas as neuroses) a influência dos processos psíquicos sobre os físicos é aumentada e que o doente histérico trabalha com um excedente de excitação no sistema nervoso, que às vezes se manifesta de forma inibidora, outras vezes de forma estimulante, e se desloca com grande liberdade no sistema nervoso.

A histeria deve ser vista como um estado, uma diátese nervosa que de vez em quando produz acessos. A etiologia do *status hystericus* deve ser buscada na hereditariedade: os histéricos são sempre consideravelmente predispostos a distúrbios da atividade nervosa, e entre seus parentes se acham epilépticos, doentes psíquicos, tábidos etc. Também se observa a transmissão hereditária da histeria, e é a causa, por exemplo, do surgimento da histeria em garotos (vinda da mãe). Ante o fator hereditário, todos os outros passam a segundo plano e assumem o papel de causas eventuais, cuja relevância costuma ser superestimada na prática. Mas as causas acidentais da histeria são importantes na medida em que desencadeiam ataques histéricos, a histeria aguda. Como fatores capazes de favorecer o desenvolvimento de uma predisposição histérica, cabe mencionar: uma educação demasiado branda (a histeria dos filhos únicos), o despertar prematuro da atividade intelectual na criança, agitações frequentes e fortes. Essas influências são também capazes de produzir neuroses de outra espécie, como a neurastenia, por exemplo, de modo que a influência decisiva da predisposição hereditária torna-se evidente. Como fatores que geram ataques de doença histérica aguda, cabe assinalar: traumas, intoxicações (de chumbo, de álcool), preocupações, comoções, enfermidades debilitantes; em suma, tudo o que pode ter um forte efeito nocivo. Em outras ocasiões, com frequência os estados histéricos se desenvolvem a partir de ensejos banais e obscuros. No que toca à influência de anomalias no âmbito sexual, a qual é, muitas vezes, tida como predominante no surgimento da histeria, deve-se dizer que sua importância costuma ser superestimada. Em primeiro lugar, há histeria em garotas e garotos ainda sexualmente imaturos, assim como a neurose também aparece no sexo masculino com todos os traços característicos, apenas de modo bem mais raro (na proporção de um para vinte). Além disso, foi observada a histeria em mulheres totalmente privadas dos genitais, e todo médico terá visto uma série de casos de doença histérica em mulheres cujos genitais não mostravam nenhuma alteração anatômica, assim como, de modo inverso, a grande maioria das mulheres com doenças dos genitais não sofre de histeria. Deve-se admitir, porém, que condições *funcionais* ligadas à vida sexual têm grande papel na etiologia da histeria (como na de *todas* as neuroses), e isso graças à elevada importância psíquica dessa função, em especial no sexo feminino.

O trauma é uma frequente causa eventual de adoecimento histérico em dois sentidos; primeiro, se um forte trauma físico, acompanhado de susto e perda momentânea da consciência, desperta uma predisposição histérica não notada até então; em segundo lugar, se a parte do corpo atingida pelo trauma se torna o foco de uma histeria local. Por exemplo, em indivíduos histéricos, após uma queda com leve contusão da mão, desenvolve-se uma contratura dessa mão ou, em condições análogas, uma dolorosa coxalgia etc. O conhecimento dessas afecções pertinazes é muito importante para o cirurgião, pois nessas circunstâncias a intervenção pode apenas prejudicar. Nem sempre é fácil o diagnóstico diferencial desses estados, sobretudo no caso das articulações. Os estados causados por traumas gerais graves (acidentes ferroviários e similares), conhecidos como *railway spine* e *railway brain*, são entendidos por Charcot como histeria, o que tem a concordância de autores americanos, cuja autoridade nessa questão é indiscutível. Esses estados têm, com frequência, um aspecto bastante grave e sombrio, são ligados a depressões e mau humor melancólico e exibem, numa série de casos ao menos, uma combinação de sintomas histéricos com neurastênicos e orgânicos. Charcot também demonstrou que a encefalopatia saturnina pertence à histeria, e que as anestesias frequentes em alcoólatras não são uma doença à parte, mas sintomas da histeria. Mas ele é contrário à postulação de várias subespécies de histeria (traumática, alcoólica, saturnina etc.): ela seria sempre a mesma, apenas despertada por causas eventuais diversas. Também na sífilis recente foi observado o aparecimento de sintomas histéricos.

IV. EVOLUÇÃO DA HISTERIA. A histeria representa antes uma anomalia constitucional que uma doença delimitada. É provável que seus primeiros sinais apareçam geralmente na infância. De fato, mesmo doenças histéricas perturbadoras não são raras em crianças de seis a dez anos. Em meninos e meninas, o período antes e depois da puberdade traz habitualmente a primeira irrupção da neurose, naqueles de forte predisposição histérica. Na histeria infantil pode-se comprovar os mesmos sintomas que na neurose de adultos. Apenas os estigmas costumam ser menos frequentes; a alteração psíquica, espasmos, ataques, contraturas ficam em primeiro plano. As crianças histéricas são, com frequência, precoces e altamente dotadas. É verdade que, numa série de casos, a histeria não passa de sintoma de uma profunda degeneração do sistema nervoso, que se manifesta em duradoura perversão moral. Como se sabe, a idade juvenil, a partir dos quinze anos, é o período em que a neurose histérica mais se manifesta vivamente nas mulheres. Isso pode ocorrer quando distúrbios mais leves se dão de maneira ininterrupta (histeria *crônica*) ou quando se verifica um ou mais ataques sérios (histeria *aguda*), separados por intervalos que duram anos. Os primeiros anos de um casamento feliz costumam ser livres da doença; com o esfriamento das relações conjugais e o esgotamento gerado por sucessivos partos, a neurose reaparece. Após os quarenta anos, não costuma produzir novos fenômenos nas mulheres; mas os velhos sintomas podem subsistir, e ensejos poderosos podem reforçar o estado patológico na idade avançada. Na idade juvenil, os homens parecem particularmente suscetíveis à histeria por trauma ou intoxicação. A *histeria masculina* tem o aspecto de uma doença grave; os sintomas que produz são geralmente pertinazes. Devido ao maior significado de uma cessação do trabalho para os homens, a enfermidade tem maior importância prática.

O desenrolar de certos sintomas histéricos (como contraturas, paralisias etc.) tem algo muito característico. Há casos em que os sintomas desaparecem de forma rápida e espontânea, dando lugar a outros também fugazes; em outros casos, prevalece uma grande rigidez nas manifestações. Muitas vezes as contraturas e paralisias persistem por anos, para desaparecer de maneira súbita e inesperada. Em geral, não há limite para a curabilidade dos distúrbios histéricos, e é característico que, após anos de interrupção, a função perturbada seja prontamente restituída por completo. Por outro lado, o desenvolvimento dos distúrbios histéricos necessita muitas vezes de um período de incubação, ou melhor, de latência, durante o qual a causa provocadora prossegue atuando no inconsciente.* Assim, uma paralisia histérica quase nunca aparece imediatamente após um trauma; as pessoas envolvidas num acidente ferroviário, por exemplo, são capazes de se mover após o trauma, dirigem-se para casa sem lesões aparentes e só depois de alguns dias ou semanas apresentam as manifestações que levam à conjectura de uma "comoção da medula". Também a cura repentina requer, habitualmente, um intervalo de vários dias para a sua formação. Em todos os casos, deve-se ter presente que a histeria jamais comporta um sério risco de vida, mesmo em suas manifestações mais temíveis. E a plena lucidez de espírito e a capacidade para realizações extraordinárias se conservam inclusive na mais prolongada histeria.

A histeria pode se combinar com muitas outras doenças dos nervos, neuróticas e orgânicas, e esses casos apresentam grandes dificuldades de análise. O mais frequente é a combinação de histeria com neurastenia, seja quando se tornam neurastênicas pessoas cuja predisposição histérica se acha quase esgotada, seja quando as duas neuroses

---

* Segundo as organizadoras do volume póstumo dos *Gesammelte Werke*, Angela Richards e Ilse Grubrich-Simitis, essa é a primeira vez que, num trabalho destinado à publicação, Freud utiliza o termo "inconsciente" num sentido próximo ao que adquiriria na psicanálise (cf. nota à p. 85 do *Nachtragsband*, o "volume complementar" dos *GW*).

são despertadas ao mesmo tempo, devido a influências desgastantes. Infelizmente, a maioria dos médicos ainda não aprendeu a separar as duas neuroses. Essa combinação é encontrada com mais facilidade em homens histéricos. O sistema nervoso masculino tem predisposição sobretudo para a neurastenia, assim como o feminino tem para a histeria. Por outro lado, a frequência da histeria feminina é superestimada; a maioria das mulheres que os médicos temem serem histéricas é, a rigor, neurastênica. Além disso, a "histeria local" pode se juntar a doenças locais de certos órgãos. Uma articulação realmente esponjosa pode se tornar o foco de uma artralgia histérica, um estômago afetado por catarro pode ocasionar vômitos histéricos, *globus hystericus* e anestesia ou hiperestesia da pele do epigástrio. Nesses casos, a doença orgânica se torna causa eventual da neurose. Doenças em que há febre costumam perturbar a formação da neurose histérica; uma hemianestesia histérica regride quando há febre.

v. A TERAPIA DA NEUROSE dificilmente pode ser abordada em poucas palavras. Em nenhuma outra doença o médico pode intervir de modo tão milagroso ou se mostrar tão impotente. Tendo em vista a terapia, devemos distinguir três tarefas: o tratamento da predisposição histérica, dos ataques histéricos (*histeria aguda*) e de sintomas histéricos específicos (*histeria local*). No tratamento da predisposição histérica, o médico tem certa margem de ação. A predisposição não pode ser eliminada, mas é possível cuidar, profilaticamente, para que os exercícios físicos e a higiene pessoal não sejam relegados a segundo plano perante à atividade intelectual, recomendar que não se sobrecarregue o sistema nervoso, tratar a anemia ou clorose, que parece reforçar particularmente a tendência a neuroses; e, por fim, reduzir a importância dos sintomas histéricos mais leves. É preciso, como médico, evitar a demonstração muito clara de interesse por sintomas histéricos leves, para não alimentá-los. Raramente o trabalho sério, ainda que cansativo, torna a pessoa histérica, mas deve-se fazer esse reproche à educação nas camadas melhores da sociedade, que busca o refinamento da percepção e da sensibilidade. Nesse sentido, não era ruim o método, usado por gerações mais antigas de médicos, de tratar manifestações histéricas em pessoas ainda jovens como má-criação e fraqueza de vontade e puni-las com ameaças, embora dificilmente se baseasse em concepções corretas. No tratamento de crianças, pode-se obter mais com a recusa apoiada na autoridade do que com qualquer outro método. É certo que não teremos êxito se transferirmos esse tratamento para a histeria de adultos e para casos sérios. Ao tratar histerias agudas, em que a neurose produz novas manifestações continuamente, o trabalho do médico é árduo; é fácil cometer erros, e os sucessos são raros. A primeira condição para uma intervenção bem-sucedida é, em geral, o distanciamento das relações habituais e o isolamento em relação ao círculo em que houve o ataque. Tais medidas são não apenas benéficas em si, mas também tornam possível uma observação médica precisa e a intensa atenção ao enfermo, sem a qual o médico jamais terá êxito no tratamento de histéricos. Em geral, o indivíduo histérico, homem ou mulher, não é o único doente dos nervos no círculo familiar; o susto e a afetuosa participação dos pais ou parentes não fazem senão aumentar a agitação ou, havendo mudança psíquica do enfermo, sua tendência a produzir sintomas mais intensos. Se, por exemplo, um ataque se verificou várias vezes em determinada hora, é então aguardado regularmente pela mãe, e quando esta pergunta ao filho, preocupada, se ele já se sente mal, isso garante o surgimento da manifestação temida. Apenas em casos muito raros conseguimos fazer com que a família espere os ataques histéricos do filho com calma total e aparente indiferença; na maioria das vezes, é preciso trocar a residência pela estadia numa instituição médica, e os parentes costumam oferecer mais resistência a isso que os próprios enfermos. As diferentes percepções que o doente tem no sanatório, a amável e serena confiança do médico, que logo lhe transmite sua convicção de que a neurose não é perigosa e será curada rapidamente; o distanciamento de toda agitação que contribua para um ataque histérico; a utilização de todos os meios terapêuticos tonificantes (*massagem*, *faradização* geral, *hidroterapia*) — sob todas essas influências, vê-se que as mais graves histerias agudas, que provocaram o completo desgaste físico e moral do paciente, dão lugar à saúde em poucos meses. Nos últimos anos, a chamada "cura de repouso", de Weir Mitchell (também denominada "cura de Playfair"), adquiriu fama como método de tratamento da histeria nos sanatórios, e de forma merecida. Ela consiste na junção de isolamento e repouso absoluto com aplicação sistemática de massagem e faradização geral. Nisso uma cuidadora bem treinada é tão imprescindível quanto a constante influência por parte do médico. Sendo uma feliz união de *traitement moral* com uma melhora do estado geral de nutrição, essa terapia da histeria possui enorme valor. Mas não deve ser vista como algo completo em si mesmo e sistemático; o isolamento e a influência do médico ainda são os agentes principais, e entre os meios auxiliares não devem ser esquecidos, juntamente com a massagem e a eletricidade, os outros métodos terapêuticos. O melhor é, após o paciente guardar o leito por quatro a oito semanas, fazer uso de *hidroterapia* e *ginástica* e estimular a movimentação. No caso de outras neuroses — da neurastenia, por exemplo —, o sucesso do tratamento é bem mais incerto: baseia-se apenas no valor da superalimentação, na medida em que um trato digestivo neurastênico a permite, e do repouso. Na histeria, com frequência o sucesso é mágico e duradouro.

O tratamento de sintomas histéricos isolados não oferece perspectiva de êxito enquanto persiste uma histeria aguda; os sintomas eliminados retornam ou são substituídos por outros novos, o médico e o paciente se cansam. Mas é diferente quando os sintomas histéricos constituem resíduos de uma histeria aguda que se foi, ou aparecem numa histeria crônica, devido a alguma causa especial, como locais da neurose. Primeiramente, desaconselha-se medicação interna e também a utilização de narcóticos. Ministrar narcóticos numa histeria aguda não é senão um grave erro técnico. Tratando-se de uma histeria local e persistente, nem sempre é possível evitar medicamentos internos; mas seu efeito não é confiável, ora se dá com maravilhosa rapidez, ora não acontece, e parece depender apenas da autossugestão do paciente ou de sua crença no efeito. De resto, pode-se escolher entre iniciar um tratamento direto ou indireto da histeria. Este último consiste em deixar de lado o problema local e buscar obter uma influência terapêutica geral sobre o sistema nervoso, servindo-se da permanência ao ar livre, da hidroterapia, da eletricidade (da franklinização, sobretudo), do melhoramento do sangue pela medicação de compostos arseniados e de ferro. No tratamento indireto também é preciso eliminar a fonte de irritação, quando existe alguma de natureza física. Por exemplo, espasmos gástricos histéricos podem ter por base um leve catarro gástrico; um ponto avermelhado na laringe, uma tumefação dos cornetos nasais pode produzir uma *tussis hysterica* [tosse histérica] incessante. É duvidoso que alterações nos genitais de fato constituam, com frequência, uma fonte de estímulos para sintomas histéricos. Os casos em questão deveriam ser examinados mais criticamente. O tratamento direto se baseia na remoção da fonte de irritação psíquica dos sintomas histéricos, e é compreensível que se busquem as causas da histeria na vida ideativa inconsciente.* Ele consiste em dar ao paciente sob *hipnose* uma *sugestão* que implica a eliminação do problema. Por exemplo, cura-se uma *tussis nervosa*

---

* No original, *unbewusstes Vorstellungsleben*; na versão castelhana consultada: *en el representar inconciente*; na italiana: *nell'attività ideativa inconscia*.

hysterica pressionando a laringe do paciente hipnotizado e assegurando-lhe que não há mais o estímulo para a tosse; e uma paralisia histérica do braço, obrigando-o, sob hipnose, a mover pouco a pouco o membro paralisado. Mais eficaz ainda é fazer o paciente, conforme um método usado primeiramente por Josef Breuer em Viena, remontar à pré-história psíquica do problema, obrigando-o a reconhecer o ensejo* psíquico que deu origem ao distúrbio em questão. Esse método de tratamento é novo, mas proporciona êxitos terapêuticos que não são obtidos de outra forma. É o mais adequado para a histeria, porque imita exatamente o mecanismo de surgimento e esvanecimento dos distúrbios histéricos. Muitos sintomas histéricos, que resistiram a todo tratamento, desaparecem de modo espontâneo sob a influência de um motivo psíquico suficiente; por exemplo, uma paralisia da mão direita, quando o paciente, numa briga, sente o impulso de dar uma bofetada no adversário; ou sob a influência de uma comoção moral, de um susto, de uma expectativa (num local de romaria, por exemplo); ou, por fim, numa grande reviravolta das excitações do sistema nervoso, após um ataque convulsivo. O tratamento psíquico direto dos sintomas histéricos será considerado o melhor um dia, quando o conhecimento da sugestão tiver penetrado mais profundamente nos círculos médicos (cf. Bernheim, em Nancy). Hoje não podemos decidir com precisão até que ponto a influência psíquica participa em

---

* O verbo aqui traduzido por "reconhecer", *bekennen*, também pode significar "confessar", "admitir", e o substantivo traduzido por "ensejo", *Anlass*, também pode significar "causa", "motivo".

outras intervenções aparentemente físicas. Por exemplo, é possível curar contraturas se conseguirmos levá-las ao *transfert* por meio de um ímã. Repetindo-se o *transfert*, a contratura se enfraquece e por fim desaparece.

VI. RESUMO: Sintetizando, pode-se dizer que a histeria é uma anomalia do sistema nervoso que se baseia numa distribuição diversa das excitações, provavelmente com formação de um excesso de estímulos no órgão psíquico. Sua sintomatologia mostra que tal excesso de estímulos é distribuído por meio de representações conscientes e inconscientes. Tudo o que modifica a distribuição das excitações no sistema nervoso pode curar distúrbios histéricos; essas intervenções são, em parte, de natureza física e, em parte, de natureza diretamente psíquica.

APÊNDICE: HISTEROEPILEPSIA[*]

HISTEROEPILEPSIA (fr. *hystéroépilepsie*; ing. *hystero-epilepsy*; it. *isteroepilessia*)

Na histeroepilepsia observam-se ataques de convulsões gerais como na epilepsia.[2] Como sintomas precur-

---

[*] Assim como o verbete maior sobre a histeria, este também foi publicado sem a assinatura do autor no dicionário de A. Villaret. Segundo nota das editoras do *Nachtragsband*, é menos provável que tenha sido redigido por Freud (com exceção da nota).

2 Num primeiro momento, Charcot designou como "histeroepi-

sores aparecem: sensação de sufocamento, dificuldade para engolir, dores de cabeça e de estômago, vertigem e peculiares sensações de estiramento nas extremidades. Soltando um grito, os pacientes caem e são tomados de convulsões, têm espuma na boca e os traços do rosto deformados. Inicialmente as convulsões são de natureza tônica, depois clônica. Em geral, porém, o ataque não ocorre de maneira tão súbita como na epilepsia. Por um momento os pacientes procuram lutar contra as convulsões e se guardar de ferimentos sérios ao cair, e evitam situações de perigo. Um epiléptico pode cair no fogo, um histérico, não. Enquanto o primeiro empalidece no começo do ataque e depois fica cianótico, o rosto de um histérico mantém mais ou menos a cor normal. Ferimentos na língua, por causa de mordidas, são raros na histeroepilepsia. No ataque histeroepiléptico sucede, com frequência, o opistótono completo; nos indivíduos epilépticos, geralmente não. Durante esse ataque, apenas nos casos mais graves a perda de consciência é total. Depois dele os histéricos se recuperam de imediato, na maioria das vezes; não resta a tendência ao sono e à fraqueza, como nos

---

lepsia" os casos graves de histeria em cujos ataques há uma *fase epileptoide*. Desde então ele abandonou esse termo, que levava a infindáveis mal-entendidos, e designa esses casos como "*grande hystérie*". Portanto, não devemos atribuir valor especial ao termo "histeroepilepsia" e, sobretudo, devemos evitar a concepção de que ele se aplica a uma doença específica, que reúne as características da histeria e da epilepsia. Há pessoas que são histéricas *e* epilépticas, mas então as duas enfermidades coexistem, uma sendo complicação da outra, sem que a modifique, e os ataques que sofrem esses pacientes são, a cada vez, *ou* histéricos *ou* epilépticos.

epilépticos. Por outro lado, não são excepcionais, depois, visões de ratos, ratazanas, cobras, e também alucinações auditivas. Além desses ataques, encontram-se nesses pacientes todos os sintomas da histeria.

PREFÁCIO À TRADUÇÃO DE H. BERNHEIM, *DE LA SUGGESTION* (1888)

TÍTULO ORIGINAL: "VORREDE DES ÜBERSETZERS". PUBLICADO PRIMEIRAMENTE EM H. BERNHEIM, *DIE SUGGESTION UND IHRE HEILWIRKUNG* [*DE LA SUGGESTION ET DE SES APPLICATIONS À LA THÉRAPEUTIQUE*], LEIPZIG E VIENA: DEUTICKE, PP. III-XII. TRADUZIDO DE *GESAMMELTE WERKE. NACHTRAGSBAND*, PP. 109-20.

PREFÁCIO À TRADUÇÃO DE H. BERNHEIM, *DE LA SUGGESTION*

É de esperar que os leitores deste livro — já recomendado vivamente pelo prof. Forel, de Zurique — encontrarão nele todos os atributos que levaram o tradutor a vertê-lo para o alemão. Verão que a obra de Bernheim, de Nancy, constitui uma excelente introdução ao estudo do hipnotismo, algo que os médicos já não podem negligenciar; que é instigante em muitos aspectos e esclarecedora em vários deles, e apta a eliminar a crença de que o problema da hipnose sempre se acha, como diz Meynert, cercado de uma "auréola de absurdo".

A realização de Bernheim (e dos seus colegas de Nancy que trabalham na mesma direção) consiste justamente em despojar os fenômenos do hipnotismo de sua estranheza, ligando-os a manifestações conhecidas da vida psicológica normal e do sono. É na comprovação dos laços que unem os fenômenos hipnóticos a eventos habituais da vida desperta e do sono, na revelação das leis psicológicas válidas para as duas séries de fenômenos, que me parece residir o valor maior deste livro. Nisso o problema da hipnose é inteiramente transposto para o âmbito da psicologia e a "sugestão" é vista como núcleo e chave do hipnotismo; além disso, nos últimos capítulos se indaga a importância da sugestão em outras áreas que não a hipnose. A segunda parte do livro demonstra que o uso da sugestão hipnótica proporciona aos médicos um poderoso método terapêutico, que parece o mais adequado até mesmo para combater certos distúrbios nervosos, o mais apropriado para o mecanismo desses distúrbios. Isso confere ao livro uma excepcional importância prática; e a ênfase no fato de que a hipnose e a sugestão hipnótica podem ser aplicadas na maioria das pessoas sãs, não apenas em neuropatas histéricos e graves, presta-se bem para difundir o interesse por esse método terapêutico entre os médicos em geral, não só no pequeno círculo dos neuropatologistas.

A questão do hipnotismo teve recepção pouco favorável entre os expoentes da ciência médica alemã (se excluirmos uns poucos nomes, como Krafft-Ebing, Forel e outros). Mas é lícito expressar o desejo de que os médicos alemães dirijam a atenção para o problema e o procedimento terapêutico, tendo em vista a máxima de que nas ciências naturais apenas a experiência, jamais a autoridade desprovida de experiência, leva à decisão definitiva quanto à aceitação ou ao repúdio de algo. As objeções ao estudo e à utilização da hipnose, que até agora são feitas na Alemanha, apenas merecem atenção, na verdade, pelos nomes dos seus autores, e o prof. Forel teve pouca dificuldade em refutar grande parte delas.

Um ponto de vista como o que predominava há uns dez anos na Alemanha, que questionava a realidade dos fenômenos hipnóticos e pretendia explicar os testemunhos acerca deles como fruto da credulidade (por parte dos observadores) e da simulação (por parte daqueles sujeitos ao experimento), tornou-se impossível na atualidade, graças aos trabalhos de R. Heidenhain e Charcot — para mencionar apenas os maiores nomes, entre os que se manifestaram pela realidade do hipnotismo com o peso de sua credibilidade. Isso percebem também os mais veementes adversários da hipnose, e por esse motivo costumam, em publicações que indicam claramente a tendência de negar a hipnose, fazer eles mesmos a tentativa de explicá-la, assim reconhecendo a existência dos fenômenos em questão.

Outro ponto de vista hostil à hipnose a rejeita como sendo perigosa para a saúde mental das pessoas sujeitas ao experimento, denominando-a "uma psicose produzida experimentalmente". Ora, provar que a hipnose tem efeito nocivo em alguns casos não invalida sua utilidade de maneira geral, assim como os eventuais casos de morte no entorpecimento por clorofórmio não proíbem sua aplicação na anestesia cirúrgica. Mas note-se que a comparação tem limites. A grande maioria dos casos infelizes no entorpecimento por clorofórmio é relatada pelos cirurgiões que executam o maior número de operações, enquanto a maioria dos relatos sobre efeitos nocivos da hipnose vem de observadores que trabalharam muito pouco com a hipnose, e todos os pesquisadores que realizaram muitos experimentos hipnóticos são unânimes em seu veredito sobre a inocuidade do procedimento. Querendo-se evitar um efeito nocivo da hipnose, portanto, provavelmente bastará usá-la com prudência, de forma segura e selecionando bem os casos. É preciso dizer também que pouco adianta chamar as sugestões de "ideias obsessivas" e a hipnose de "psicose experimental", pois é provável que as ideias obsessivas terão maior esclarecimento se comparadas às sugestões do que o contrário; e quem se intimida ante o insulto que seria o termo "psicose" deve perguntar a si mesmo se o nosso sono natural não mereceria tal designação, caso haja realmente vantagem em distribuir termos técnicos fora do seu âmbito próprio. Não, desse lado não há perigo para a causa do hipnotismo, e, assim que um maior número de médicos puder comunicar observações como as que se acham na segunda parte do livro de Bernheim, ficará fora de dúvida que a hipnose é um estado inofensivo e que o seu uso é um procedimento "digno" de um médico.

Neste livro é discutida outra questão, que atualmente divide os adeptos do hipnotismo em dois campos opostos. Alguns, dos quais Bernheim é aqui o porta-voz, afirmam que todos os fenômenos do hipnotismo têm a mesma origem: que procedem de uma sugestão, de uma ideia consciente que foi introduzida no cérebro do hipnotizado por influência externa e por ele recebida como se lhe tivesse nascido de forma espontânea. Por conseguinte, todas as manifestações do hipnotismo seriam fenômenos psíquicos, efeitos de sugestões. Já outros defendem que por trás do mecanismo de ao menos alguns dos fenômenos do hipnotismo se acham alterações fisiológicas, isto é, deslocamentos da excitabilidade no sistema nervoso, sem participação dos elementos que trabalham conscientemente, e por isso falam de fenômenos físicos ou fisiológicos da hipnose.

O principal objeto da disputa é o *grand hypnotisme*, os fenômenos que Charcot observou em histéricos hipnotizados. Diferentemente dos hipnotizados normais, as pessoas histéricas exibiriam três estágios na hipnose, cada um deles se distinguindo por traços físicos específicos, de natureza muito peculiar (como a enorme excitabilidade neuromuscular, a contratura sonâmbula etc.). É fácil compreender a importância da mencionada divergência de concepções para esse âmbito de fatos. Se os partidários da teoria da sugestão estão certos, todas as observações feitas na Salpêtrière perdem o valor, tornam-se erros de observação. Então a hipnose dos histéricos não possui características próprias; todo médico pode induzir seus hipnotizados a terem os sintomas que desejar; o estudo do *grand hypnotisme* não nos ensina quais alterações da excitabilidade se sucedem no sistema nervoso dos histéricos em decorrência de determinadas intervenções, mas apenas quais intenções Charcot sugeriu às pessoas sujeitas ao seu experimento, de modo inconsciente a ele mesmo — o que é irrelevante para nossa compreensão da hipnose e também da histeria.

Não é difícil ver como essa concepção pode se desenvolver e prometer um cômodo entendimento da sintomatologia histérica. Se a sugestão do médico falseia os fenômenos da hipnose histérica, também é perfeitamente possível que intervenha na observação dos demais sintomas histéricos, que estabeleça, para os ataques, paralisias, contraturas etc., leis que apenas pela sugestão se ligam à neurose e que, portanto, perdem a validade quando outro médico, em outro lugar, examina pacientes histéricos. Essa é a inferência que se deve fazer, com todo o rigor, e, de fato, já foi feita. Hückel (1888) expressou a convicção de que o primeiro *"transfert"* (transferência da sensibilidade [de uma parte do corpo] para a parte correspondente do outro lado) foi sugerido a uma pessoa histérica em certa ocasião de sua história, e os médicos, desde então, continuam a produzir sempre de novo, por sugestão, esse sintoma supostamente fisiológico.

Estou convencido de que essa concepção será muito bem-vinda na Alemanha, onde ainda hoje predomina a tendência a não reconhecer que os fenômenos histéricos são regidos por leis. Teríamos, assim, um exemplo gritante de como a negligência do fator psíquico da sugestão levou um grande observador a criar, de maneira artificial e equivocada, um tipo [clínico], a partir da arbitrária plasticidade de uma neurose.

Contudo, não há dificuldade em demonstrar, passo a passo, a natureza objetiva dos sintomas histéricos. A crítica de Bernheim pode ser justificada em relação a pesquisas como as de Binet e Féré e, de qualquer maneira, mostrará sua importância no fato de que toda pesquisa futura sobre histeria e hipnotismo buscará excluir de modo mais consciente o elemento da sugestão. Mas os pontos principais da sintomatologia histérica estão livres da suspeita de se originar da sugestão do médico. Relatos de tempos passados e terras distantes, reunidos por Charcot e seus discípulos, não deixam dúvida de que as peculiaridades dos ataques histéricos, as zonas histerógenas, anestesias, paralisias e contraturas, apareceram, em toda época e lugar, tal como na Salpêtrière no tempo em que Charcot realizava suas memoráveis pesquisas sobre a grande neurose. O próprio *transfert*, que parece especialmente adequado para provar que os sintomas histéricos se originam da sugestão, é sem dúvida um processo genuíno. É observado em casos de histeria não influenciados, quando há muitas oportunidades de ver doentes cuja hemianestesia, típica em outros aspectos, não afeta um órgão ou uma extremidade, uma parte do corpo que permaneceu sensível no lado insensível, mas no outro lado se tornou anestésica. O *transfert* é também um fenômeno fisiologicamente compreensível, é, como demonstraram pesquisas na Alemanha e na França, apenas a exacerbação de um nexo que via de regra existe entre partes simétricas e, portanto, pode ser produzido em pessoas sãs de forma incipiente. Muitos outros sintomas histéricos da sensibilidade têm origem em relações fisiológicas normais, como mostraram as belas pesquisas de Urbantschitsch. Este não é o lugar para explicar detalhadamente a sintomatologia histérica; mas é lícito aceitar a tese de que ela é essencialmente de natureza real, objetiva, não é falseada pela sugestão do observador. Com isso não é contestado o mecanismo psíquico das manifestações histéricas; apenas não é o mecanismo da sugestão por parte do médico.

Com a demonstração de que há fenômenos objetivos, fisiológicos na histeria, salva-se também a possibilidade de que o "grande" hipnotismo histérico apresente manifestações que não se devem à sugestão do pesquisador. Se elas de fato ocorrem, é algo que uma investigação posterior, guiada por esse ponto de vista, precisará mostrar. A escola da Salpêtrière tem de provar, portanto, que os três estágios da hipnose histérica podem ser inequivocamente demonstrados também numa nova pessoa sujeita ao experimento, com a mais cautelosa conduta dos pesquisadores; e tal prova não deve demorar. Com efeito, a descrição do *grand hypnotisme* oferece sintomas que contrariam resolutamente a concepção de que seriam psíquicos. Refiro-me ao aumento da excitabilidade neuromuscular no estágio letárgico. Quem viu como, na letargia, uma leve pressão sobre um músculo, mesmo um músculo facial ou um dos três músculos externos da orelha (jamais contraídos durante a vida), põe em contração tônica todo o feixe muscular atingido pela pressão, ou como uma pressão sobre um nervo superficial revela sua distribuição terminal, só pode supor que esse resultado deve ser atribuído a causas fisiológicas ou a um treino deliberado, e tranquilamente excluirá a sugestão não intencional como causa. De fato, a sugestão não pode produzir senão o que constitui o teor da consciência ou foi nesta introduzido. Nossa consciência sabe apenas do resultado final de um movimento, nada sabe da ação e ordenação de músculos específicos e da distribuição anatômica dos nervos nesses músculos. Num trabalho que será publicado em breve,* explicarei que as características das paralisias histéricas se ligam a esse fato, e que essa é a razão por que a histeria não conhece paralisia de músculos específicos, paralisia periférica e paralisia facial de natureza central. Bernheim deveria ter invocado o fenômeno da *hyperexcitabilité neuromusculaire* pela via da sugestão, e é uma grande lacuna em seu argumento contra os três estágios o fato de não tê-lo feito.

---

* Foi publicado alguns anos depois, na verdade. Trata-se de "Algumas considerações para um estudo comparativo das paralisias motoras orgânicas e histéricas" (1893), incluído neste volume, p. 189.

Portanto, pelo menos no grande hipnotismo histérico há fenômenos fisiológicos. Mas no pequeno hipnotismo normal, que, como Bernheim enfatiza corretamente, tem importância maior para a compreensão do problema, tudo ocorreria pela via da sugestão, pela via psíquica; até mesmo o sono hipnótico resultaria da sugestão. O sono sobrevém devido à sugestionabilidade normal do ser humano, porque Bernheim desperta a expectativa do sono. Mas outras vezes o mecanismo do sono hipnótico parece ser outro. Quem utilizou a hipnose com frequência já encontrou pessoas que dificilmente se deixam convencer a cair no sono, mas adormecem com facilidade quando fixam o olhar em algo por algum tempo. E que médico já não viu caírem num sono hipnótico pacientes que ele não pensava em hipnotizar e que certamente não tinham noção do que é hipnose? Uma paciente ia fazer um exame de olhos ou de garganta; nem ela nem o doutor esperavam que adormecesse, mas, assim que o feixe de luz lhe tocou os olhos, ela adormeceu e foi hipnotizada, provavelmente pela primeira vez na vida. Nesse caso, não havia nenhum elo psíquico consciente intermediário. O mesmo ocorre com o nosso sono natural, que Bernheim, de maneira feliz, compara com a hipnose. Na maioria das vezes, induzimos nosso sono por sugestão, por preparação psíquica e expectativa, mas de vez em quando ele nos sobrevém sem nossa colaboração, em consequência do estado fisiológico do cansaço. Também ao hipnotizarmos crianças, embalando-as, ou animais, prendendo-lhes a atenção, não se pode falar propriamente de uma causação psíquica. Desse modo, chegamos ao ponto de vista que Preyer e Binswanger defendem na *Real-Enzyklopädie* de Eulenburg. Há fenômenos psíquicos e fisiológicos no hipnotismo, a hipnose pode ser produzida de uma maneira ou de outra. No relato que o próprio Bernheim fez de suas hipnoses, é inequívoco um fator objetivo independente da sugestão. Não fosse assim, a hipnose teria outro aspecto conforme cada experimentador, como Jendrássik (1886) logicamente requer. Não se compreenderia que o aumento da sugestionabilidade sempre acompanhasse uma sequência regular, que a musculatura fosse influenciada apenas no sentido da catalepsia e assim por diante.

Mas devemos dar a razão a Bernheim, quando afirma que a divisão dos fenômenos hipnóticos em fisiológicos e psíquicos deixa uma impressão insatisfatória; faz-se necessário, com urgência, um elo de união entre as duas séries. Sendo gerada de uma maneira ou de outra, a hipnose é a mesma e exibe os mesmos fenômenos. A sintomatologia da histeria[3] aponta, em muitos elementos, para um mecanismo psíquico, que, porém, não precisa ser o da sugestão. Por fim, a sugestão tem uma vantagem ante

---

3 A relação entre histeria e hipnotismo é certamente íntima, mas não chega ao ponto de ser lícito apresentar um ataque histérico comum como um estado hipnótico de vários estágios, como fez Meynert (1888) na imperial Sociedade dos Médicos, em Viena. Na mesma conferência parece haver uma mistura de nossos conhecimentos desses dois estados, pois fala-se de *quatro* estágios da hipnose segundo Charcot, quando este conhece apenas *três*, e o quarto estágio, o assim chamado *somniante*, é mencionado por Meynert e ninguém mais. Por outro lado, Charcot atribui *quatro* estágios ao ataque histérico.

o mecanismo das relações fisiológicas, pois o seu modo de atuar é incontestável e relativamente claro, enquanto se furtam a nosso conhecimento as influências mútuas da excitabilidade nervosa, a que remontam necessariamente os fenômenos fisiológicos. Nas observações seguintes espero indicar a mediação que se busca entre os fenômenos psíquicos e fisiológicos da hipnose:

Creio que o uso incerto e ambíguo da palavra "sugestão" insinua oposições nítidas, que na realidade não existem. Vale a pena investigar o que se pode chamar propriamente de "sugestão". Por ela se entende, sem dúvida, uma espécie de influência psíquica, e eu diria que a sugestão se distingue de outras espécies de influência psíquica — a ordem, a comunicação ou instrução e outras — pelo fato de nela ser despertada, num segundo cérebro, uma ideia que não é examinada quanto à origem, mas sim acolhida como se tivesse nascido espontaneamente nesse cérebro. Exemplos clássicos de sugestões assim ocorrem quando o médico diz a alguém hipnotizado: "Seu braço tem de ficar na posição em que eu o colocar", e então há o fenômeno da catalepsia; ou quando ele levanta de novo o braço a cada vez que este cai, fazendo a pessoa notar que deseja que fique levantado. Outras vezes, porém, fala-se de sugestão quando o mecanismo do processo é claramente outro. Em muitos indivíduos hipnotizados, por exemplo, a catalepsia surge sem admoestação nenhuma; o braço erguido se conserva naturalmente erguido, ou o hipnotizado mantém inalterada, se não há intervenção, a postura em que adormeceu. Também a isso Bernheim chama "sugestão"; a posição sugere a si mesma sua manutenção. Mas nesse caso o papel da incitação externa é sem dúvida menor; o papel do estado fisiológico do hipnotizado, que não admite nenhum impulso que mude a posição, é maior do que nos casos anteriores. A diferença entre uma sugestão psíquica direta e uma indireta — fisiológica — talvez se mostre mais nitidamente no exemplo seguinte. Quando eu digo a uma pessoa hipnotizada: "Seu braço direito está paralisado, você não pode movê-lo", isso é uma sugestão psíquica direta. Em vez disso, Charcot bate de leve no braço do hipnotizado ou diz: "Olhe essa cara horrível! Dê um soco nela!". A pessoa dá um soco na outra, e o braço cai, paralisado.[4] Nesses dois casos, a incitação externa gerou inicialmente uma sensação de esgotamento doloroso no braço, que por sua vez, de forma autônoma, independente da intervenção do médico, sugere a paralisia, caso esse termo ["sugerir"] continue tendo aplicação aqui. Em outras palavras, trata-se não tanto de sugestões, mas de uma incitação a *autossugestões*, que, como qualquer pessoa pode notar, contêm um fator objetivo, independente da vontade do médico, e revelam uma relação entre diversos estados de inervação ou excitação do sistema nervoso. Devido a essas autossugestões se formam as paralisias histéricas espontâneas, e a tendência a essas autossugestões caracteriza melhor a histeria do que a sugestionabilidade em relação ao médico, que não parece ocorrer paralelamente àquela.

4 Charcot, 1888 [*Leçons du mardi*, n. 7, caso 1, e n. 18, caso 1].

PREFÁCIO À TRADUÇÃO DE H. BERNHEIM, *DE LA SUGGESTION*

Não preciso enfatizar que também Bernheim trabalha muito com tais sugestões indiretas, isto é, com estímulos à autossugestão. Seu procedimento para fazer dormir, como ele descreve nas primeiras páginas deste livro, é essencialmente misto, ou seja, a sugestão empurra as portas, que pouco a pouco se abrem por si mesmas com a autossugestão.

As sugestões indiretas, em que entre a incitação de fora e o resultado se introduz uma série de elos intermediários, vindos da própria atividade da pessoa sugestionada, continuam sendo processos psíquicos, mas já não recebem a plena luz da consciência, que incide sobre as sugestões diretas. Com efeito, estamos bem mais acostumados a dirigir nossa atenção a percepções externas do que a processos internos. Assim, as sugestões indiretas ou autossugestões devem ser consideradas tanto fenômenos fisiológicos como psíquicos, e "sugerir" terá o mesmo significado que o despertar recíproco de estados psíquicos, conforme as leis da associação. O fechamento dos olhos leva ao sono porque está ligado, como um dos seus acompanhamentos mais constantes, à ideia do sono; um elemento dos fenômenos do sono sugere os outros fenômenos que formam a manifestação total. Essa ligação está na natureza do sistema nervoso, não no arbítrio do médico; ela não pode existir sem se apoiar em alterações na excitabilidade das partes do cérebro envolvidas, na inervação dos centros vasomotores etc., e oferece tanto um aspecto psicológico como fisiológico. Como todo encadeamento de estados do sistema nervoso, esse também admite o fluxo numa direção diferente. A ideia do sono pode gerar as sensações de fadiga dos olhos e dos músculos e o correspondente estado dos centros nervosos vasomotores; outras vezes, o estado da musculatura ou uma interferência nos nervos vasomotores pode, por si só, despertar o indivíduo que dorme etc. Tudo o que podemos dizer é que seria tão unilateral considerar apenas o lado psicológico do processo quanto querer responsabilizar somente a inervação vascular pelos fenômenos da hipnose.

Que sentido tem, então, a oposição entre fenômenos psíquicos e fisiológicos da hipnose? Tinha importância enquanto se entendia por "sugestão" a direta influência psíquica do médico, que impunha à pessoa hipnotizada a sintomatologia que desejava. Mas perde essa importância quando se nota que também a sugestão desencadeia apenas manifestações que se baseiam nas peculiaridades funcionais do sistema nervoso hipnotizado, e que na hipnose também se mostram outras características do sistema nervoso além da sugestionabilidade. Também se poderia perguntar se todos os fenômenos da hipnose têm de passar *por algum lugar* do âmbito psíquico; em outras palavras, pois somente isso pode ser o sentido da questão, se as alterações de excitabilidade durante a hipnose afetam apenas o âmbito do córtex cerebral. Essa reformulação da questão já parece decidir sobre a resposta a ela. Não há justificativa para contrapor o córtex cerebral ao resto do sistema nervoso, como aí acontece. É improvável que uma tão profunda mudança funcional do córtex cerebral não seja acompanhada de alterações significativas na excitabilidade das outras partes do cérebro. Não possuímos um critério que permita separar exatamente um processo psíquico de um fisiológico, um ato no córtex cerebral de um ato na massa subcortical, pois a "consciência", seja ela o que for, não pertence a toda atividade do córtex cerebral e a alguma delas sempre e em igual medida; não é nada que esteja ligado a um local no sistema nervoso. Creio, portanto, que é preciso rejeitar, em geral, a questão de se a hipnose mostra fenômenos psíquicos ou fisiológicos, e fazer com que a decisão dependa de uma investigação especial para cada fenômeno específico.

Nesse sentido, acho justificado dizer que a obra de Bernheim vai além do campo da hipnose, por um lado, e, por outro, deixa de considerar uma parte do seu objeto. Mas espero que também os leitores alemães de Bernheim venham a reconhecer como é importante e instrutiva a exposição que ele faz do hipnotismo do ponto de vista da sugestão.

Viena, agosto de 1888.

APÊNDICE:
PREFÁCIO À SEGUNDA EDIÇÃO ALEMÃ (1896)

A primeira edição deste livro em alemão tinha um prefácio do tradutor que agora se tornou desnecessário. A situação científica em que foi publicada a tradução de *De la Suggestion*, de Bernheim, acha-se bastante mudada atualmente; as dúvidas quanto à realidade dos fenômenos hipnóticos já não se fazem ouvir; cessou o anátema que recaía sobre todo neuropatologista que julgava essa esfera de fenômenos importante e merecedora de um trabalho sério. Essa mudança foi, em não pequena medida, mérito deste livro, que defendeu a causa do hipnotismo científico de modo bastante vigoroso e convincente.

Quando surgiu a necessidade de novamente tornar disponível para os leitores alemães essa obra fundamental do médico de Nancy, o diretor da coleção e o editor resolveram, em concordância com o autor, retirar os capítulos que continham apenas casos clínicos e relatos do tratamento. Eles não podiam crer que o ponto forte da obra de Bernheim estivesse justamente nesses capítulos. Depois, o dr. M. Kahane teve a bondade de tomar para si a revisão da nova edição e harmonizar o texto com a da última edição francesa.

No prefácio à primeira edição havia uma observação que o tradutor deseja repetir agora, pois a sustenta como antes. Ele lamenta não encontrar, na exposição de Bernheim, o ponto de vista de que a "sugestão" (ou melhor, o resultado da sugestão) é um fenômeno psíquico *patológico*, que requer condições especiais para que se realize. Essa concepção não precisa vacilar por causa da frequência e facilidade da sugestão nem pelo grande papel que esta tem na vida cotidiana. Com Bernheim, a constatação deste último fato tem um espaço tão grande que ele deixa de colocar o problema psicológico de quando e por que os modos normais de influência psicológica entre as pessoas podem ser substituídos pela sugestão. E, enquanto explica todos os fenômenos do hipnotismo através da sugestão, a sugestão mesma continua totalmente inexplicada, revestindo-se da aparência de não necessitar de explicação. Essa lacuna foi sentida por todos os pesquisadores que acompanham Forel na busca de uma teoria psicológica da sugestão.

Viena, junho de 1896.

RESENHA DE AUGUSTE FOREL, *O HIPNOTISMO* (1889)

PUBLICADO PRIMEIRAMENTE EM *WIENER MEDIZINISCHE WOCHENSCHRIFT*, V. 39, N. 28 E 47. TRADUZIDO DE *GESAMMELTE WERKE. NACHTRAGSBAND*, PP. 123-39.

RESENHA DE AUGUSTE FOREL, *O HIPNOTISMO*

I

Essa obra do célebre psiquiatra de Zurique, de apenas 88 páginas, é a ampliação de um artigo sobre a importância do hipnotismo para o direito penal que foi publicado em 1889, no volume 9 da *Zeitschrift für die gesamte Strafrechtswissenschaft* [Revista de Direito Penal Geral]. Ela certamente ocupará, por muito tempo, um lugar de destaque na bibliografia alemã sobre o hipnotismo. Concisa, escrita quase à maneira de um catecismo, com grande clareza de exposição e firmeza de expressão, ela se estende por todo o âmbito de manifestações e problemas que é denominado "teoria do hipnotismo", distingue de modo feliz entre os fatos e as teorias, nunca se afasta da seriedade do médico que examina cuidadosamente, e sempre evita aquele tom exaltado que não fica bem numa discussão científica. Apenas uma vez Forel se entusiasma, ao afirmar que: "A descoberta da importância psicológica da sugestão por Braid e Liébeault é tão admirável, a meu ver, que pode ser comparada às maiores descobertas ou realizações do espírito humano". Quem vê nessa frase uma grave superestimação da hipnose deve adiar seu julgamento definitivo até que o futuro próximo esclareça em que medida a hipnose pode mesmo realizar as grandes mudanças teóricas e práticas que promete. Ao mencionar os problemas obscuros que se ligam ao hipnotismo (transmissão de pensamentos etc.), de que hoje se ocupa o "espiritismo", Forel mostra uma discrição verdadeiramente científica. Não se entende por que um especialista de Viena se referiu ao nosso autor como "Forel, o meridional", numa sociedade médica, e a ele contrapôs um adversário supostamente mais "setentrional" da hipnose, como exemplo de um modo mais frio de pensar. Ainda que não fosse impróprio querer dispensar os juízos de pesquisadores vivos sobre questões científicas com base em sua pátria ou nacionalidade, e ainda que o prof. Forel não tivesse a fortuna de haver nascido e crescido na latitude de 46 graus norte,[5] não justifica concluir, pela leitura desse livro, que em seu autor o temperamento se sobrepõe à lógica.

Esse pequeno estudo é, isto sim, obra de um médico sério, que percebeu o valor e o alcance da hipnose através de sua rica experiência própria e que tem o direito de gritar para os "zombadores e descrentes": "Examinem antes de julgar!". E temos de concordar quando ele diz: "Para emitir um julgamento sobre o hipnotismo, é preciso tê-lo praticado por algum tempo".

Sem dúvida, há numerosos adversários da hipnose que formaram seu julgamento por uma via mais cômoda. Não testaram o novo método terapêutico, aplicando-o de forma imparcial e cuidadosa, como se procede com um novo medicamento, e rejeitaram a hipnose de antemão. Agora, o desconhecimento dos inestimáveis efeitos curativos desse método não os impede de manifestar sua aversão a ele do modo mais incisivo e injusto, seja qual for seu fundamento. Exageram desmedidamente os perigos da hipnose, dão-lhe um epíteto insultuoso atrás

---

[5] Como soube por uma carta de Forel. [Ele nasceu numa localidade à beira do lago de Genebra.]

do outro, e aos inúmeros, incontornáveis relatos de cura pela hipnose opõem sentenças oraculares como esta: "Os êxitos terapêuticos nada provam, eles mesmos necessitam de prova". Dada a veemência de sua oposição, não admira que acusem de intenções desonestas e mentalidade não científica os médicos que julgam ter o dever de usar a hipnose para o bem de seus pacientes — imputações que não deveriam ter lugar numa discussão científica, seja abertamente ou em alusões mais ou menos veladas. Quando entre esses adversários se acham homens como o *Hofrat* Meynert, que obtiveram grande autoridade por seus trabalhos, a qual os médicos e os leigos transferem para todas as suas declarações, é inevitável que a causa do hipnotismo seja um tanto prejudicada. Para a maioria das pessoas, é difícil aceitar que um pesquisador que obteve ampla experiência em algumas áreas da neuropatologia e demonstrou enorme agudeza de espírito não tenha qualificação para ser invocado como autoridade em relação a outros problemas. O respeito para com a grandeza, em especial a grandeza intelectual, certamente está entre as maiores virtudes da natureza humana; mas deve recuar ante o respeito para com os fatos. Ao pormos de lado a dependência de uma autoridade para seguir um juízo próprio, adquirido mediante o estudo dos fatos, não devemos recear dizê-lo claramente.

Quem, como este resenhador, adquiriu um juízo independente na questão da hipnose se consolará com o fato de que o dano assim produzido na reputação da hipnose deve ser limitado no tempo e no espaço. O movimento que deseja introduzir a terapia da sugestão no patrimônio terapêutico da medicina já triunfou em outros lugares e enfim alcançará seu objetivo também na Alemanha — e em Viena. Entre os médicos, aqueles que consideram os fatos de modo isento assumirão uma atitude mais branda, ao notar que as supostas vítimas da terapia hipnótica sofrem menos após o tratamento e cumprem seus deveres melhor do que antes, tal como posso afirmar dos meus pacientes. Suas experiências lhes mostrarão que uma série de reproches dirigidos à hipnose não se aplica a esta em especial, mas a toda a nossa terapia, e pode ser feita, com maior justificação, a todos os procedimentos que utilizamos. Como médicos, perceberão a impossibilidade de não utilizar a hipnose, de deixar seus pacientes sofrerem, enquanto podem salvá-los mediante uma inocente influência psíquica. Terão que dizer a si mesmos que a hipnose nada perde da sua inocuidade e do seu valor curativo quando é chamada de "loucura artificial" ou "histeria artificial", assim como, por exemplo, a carne não deixa de ter sabor e valor nutritivo quando vegetarianos furiosos a invectivam como "carniça".

Esqueçamos, por um instante, que conhecemos por experiência os efeitos da hipnose, e nos perguntemos que efeitos nocivos poderíamos, a priori, esperar dela. O procedimento terapêutico hipnótico, em primeiro lugar, consiste em suscitar o estado hipnótico e, depois, em transmitir uma sugestão à pessoa hipnotizada. Qual dos dois atos seria nocivo? Provocar a hipnose? Mas esta, quando plenamente bem-sucedida, não é senão o sono habitual, de nós todos conhecido, embora ainda não compreendido em muitos aspectos; e, quando resulta menos desenvolvida, corresponde a diferentes estágios do adormecer. É correto dizer que no sono perdemos o equilíbrio psíquico, que a atividade do nosso cérebro durante o sono é perturbada, muitas vezes lembra a loucura, mas essa analogia não impede que despertemos do sono renovados, também mentalmente. Segundo as considerações de Meynert sobre os efeitos nocivos de uma redução da atividade cortical e a origem que ele atribui à euforia hipnótica, nós, médicos, teríamos todos os motivos para manter as pessoas insones. Mas elas ainda preferem dormir, e não devemos recear que o perigo da terapia hipnótica esteja no ato de hipnotizar. Então o fator nocivo seria comunicar a sugestão? Não é possível, pois os ataques dos adversários, notavelmente, não se dirigem à sugestão. Diz-se que o emprego da sugestão é familiar aos médicos desde sempre, "nós todos sugestionamos constantemente", afirmam eles, e, de fato, o médico — também o que não hipnotiza — nunca está mais satisfeito do que quando, com o poder de sua personalidade, a influência de sua fala e de sua... autoridade, afastou da atenção do paciente uma manifestação patológica. Então por que não poderia o médico buscar exercer sistematicamente uma influência que sempre lhe pareceu desejável quando conseguiu tê-la de forma inesperada? Mas talvez a sugestão seja a coisa reprovável, a supressão da livre personalidade por parte do médico, que, afinal, também no sono artificial conserva o poder de guiar o cérebro adormecido. É interessante ver os mais resolutos deterministas agirem subitamente como defensores do ameaçado "livre-arbítrio pessoal" e ouvir um psiquiatra, acostumado a sufocar com grandes doses de brometo, morfina e cloral a atividade intelectual "que aspira a ser livre" dos seus pacientes, denunciar a influência pela sugestão como algo degradante para as duas partes. Pode-se realmente esquecer que a supressão da autonomia do paciente pela sugestão é apenas parcial, que ela visa as manifestações patológicas, que, como já se disse muitas vezes, toda a educação social do ser humano repousa numa supressão de ideias e motivos inúteis e na sua substituição por outros melhores, que diariamente a vida traz, para cada pessoa, efeitos psíquicos que, embora a alcancem quando se acha acordada, a modificam mais intensamente que a sugestão do médico que busca eliminar uma ideia dolorosa ou angustiante com uma ideia contrária eficiente? Não, o único perigo na terapia por hipnose é o mau uso, e quem, como médico, não confiar em seu zelo ou pureza de intenção para evitar esse mau uso, fará bem em manter distância desse novo método terapêutico.

No que toca à avaliação pessoal sobre os médicos que têm a coragem de utilizar a hipnose como meio terapêutico antes que a maré da moda a isso os obrigue, este resenhador é da opinião de que convém levar em conta, em alguma medida, a frequente intolerância dos grandes homens. Por isso, a este resenhador não parece oportuno, nem interessante o suficiente para um círculo maior de pessoas, discutir as razões que levaram o *Hofrat* Meynert a apresentar, aos leitores do seu artigo sobre as neuroses traumáticas, este resenhador e alguns dados de sua biografia.

Mais importante, para este resenhador, é defender a causa da hipnose junto àqueles que se habituaram a ter o juízo em questões científicas formado por uma grande autoridade, e que nisso podem ter sido guiados pela correta percepção da incapacidade do próprio discernimento. Ele pretende fazer isso contrapondo, à autoridade hostil de Meynert, outros autores que se revelaram mais amistosos para com a hipnose. Lembra que a iniciativa para o estudo científico da hipnose entre nós partiu do prof. H. Obersteiner, que um psiquiatra e neurologista eminente como o prof. Krafft-Ebing, há pouco chamado para a nossa universidade, declarou-se irrestritamente a favor da hipnose e a utiliza em sua atividade médica com ótimos resultados. Como se vê, esses nomes também podem satisfazer aqueles necessitados de juízo, que, para confiar numa autoridade científica, requerem que ela preencha certas condições de nacionalidade, raça e latitude geográfica, e cuja crença não ultrapassa as fronteiras de sua pátria.

Todos os demais, receptivos à importância científica também fora da pátria, incluirão o prof. Forel entre os homens cuja tomada de partido pela hipnose pode tranquilizá-los quanto à suposta baixeza e indignidade desse método terapêutico. Este resenhador, em particular, teve a sensação de estar em boa companhia em sua aprovação da hipnose, diante dos ataques de Meynert. O prof. Forel é a prova de que alguém pode ser um notável anatomista do cérebro e, contudo, enxergar na hipnose outra coisa que não um absurdo. Também não lhe pode ser negada a qualificação de "médico de rigorosa formação em fisiologia", que o *Hofrat* Meynert concede magnanimamente ao passado deste resenhador[6] e, assim como este retornou corrompido da maléfica Paris, para o prof. Forel foi uma viagem a Nancy, para visitar Bernheim, o ponto de partida da nova atividade que resultou neste livro excelente.

II

Na parte introdutória do livro, Forel procura, tanto quanto é possível, separar "fatos, teoria, conceitos e terminologia".

O fato principal do hipnotismo está na possibilidade de colocar alguém num estado psíquico (ou cerebral) especial, semelhante ao sono. Esse estado se chama *hipnose*. Um segundo conjunto de fatos consiste no modo como esse estado é produzido (e eliminado). Ao que parece, isso ocorre por três vias: 1) pela influência psíquica de uma pessoa em outra (sugestão); 2) pela influência (fisiológica) de determinados procedimentos (fixação do olhar), com ímãs, a mão de uma pessoa etc.; 3) pela

---

[6] Mas novamente devo corrigir o *Hofrat* Meynert. Ele diz que eu trabalho "como clínico treinado em hipnose nesta localidade". Isso é dizer pouco, e pode dar, às pessoas de fora, a ideia equivocada de que não faço outra coisa senão hipnotizar pacientes. Na verdade, exerço "nesta localidade" a profissão de neurologista, e sirvo-me de todos os métodos terapêuticos à disposição dessa especialidade. Mas é certo que os êxitos que até agora obtive, aplicando a hipnose, me obrigam a continuar usando esse poderoso instrumento.

autoinfluência (auto-hipnose). No entanto, estaria consolidado apenas o primeiro modo, através de ideias — a sugestão. Em nenhuma das outras maneiras de produção da hipnose se excluiria a possibilidade de a sugestão atuar de alguma forma.

Um terceiro conjunto de fatos é o das ações das pessoas hipnotizadas. Em estado de hipnose é possível, mediante a sugestão, influir amplamente sobre quase todas as funções do sistema nervoso, entre elas as atividades cuja dependência de processos cerebrais costuma ser subestimada. Que a influência do cérebro nas funções somáticas pode ser mais intensamente aproveitada na hipnose do que no estado de vigília é algo que, na verdade, não condiz muito com a teoria dos fenômenos hipnóticos que enxerga nesses uma "redução da atividade cortical", uma espécie de imbecilidade experimental. Mas com essa teoria — que busca entender quase todos os fenômenos da atividade cerebral pela contraposição de cortical e subcortical e chega a localizar o princípio "mau" nas áreas subcorticais do cérebro — várias outras coisas não condizem, à parte os fenômenos hipnóticos.

Outros fatos indubitáveis são que a atividade psíquica do indivíduo hipnotizado depende daquela do hipnotizador e que nele se produzem os chamados efeitos pós-hipnóticos, ou seja, estabelecem-se atos psíquicos que apenas algum tempo após o fim da hipnose são realizados. Por outro lado, muitos depoimentos sobre interessantíssimas realizações do sistema nervoso (como clarividência, sugestão mental etc.) não corresponderiam aos fatos, e, embora não se possa rejeitar um exame científico dessas declarações, deve-se ter presente que uma explicação satisfatória para elas envolve grandes dificuldades.

Para explicar os fenômenos hipnóticos foram formuladas três teorias fundamentalmente diversas. A mais antiga delas, que ainda hoje associamos ao nome de Mesmer,* supõe que, no ato de hipnotizar, uma substância imponderável — um fluido — passa do organismo do hipnotizador para o do hipnotizado. Mesmer denominou esse agente "magnetismo". Sua teoria se tornou tão alheia ao modo de pensar científico de nossos dias que podemos considerá-la descartada. Uma segunda teoria, a *somática*, explica os fenômenos hipnóticos pelo esquema dos reflexos espinais, vê na hipnose um estado fisiologicamente alterado do sistema nervoso, produzido por estímulos externos (toques da mão, fixação da atividade sensorial, aproximação de ímãs, aplicação de metais etc.). Essa teoria afirma que tais estímulos têm efeito hipnógeno apenas quando há determinada disposição do sistema nervoso — só neuropatas, portanto (em especial histéricos), são hipnotizáveis —; ela não considera a influência de ideias na hipnose e apresenta uma série típica de mudanças puramente somáticas que podem ser observadas durante o estado hipnótico. Como se sabe, é a grande autoridade de Charcot que defende essa concepção exclusivamente somática da hipnose.

---

*Franz Anton Mesmer (1734-1815), médico alemão que estudou e clinicou em Viena e, depois que suas teorias não foram bem acolhidas na Áustria, mudou-se para Paris.

Mas Forel se situa inteiramente no campo de uma terceira teoria — a da sugestão, elaborada por Liébeault e seus discípulos (Bernheim, Beaunis, Liégeois). Segundo esta, todos os fenômenos da hipnose são efeitos psíquicos, consequências de ideias que, intencionalmente ou não, são suscitadas no indivíduo hipnotizado. O estado de hipnose não é produzido por estímulos externos, mas por uma sugestão; não é peculiar aos neuropatas, podendo ser obtido, sem muita dificuldade, na grande maioria das pessoas sãs. Em suma, "o conceito de hipnotismo, tão impreciso até agora, deve ser absorvido no de sugestão". Se o conceito de sugestão é de fato menos impreciso que o de hipnotismo é algo que aguarda decisão numa crítica mais aprofundada. Seja observado apenas que o médico que deseja estudar e aplicar a hipnose faz bem, não há dúvida, em aderir já de início à teoria da sugestão. Isso porque a todo momento, em seus próprios pacientes, poderá se convencer de que são corretas as afirmações da escola de Nancy, enquanto dificilmente se veria na situação de poder confirmar por experiência própria os fenômenos que Charcot denomina grande hipnotismo, que devem ocorrer apenas a alguns doentes acometidos da *grande hystérie*.

A segunda parte do livro trata da sugestão e compreende, de modo admiravelmente sucinto e com magistral, vigoroso talento expositivo, todo o âmbito dos fenômenos psíquicos que se observaram nos indivíduos hipnotizados. A chave para a compreensão da hipnose é fornecida pela teoria do sono normal, de Liébeault (mais corretamente, do adormecer normal), do qual a hipnose se diferencia apenas por introduzir a relação com a pessoa que adormece. Dessa teoria decorre que todos os indivíduos são hipnotizáveis e que são necessários obstáculos especiais para que a hipnose não ocorra. É discutida a natureza desses obstáculos (desejo demasiado intenso de ser hipnotizado, assim como uma oposição deliberada etc.), são abordados os graus de hipnose, é considerada a relação entre o sono sugestionado e demais fenômenos da hipnose, via de regra em total acordo com Bernheim, cuja decisiva obra sobre a sugestão parece ter alcançado um bom público na tradução alemã. De modo igual, aparecem como resumos extraídos de Bernheim os parágrafos sobre os efeitos da sugestão na hipnose, mas são ilustrados com exemplos tirados da experiência própria. Forel os introduz com a seguinte afirmação: "Por meio da sugestão na hipnose, podemos produzir, influenciar, impedir (inibir, modificar, paralisar ou estimular) todos os fenômenos subjetivos da alma humana e boa parte das funções objetivamente conhecidas do sistema nervoso". Ou seja, pode-se influir sobre as funções sensíveis e motoras do corpo, determinados reflexos, processos vasomotores (até mesmo a formação de bolhas na pele!); na área psíquica, os sentimentos, impulsos [*Triebe*], memória, vontade etc. Quem teve algumas experiências pessoais com o hipnotismo se lembrará, nesse ponto, da impressão recebida quando primeiramente exerceu uma influência insuspeitada na vida psíquica de outra pessoa, e assim pôde experimentar com a psique humana como normalmente só se faz com o corpo de um animal! É certo que tal influência não costuma acontecer sem *resistência* por parte do hipnotizado. Ele não é um simples autômato; muitas vezes se defende da sugestão e cria, a partir de sua própria atividade, "autossugestões" — um termo que só parece implicar um enriquecimento do conceito de sugestão, sendo, a rigor, uma anulação deste.

De alto interesse são as discussões que Forel passa a oferecer sobre fenômenos pós-hipnóticos, sugestão com prazo determinado e sugestão em estado de vigília, uma série de fenômenos cujo estudo já nos trouxe valiosos esclarecimentos acerca dos processos psíquicos normais do ser humano, mas cuja compreensão ainda é objeto de polêmicas. Se os trabalhos de Liébeault e seus discípulos não tivessem produzido nada mais que o conhecimento desses fenômenos singulares, embora cotidianos, e esse enriquecimento da psicologia com um novo método experimental, mesmo sem considerar qualquer alcance prático, já teriam assegurado um lugar eminente entre as conquistas científicas deste século! O livrinho de Forel contém uma série de observações e recomendações pertinentes sobre a utilização prática do hipnotismo, que nos levam a um cabal reconhecimento para com o autor. Só escreve assim um médico que reúne o completo domínio desse tema difícil e a firme convicção da sua importância! A técnica da hipnotização não é tão fácil quanto leva a crer a conhecida crítica da primeira discussão de Berlim (onde se disse que hipnotizar não é uma arte médica, pois qualquer pastor de ovelhas pode fazê--lo). É preciso ser dotado de entusiasmo, paciência, grande segurança e riqueza de artimanhas e pensamentos.

Não conseguirá muito quem quiser hipnotizar conforme um esquema prévio, quem tiver receio da desconfiança ou do riso da pessoa, quem começar de modo hesitante. Aquele que vai ser hipnotizado não pode ficar com medo; indivíduos com muito medo são os menos adequados ao procedimento. Uma conduta hábil e segura suprime todas as supostas consequências ruins da hipnotização. *"Qu'on ne s'improvise pas plus médecin hypnotiseur qu'on se s'improvise oculiste"* [Um homem não se improvisa de médico hipnotizador, assim como não se improvisa de oftalmologista], como bem disse o dr. Bérillon!

Que se pode obter com a hipnose? Forel faz uma lista das afecções que "parecem melhor ceder ante a sugestão", sem pretender que ela seja exaustiva. É lícito acrescentar que a indicação para o tratamento hipnótico é de espécie diferente daquela, digamos, para o uso da digitalina etc.

Talvez se possa dizer que importa mais a constituição do sujeito do que a natureza da doença. Em determinada pessoa, praticamente não há sintoma que não ceda ante a sugestão, seja ele de base orgânica tão clara como a vertigem na doença de Ménière ou a tosse na tuberculose; em outra, não se consegue influir em distúrbios de origem indubitavelmente psíquica. Também se deve considerar a habilidade do hipnotizador e as condições em que ele coloca seus pacientes. Eu próprio tive não poucos êxitos com o tratamento hipnótico, mas não ouso tentar várias curas, como as que presenciei ao visitar Liébeault e Bernheim em Nancy. Sei também que boa parte dessas curas bem-sucedidas tem a ver com a "atmosfera sugestiva" que há na clínica desses dois médicos, com o meio social e o estado de ânimo das pessoas — coisas que nem sempre posso restituir nos meus experimentos.

Pode-se mudar permanentemente uma função nervosa através da sugestão? Ou se justifica a advertência de que a sugestão só apresenta êxitos relativos aos sintomas, por um breve período? O próprio Bernheim deu uma resposta inatacável a essa objeção, nos últimos parágrafos do seu livro. Ele mostra que a sugestão age da mesma forma que qualquer outro recurso terapêutico de que dispomos, ao escolher, de algum complexo de manifestações patológicas, esse ou aquele sintoma relevante, cuja remoção tem influência benéfica no curso de todo o processo. Podemos acrescentar que, além disso, numa série de casos a sugestão satisfaz todos os requisitos de um tratamento causal;* por exemplo, em distúrbios histéricos que são consequência direta de uma ideia patogênica ou o depósito de uma vivência abaladora. Com a eliminação dessa ideia, com o enfraquecimento da lembrança, que é obtido pela sugestão, normalmente se supera também o distúrbio. É certo que desse modo não se cura a histeria, que em situação similar produzirá sintomas similares, mas a histeria é curada mediante hidroterapia, superalimentação ou valeriana? Exige-se de um médico que ele cure uma diátese nervosa, quando continuam a existir as circunstâncias que a promovem? Segundo Forel, pode-se obter um sucesso duradouro pela sugestão quando: 1) a mudança obtida traz em si mesma

---

* Cf. *Conferências introdutórias à psicanálise* (1916-1917), n. 27.

a força para se afirmar entre os dinamismos do sistema nervoso; se, por exemplo, pela sugestão conseguimos desabituar uma criança de urinar na cama, o hábito normal pode se estabelecer tão firmemente quanto o mau hábito anterior; 2) a mudança tem essa força suprida por um meio auxiliar; por exemplo, alguém sofre de insônia, fadiga e enxaqueca; a sugestão lhe garante o sono, melhora seu estado geral, e isso evita de forma duradoura a volta da enxaqueca.

Mas o que é mesmo a sugestão, que sustenta todo o hipnotismo, no qual todos esses efeitos são possíveis? Essa questão nos faz tocar num dos pontos fracos da teoria de Nancy. Recordamo-nos, espontaneamente, da pergunta sobre "onde apoiou o pé são Cristóvão?",* ao saber que o minucioso livro de Bernheim, que culmina na frase *"Tout est dans la suggestion"* [Tudo está na sugestão], em nenhum lugar toca na natureza da sugestão, ou seja, na definição do conceito. Quando me achei na feliz situação de aprender pessoalmente com o prof. Bernheim sobre o hipnotismo, pareceu-me que ele denominava "sugestão" a *toda* influência psíquica eficaz de uma pessoa em outra, e "sugerir" a toda tentativa de influir psiquicamente em outra. Forel se empenha em fazer distinções mais nítidas. Uma seção fecunda, "Sugestão e consciência", procura compreender o efeito da sugestão a partir de

---

* Referência à adivinhação antiga: "Cristóvão carregou Cristo,/ Cristo carregou o mundo inteiro;/ Diga, então, onde Cristóvão/ Apoiou o pé?"; cf. *Psicologia das massas e análise do Eu* (1921), cap. IV, "Sugestão e libido".

RESENHA DE AUGUSTE FOREL, *O HIPNOTISMO*

certas hipóteses fundamentais sobre os eventos psíquicos normais. Ainda que não possamos nos declarar totalmente satisfeitos com essa discussão, temos de expressar gratidão ao autor por indicar onde devemos buscar a solução do problema, e por muitos estímulos e contribuições nesse sentido. Está fora de dúvida que observações como as de Forel, nesse capítulo de seu livro, têm mais relação com o problema da hipótese do que a oposição entre [atividade] cortical e subcortical e especulações sobre dilatação e constrição dos vasos sanguíneos cerebrais.

Uma seção sobre a importância da sugestão no direito penal encerra o livro. O "crime sugerido" é, como se sabe, uma mera possibilidade até agora, para a qual os juristas se preparam e que os romancistas podem antecipar, como algo "não tão improvável que não possa acontecer". Certamente não é difícil, num laboratório, fazer com que bons sonâmbulos cometam crimes imaginários. Mas, após a percuciente crítica de Delboeuf às experiências de Liégeois,* é preciso deixar em aberto a questão de até que ponto a consciência de que se tratava de um experimento facilitava a execução do crime.

* Jules Liégeois (1833-1908), professor de filosofia do direito em Nancy, sugeriu a pessoas hipnotizadas que cometessem "crimes", usando armas de brinquedo. Ele acreditava que isso era possível sob hipnose ou pela sugestão pós-hipnótica. Mas o psicólogo e filósofo belga Joseph Delboeuf (1831-96) contestou a ideia, argumentando que a conduta dessas pessoas era influenciada pela consciência de que o experimento era uma espécie de jogo e que Liégeois não as induzia realmente a fazer coisas condenáveis. A polêmica entre os dois prosseguiu no primeiro Congresso Internacional de Hipnotismo, em Paris (1889).

TRATAMENTO PSÍQUICO (DA ALMA) (1890)

TÍTULO ORIGINAL: "PSYCHISCHE BEHANDLUNG (SEELENBEHANDLUNG)".
PUBLICADO PRIMEIRAMENTE EM *DIE GESUNDHEIT*, STUTTGART:
UNION DEUTSCHE VERLAGSGESELLSCHAFT, V. 1, PP. 368-84.
TRADUZIDO DE *GESAMMELTE WERKE* V, PP. 289-315. TAMBÉM SE ACHA
EM *STUDIENAUSGABE. ERGÄNZUNGSBAND* [VOLUME COMPLEMENTAR],
PP. 13-35.

TRATAMENTO PSÍQUICO (DA ALMA)

"Psique" é uma palavra grega que se traduz, em alemão, por *Seele* [alma, psique]. Tratamento psíquico significa, portanto, *tratamento da alma*.* Poder-se-ia achar, então, que se entende por isso o tratamento das manifestações patológicas da vida psíquica. Mas esse não é o significado do termo. Tratamento psíquico designa antes o tratamento a partir da alma, tratamento — de distúrbios psíquicos ou físicos — com meios que agem, diretamente e antes de tudo, sobre a alma humana.

Um meio tal é a palavra, sobretudo, e as palavras são o instrumento essencial do tratamento anímico. Um leigo talvez ache difícil entender como distúrbios patológicos do corpo e da alma podem ser eliminados com "simples" palavras do médico. Pensará que desejam que ele acredite em magia. E não estará tão errado ao pensar assim, pois as palavras que usamos diariamente não são outra coisa senão magia desgastada. Mas será preciso uma boa digressão para tornar compreensível como a ciência faz para restituir às palavras ao menos uma parte de sua antiga força mágica.

Também os médicos, cientificamente treinados, aprenderam a estimar o valor do tratamento psíquico apenas em época recente. Isso se explica facilmente quando refletimos sobre a evolução da medicina nos últimos cin-

---

* O termo alemão, *Seelenbehandlung*, traduz-se, em princípio, por "tratamento da alma"; mas, considerando o que Freud afirma em seguida, pode-se vertê-lo também por "tratamento pela alma". Sobre a tradução de *Seele*, ver Paulo César de Souza, *As palavras de Freud: O vocabulário freudiano e suas versões* (São Paulo: Companhia das Letras, 2. ed. rev., 2010), pp. 152-6.

quenta anos. Após um período um tanto estéril, quando dependia da chamada *Naturphilosophie*,* a medicina, sob a feliz influência das ciências naturais, fez enormes progressos como ciência e como arte, verificou que o organismo é formado de unidades microscópicas (as células), chegou a compreender a física e a química das atividades (funções) vitais, a distinguir as mudanças visíveis e palpáveis que os diferentes processos patológicos ocasionam nos órgãos do corpo e, por outro lado, encontrou os sinais pelos quais profundos eventos patológicos se revelam nas pessoas, descobriu grande número de micro-organismos patogênicos e, com a ajuda de novos conhecimentos, reduziu extraordinariamente o perigo de intervenções cirúrgicas sérias. Todos esses avanços e descobertas se referiram ao aspecto físico do ser humano, e assim ocorreu, graças a um julgamento incorreto, mas compreensível, que os médicos limitaram seu interesse ao aspecto somático e de bom grado abandonaram o estudo do lado psíquico aos filósofos que desdenhavam.

É certo que a medicina moderna tinha motivo suficiente para estudar o vínculo inegável entre o somático e o psíquico, mas ela nunca deixou de apresentar o psíquico como determinado pelo somático e dele dependente. Enfatizou-se, assim, que a atividade intelectual se acha ligada à presença de um cérebro de desenvolvi-

---

* Literalmente, "filosofia da natureza", doutrina filosófica que enfatizava a unidade de natureza e espírito, predominante na primeira metade do século XIX.

TRATAMENTO PSÍQUICO (DA ALMA)

mento normal e alimentação suficiente e, havendo qualquer doença nesse órgão, ela sofre distúrbios; e que a introdução de substâncias tóxicas na circulação sanguínea pode produzir certos estados de doença mental, ou que — numa questão de menor peso — os sonhos da pessoa que dorme podem ser modificados conforme os estímulos que nela aplicamos experimentalmente.

A relação entre o somático e o psíquico (tanto nos animais como no homem) é recíproca, mas o outro lado dessa relação, o efeito da psique sobre o corpo, não era visto com bons olhos pelos médicos no passado. Eles pareciam temer conceder alguma independência à vida psíquica, como se desse modo abandonassem o terreno da cientificidade.

Essa orientação unilateral da medicina em relação ao corpo experimentou uma mudança gradual nos últimos quinze anos, mudança que partiu diretamente da atividade médica. Há um grande número de enfermos, graves ou leves, cujos transtornos e queixas colocam sérias exigências à arte dos médicos, mas nos quais não se encontram sinais visíveis e palpáveis de processo patológico nem durante a vida nem depois da morte, não obstante todos os progressos dos métodos de investigação da medicina científica. Um grupo desses pacientes chama a atenção pela riqueza e variedade do quadro clínico; eles não conseguem fazer trabalho intelectual, devido a dores de cabeça ou falta de concentração, sentem dor nos olhos ao ler, suas pernas se cansam ao andar, ficando meio doloridas ou adormecidas, sua digestão é perturbada por sensações penosas, eructações ou espasmos gástricos, a evacuação não ocorre sem medicamentos, perdem o sono etc. Eles podem sofrer dessas coisas ao mesmo tempo ou uma após a outra, ou apenas algumas delas; mas em todos os casos a doença é claramente a mesma. Os sinais dela são muitas vezes de espécie diferente e substituem um ao outro; o mesmo doente que até então estava incapacitado por dores de cabeça, mas tinha uma boa digestão, pode se sentir aliviado na cabeça no dia seguinte, mas não mais tolerar muitos alimentos. Os distúrbios também desaparecem subitamente quando há uma mudança profunda em suas circunstâncias de vida; ele pode se sentir muito bem numa viagem e saborear sem problemas a comida mais variada, e, de volta a casa, talvez tenha de se limitar a leite coalhado. Em alguns desses doentes, o transtorno — uma dor ou uma fraqueza paralisante — pode inclusive mudar subitamente de lado no corpo, passar da direita para a área correspondente no lado esquerdo. Em todos eles, contudo, pode-se observar que os sintomas são claramente influenciados por emoções, desassossegos, preocupações etc., e que podem sumir, dar lugar à plena saúde sem deixar nenhum traço, mesmo depois de haverem persistido por longo tempo.

A pesquisa médica mostrou, por fim, que tais pessoas não devem ser vistas e tratadas como doentes do estômago, da vista etc., que no caso delas provavelmente deparamos com uma doença de todo o sistema nervoso. Mas o exame do cérebro e dos nervos desses doentes não revelou nenhuma mudança clara até o momento, e algumas características do quadro clínico excluem a possibilidade de que um dia, com meios de investigação mais precisos, possamos demonstrar a existência de mudanças que expliquem a enfermidade. Esses estados foram denominados "nervosismo" (neurastenia, histeria) e caracterizados como distúrbios puramente "funcionais" do sistema nervoso (cf. v. II, seção X, cap. 4 [da obra em que este texto apareceu originalmente, *Die Gesundheit*]). De resto, também em distúrbios nervosos mais duradouros, e naqueles que mostram apenas sintomas psíquicos (as chamadas ideias obsessivas, os delírios, a loucura), o exame aprofundado do cérebro (após a morte do paciente) não produziu resultados.

Os médicos viram-se ante a tarefa de investigar a natureza e a origem das manifestações patológicas desses nervosos ou neuróticos. Ao fazê-lo, descobriram que ao menos numa parte desses doentes os sintomas procediam unicamente de uma *alteração da influência de sua vida psíquica sobre o corpo*, ou seja, que a causa imediata do transtorno devia ser buscada na psique. Quanto às causas mais distantes do transtorno que afetou a psique, que por sua vez atua de modo perturbador sobre o corpo, essa é outra questão, que no momento não precisamos considerar. Mas a ciência médica encontrou nisso o ponto de partida para voltar toda a sua atenção para o lado até então negligenciado da relação mútua entre corpo e psique.

Apenas quando estudamos o patológico chegamos a compreender o normal. Acerca da influência da psique sobre o corpo sabiam-se muitas coisas, que só agora podem ser vistas corretamente. O mais comum exemplo de ação psíquica sobre o corpo, observável em qualquer pessoa, é fornecido pela assim chamada *expressão das emoções*. Quase todos os estados psíquicos de um indivíduo se manifestam nas tensões e nos relaxamentos de seus músculos faciais, no direcionamento de seus olhos, no enrubescimento da pele, na utilização do aparelho vocal e nas posturas dos membros, sobretudo das mãos. Essas alterações físicas concomitantes geralmente não trazem vantagem para a pessoa; pelo contrário, muitas vezes atrapalham suas intenções, quando ela deseja ocultar dos outros o que ocorre em sua psique. Mas servem aos outros como sinais fidedignos a partir dos quais podem inferir esses eventos psíquicos, sinais em que é possível confiar mais do que nas manifestações verbais simultâneas. Se pudermos examinar alguém de modo mais preciso enquanto faz certas atividades psíquicas, encontraremos outras consequências físicas dessas, na forma de mudanças em sua atividade cardíaca, na diferente distribuição de sangue no corpo etc.

Em certos estados psíquicos que se denominam "*afetos*", a participação do corpo é tão grande e tão evidente que alguns psicólogos foram até mesmo de opinião que a essência dos afetos consiste apenas nessas suas manifestações físicas. É de conhecimento geral que mudanças extraordinárias ocorrem na expressão facial, na circulação sanguínea, nas excreções e nos estados de tensão dos músculos voluntários, sob a influência, por exemplo, do temor, da raiva, da dor psíquica, do arrebatamento sexual. Menos conhecidos, mas de existência comprovada, são outros efeitos físicos dos afetos, que

TRATAMENTO PSÍQUICO (DA ALMA)

não fazem parte de sua expressão. Estados afetivos duradouros de natureza penosa ou, como se diz, "depressiva", tais como aflição, preocupação e luto, reduzem a nutrição do corpo na totalidade, fazem com que os cabelos embranqueçam, a gordura desapareça e as paredes dos vasos sanguíneos sofram alteração patológica. Inversamente se nota que, por influência de sensações alegres, da "felicidade", todo o corpo se revigora e a pessoa readquire vários traços da juventude. Os grandes afetos têm clara relação com a capacidade de resistência a doenças infecciosas; um bom exemplo disso é a informação, dada por observadores médicos, de que a tendência a contrair doenças como tifo e disenteria é bem maior nos soldados de um exército derrotado do que nos vencedores. Mas os afetos — quase exclusivamente os depressivos — tornam-se eles próprios, muitas vezes, causas de enfermidades tanto do sistema nervoso, acompanhadas de alterações anatomicamente verificáveis, como de outros órgãos, no que devemos supor que o indivíduo já possuía uma inclinação, até então inativa, para essa doença.

Estados patológicos já desenvolvidos podem ser consideravelmente influenciados por afetos violentos, em geral para pior, mas também não faltam exemplos de um grande susto, uma súbita aflição influir positivamente num estado patológico bem estabelecido ou até eliminá-lo, mediante uma peculiar mudança no organismo. Por fim, não há dúvida de que a duração da vida pode ser bastante reduzida por afetos depressivos, e que um susto violento, uma profunda *ofensa* ou humilhação pode pôr um fim súbito à vida. Curiosamente, este último resultado também se observa, às vezes, em consequência de uma grande alegria inesperada.

Em sentido estrito, os afetos se caracterizam por uma relação muito especial com os processos somáticos; a rigor, porém, todos os estados psíquicos, também os que nos acostumamos a ver como "processos intelectuais", são "afetivos" em alguma medida, e nenhum deles é desprovido de manifestações físicas e da capacidade de modificar processos físicos. Mesmo quando alguém está quietamente pensando em "ideias" [ou "representações"], há estímulos, correspondendo ao teor dessas ideias, que passam continuamente para os músculos lisos e estriados, que podem se tornar manifestos por meio de uma intensificação adequada e fornecem a explicação para vários fenômenos notáveis, supostamente "sobrenaturais". Assim, por exemplo, a chamada "leitura de pensamentos" [*Gedankenerraten*] se explica pelos pequenos, involuntários movimentos musculares que o "médium" realiza quando alguém faz com ele uma experiência — digamos, a de deixar-se guiar por ele na busca de um objeto escondido. Todo o fenômeno deveria ser chamado, isto sim, "revelação de pensamentos" [*Gedankenverraten*].

Os processos da vontade e da atenção também são capazes de influir de maneira profunda nos processos somáticos e de ter grande papel nas doenças físicas, promovendo-as ou inibindo-as. Um grande médico inglês relatou que consegue produzir variadas sensações e dores em qualquer parte do corpo para onde dirija a atenção, e a maioria das pessoas parece ter capacidade semelhante. Ao julgar as dores, que geralmente são incluídas entre as manifestações físicas, devemos levar em conta sua muito clara dependência das condições psíquicas. Os leigos, que tendem a reunir tais influências psíquicas sob o rótulo de "imaginação", costumam ter pouco respeito por dores resultantes da imaginação, diferentemente daquelas causadas por ferimento, doença ou inflamação. Mas isso é uma evidente injustiça; seja qual for a causa das dores, mesmo a imaginação, elas próprias não são menos reais e menos intensas por isso.

Assim como são geradas ou aumentadas pela atenção que lhes é dada, as dores também desaparecem quando a atenção é desviada. Isso pode ser utilizado para acalmar toda criança; soldados adultos não sentem a dor do ferimento no calor do combate; o mártir, na exaltação do sentimento religioso e com todos os pensamentos na retribuição divina que o aguarda, provavelmente se torna insensível à dor dos seus tormentos. Não é tão fácil dar exemplos da influência da vontade nos processos patológicos do corpo, mas é bem possível que o propósito de se curar ou a vontade de morrer não sejam irrelevantes para o desenlace até mesmo de doenças graves e duvidosas.

Nosso interesse é tomado sobretudo pelo estado psíquico da *expectativa*, no qual pode ser ativada uma série de forças psíquicas eficazes no surgimento e na cura de males físicos. A expectativa *angustiada* faz diferença para o resultado, sem dúvida. Seria importante saber com segurança se ela influi tanto no adoecimento como se acredita; se é verdadeiro, por exemplo, que durante uma epidemia os indivíduos mais ameaçados são aqueles que temem adoecer. O estado contrário, a expectativa *esperançosa e crédula*, é uma força operante com que temos de contar, a rigor, em todas as nossas tentativas de tratamento e cura. De outro modo não poderíamos explicar os efeitos peculiares que observamos em medicamentos e intervenções terapêuticas. A influência da *expectativa crédula* é mais evidente nas chamadas curas milagrosas, que ainda hoje sucedem ante os nossos olhos sem a interferência da arte médica. Elas ocorrem em pessoas crentes sob a influência de cerimônias apropriadas para exacerbar os sentimentos religiosos, ou seja, em locais onde uma imagem milagrosa é venerada, onde uma personagem santa ou divina apareceu às criaturas humanas ou lhes prometeu alívio dos sofrimentos em troca da adoração, ou onde as relíquias de um santo são conservadas como um tesouro. Para a fé religiosa sozinha não parece fácil remover a doença por via da expectativa, pois em geral há outras coisas que também participam das curas milagrosas. As épocas em que se busca a mercê divina têm de ser especialmente indicadas; as mortificações a que o doente se submete, os sacrifícios e dores da peregrinação devem torná-lo digno da mercê.

Seria cômodo, mas equivocado, simplesmente negar todo crédito a essas curas milagrosas e pretender explicar as notícias sobre elas como uma convergência de fraude piedosa e observação imprecisa. Tal explicação pode se justificar frequentemente, mas não é capaz de liquidar a questão das curas milagrosas. Estas de fato existem, ocorreram em todas as épocas e dizem respeito não só a doenças de origem psíquica — que se baseiam na "imaginação", a qual pode ser afetada justamente pelas circunstâncias da peregrinação —, mas também a estados patológicos de base "orgânica", que resistiram a todos os esforços médicos.

Mas não há necessidade de aduzir outra coisa que não as forças psíquicas para explicar as curas milagrosas. Mesmo nessas condições, não se manifesta nada que poderia ser considerado além de nossa compreensão. Tudo sucede naturalmente; o poder da crença religiosa é aí reforçado por várias forças motrizes genuinamente humanas. A crença piedosa do indivíduo é intensificada pelo entusiasmo da multidão em cujo meio ele se aproxima do local sagrado. Todos os impulsos psíquicos de um indivíduo podem ser desmedidamente ampliados por esse efeito da massa. Quando alguém busca sozinho a cura num lugar santo, é o nome, a reputação do local que substitui a influência da multidão, ou seja, novamente atua o poder da massa, afinal. Tal influência se faz sentir de outra forma ainda. Como se sabe que a mercê divina se volta apenas para uns poucos, entre os muitos que a procuram, cada um gostaria de estar entre os eleitos e distintos; a ambição que dormita em cada pessoa vem auxiliar a crença piedosa. Quando tantas forças poderosas colaboram, não devemos nos admirar se ocasionalmente o objetivo é de fato alcançado.

Mesmo os incrédulos não precisam ficar sem curas milagrosas. A reputação e o efeito da massa lhes substituem plenamente a fé religiosa. Em cada época existem terapias e médicos da moda, que predominam sobretudo na alta sociedade, em que o afã de exceder um ao outro e fazer como os "primeiros" constitui a mais poderosa força motriz. Esses tratamentos da moda produzem efeitos terapêuticos que se acham fora do seu âmbito de poder, e meios idênticos realizam mais nas mãos de um médico da moda — que ficou conhecido, digamos, por auxiliar uma personalidade eminente —, muito mais do que naquelas de outros médicos. Assim, há milagreiros tanto humanos como divinos; mas os que se elevaram graças à moda e à imitação se desgastam rapidamente, como é de esperar pela natureza das forças que atuaram a seu favor.

A compreensível insatisfação com a ajuda muitas vezes deficiente proporcionada pela arte médica, e talvez também uma rebelião interior contra a coação do pensamento científico, que para o ser humano reflete a inexorabilidade da natureza, criaram em todas as épocas (e novamente em nossos dias) uma estranha condição para a força terapêutica de pessoas e métodos. A expectativa crédula só se produz quando o praticante não é médico e pode se gabar de nada saber dos fundamentos científicos da arte terapêutica, quando o procedimento não foi submetido a exame rigoroso, mas sim, digamos, indicado como preferência popular. Daí a abundância de terapêuticas naturais e praticantes naturais, que também agora competem com os médicos no exercício da profissão, e dos quais podemos dizer, com alguma certeza, que mais prejudicam do que auxiliam os que buscam se curar. Se nisso temos motivo para censurar a crédula expectativa dos doentes, não podemos, contudo, ser ingratos a ponto de esquecer que a mesma força também apoia continuamente os nossos próprios esforços médicos. O efeito de todo recurso que o médico prescreve, de toda interferência que ele realiza, compõe-se provavelmente de duas partes. Uma delas, que ora é maior, ora menor, mas nunca deve ser esquecida, é proporcionada pela conduta psíquica do paciente. A expectativa crédula com que ele encara a influência imediata da diretriz médica depende, por um lado, da magnitude de seu próprio empenho de cura e, por outro, de sua confiança em ter dado os passos corretos nessa direção, ou seja, de seu respeito pela arte médica e, depois, do poder que ele atribui à pessoa do médico, e até mesmo da simpatia puramente humana que este desperta nele. Há médicos que têm mais capacidade de ganhar a confiança do paciente que outros; muitas vezes o doente já sente alívio ao ver esse médico entrar em seu quarto.

Desde sempre, e no passado bem mais do que hoje, os médicos praticaram o tratamento pela alma. Se entendemos por isso o esforço de suscitar no doente os estados e condições psíquicas mais favoráveis à cura, então esse tipo de tratamento médico é o mais velho da história. Os povos antigos praticamente só dispunham do tratamento psíquico; nunca deixavam de reforçar o efeito das poções e medidas terapêuticas com insistente tratamento pela alma. Procedimentos como a notória utilização de fórmulas mágicas e banhos purificadores, a evocação de sonhos oraculares, fazendo a pessoa dormir no templo, só podiam ter resultado terapêutico pela via psíquica. A personalidade do médico adquiria um prestígio que derivava diretamente do poder divino, pois a arte de curar se achava, no início, nas mãos dos sacerdotes. Portanto, assim como hoje, a pessoa do médico era um dos principais fatores para se alcançar, no doente, o estado psíquico favorável à cura.

Agora também começamos a entender a "magia" das palavras. Elas são, afinal, o mais importante meio pelo qual um indivíduo busca exercer influência sobre outro; são bons instrumentos para provocar mudanças psíquicas naquele a quem se dirigem. Já não parece enigmático, então, afirmar que a magia da palavra pode eliminar manifestações patológicas, sobretudo aquelas baseadas elas mesmas em estados psíquicos.

Todas as influências psíquicas que se mostraram eficazes na eliminação de doenças têm algo de imponderável. Afetos, concentração da vontade, desvio da atenção, expectativa crédula — todas essas forças, que eventualmente removem a enfermidade, deixam de fazê-lo em outros casos, sem que possamos atribuir à natureza da doença o resultado diverso. O que estorva a regularidade do êxito terapêutico é sem dúvida a natureza soberana das personalidades, psiquicamente tão diversas. Mas desde que os médicos reconhecerem claramente a importância do estado psíquico para a recuperação, veio-lhes a ideia de não mais deixar que o paciente resolva qual montante de complacência psíquica deve produzir, mas de procurar obter deliberadamente, com os meios adequados, o estado anímico favorável. Com esse empenho tem início o moderno *tratamento pela alma*.

TRATAMENTO PSÍQUICO (DA ALMA)

Surge assim um bom número de formas de tratamento, algumas delas evidentes, outras compreensíveis somente a partir de complicados pressupostos. É evidente, por exemplo, que o médico, não podendo hoje incutir admiração como sacerdote ou como possuidor de um saber oculto, usa sua personalidade de modo a conquistar a confiança e alguma afeição do paciente. Há uma distribuição conveniente se ele consegue isso apenas com um número limitado de doentes, enquanto outros médicos atraem outros pacientes, conforme o grau de educação e a inclinação destes. *Com a abolição da livre escolha do médico, uma importante precondição para influenciar psiquicamente os doentes seria eliminada.*

O médico tem de se privar de uma série de recursos psíquicos eficazes. Ele não tem o poder ou não pode se arrogar o direito de aplicá-los. Isso vale sobretudo para a suscitação de afetos fortes, ou seja, os meios mais importantes com que o psíquico atua sobre o somático. Muitas vezes, o destino cura doenças mediante uma comoção feliz, com a satisfação de uma grande necessidade, a realização de desejos. O médico, que fora de sua arte é, com frequência, um impotente, não pode competir com isso. Ele terá antes a capacidade de gerar medo e susto para fins terapêuticos, mas, exceto no caso de crianças, hesitará em recorrer a tais meios de dois gumes. Por outro lado, ele tem de excluir toda relação com o paciente que esteja ligada a sentimentos ternos, em virtude das implicações na vida. Assim, seu poder de acarretar mudança psíquica nos doentes parece tão limitado de início, que o tratamento psíquico deliberadamente conduzido não prometeria nenhuma vantagem sobre a forma anterior.

O médico pode, digamos, tentar dirigir a vontade e a atenção do paciente, e em diversos estados patológicos tem boa oportunidade para isso. Ele terá adotado o procedimento correto se, por exemplo, obrigar alguém que se acredita paralisado a executar movimentos de que supostamente é incapaz, ou se se recusar a ceder a um paciente amedrontado que exige ser examinado por uma doença que com certeza não tem. Mas essas ocasiões específicas não justificam que se estabeleça o tratamento psíquico como um método terapêutico especial. No entanto, por um caminho peculiar e imprevisível se abriu para o médico a possibilidade de exercer uma influência profunda (embora passageira) sobre a psique dos doentes e de utilizar essa influência para fins terapêuticos.

Há muito se tem noção, mas apenas nas últimas décadas ficou fora de dúvida, de que é possível colocar alguém, mediante certos influxos suaves, num estado psíquico bem peculiar, que tem muita semelhança com o sono e por isso é denominado *hipnose*. Os meios para provocar a hipnose não têm muito em comum à primeira vista. É possível hipnotizar alguém fazendo com que olhe fixamente um objeto brilhante por alguns minutos, ou segurando um relógio próximo a seu ouvido, ou passando as mãos abertas, repetidas vezes, a uma pequena distância, sobre o rosto e os membros da pessoa. Mas pode-se conseguir o mesmo anunciando a chegada do estado hipnótico de forma segura e tranquila, ou seja, "convencendo" a pessoa da hipnose. É possível também combinar os dois procedimentos. Por exemplo: faz-se a pessoa sentar, mantém-se um dedo à frente dos seus olhos e solicita-se a ela que olhe firmemente para ele, dizendo-lhe então: "Você se sente cansada. Seus olhos estão se fechando, você não consegue mantê-los abertos. Seus membros estão pesados, você não consegue mais movê-los. Você está adormecendo" etc. Nota-se que todos esses métodos têm em comum o fato de prender a atenção; nos primeiros há o cansaço da atenção mediante estímulos sensoriais fracos e constantes. Ainda não foi satisfatoriamente explicado como a simples persuasão provoca o mesmo estado que os demais procedimentos. Hipnotizadores experientes afirmam que dessa forma se obtém uma nítida mudança hipnótica em cerca de 80% dos indivíduos. Mas não há indícios que levem a predizer quais pessoas são hipnotizáveis. Uma doença não é absolutamente precondição para a hipnose; diz-se que pessoas normais são hipnotizadas com facilidade e uma parte dos neuróticos é difícil de hipnotizar, enquanto os doentes mentais são inteiramente refratários a ela. O estado hipnótico tem níveis bastante diversos; no grau mais leve, o hipnotizado sente apenas algo como um ligeiro entorpecimento, e o grau mais profundo, de características especiais, é denominado *sonambulismo*, pela semelhança com o fenômeno natural que tem esse nome. Mas a hipnose não é absolutamente um sono como o nosso dormir noturno ou como aquele artificial, gerado por soníferos. Nela ocorrem mudanças, e são mantidas funções psíquicas que se acham ausentes no sono normal.

Alguns fenômenos da hipnose — por exemplo, as mudanças na atividade muscular — têm interesse apenas científico. Porém o mais significativo sinal da hipnose, e o mais importante para nós, está no comportamento do hipnotizado em relação ao hipnotizador. No tocante ao mundo exterior em geral, ele se comporta como alguém que dorme, isto é, retrai todos os seus sentidos; mas se acha *desperto* para a pessoa que hipnotizou, escuta e vê apenas ela, compreende-a e lhe responde. Esse fenômeno, que se denomina *rapport* na hipnose, tem sua contrapartida na maneira como dormem algumas pessoas — por exemplo, a mãe que amamenta seu filho. Ele é tão notável que pode nos levar à compreensão da relação entre hipnotizado e hipnotizador.

Mas o fato de que o mundo do hipnotizado se restringe ao hipnotizador, por assim dizer, não é tudo. Ocorre também que aquele é inteiramente dócil em relação a este, é *obediente e crédulo* — de modo quase ilimitado na hipnose profunda. E na maneira como se dá essa obediência e credulidade se revela uma característica do estado hipnótico: que no indivíduo hipnotizado é extraordinariamente elevada a influência da psique sobre o corpo. Quando o hipnotizador diz: "Você não pode mover seu braço", vê-se que o braço cai, imóvel; o hipnotizado se esforça bastante, mas não consegue movê-lo. Quando o hipnotizador diz: "Seu braço se movimenta sozinho, você não é capaz de detê-lo", o braço se movimenta e o hipnotizado faz esforços vãos para mantê-lo parado. A ideia que o hipnotizador transmitiu com palavras ao hipnotizado produziu neste exatamente a conduta física e psíquica que corresponde ao teor da ideia. Nisso há, por um lado, obediência; por outro, no entanto, há aumento da influência física de uma ideia. De novo, as palavras se tornaram realmente magia.

O mesmo acontece no âmbito das percepções dos sentidos. O hipnotizador diz: "Você está vendo uma cobra", "Você está cheirando uma rosa", "Você está ouvindo uma música belíssima", e o hipnotizado vê, cheira e ouve o que lhe solicita a ideia que lhe foi dada. Como sabemos que o hipnotizado tem de fato essas percepções? Poderíamos achar que ele apenas simula fazer aquilo; mas não há motivo para duvidar disso, pois se comporta precisamente como se o tivesse feito, manifesta as emoções relacionadas àqueles atos e talvez seja capaz de relatar suas percepções e vivências imaginárias após a hipnose. Nota-se, então, que o hipnotizado viu e escutou como vemos e escutamos num sonho, ou seja, ele *alucinou*. Evidentemente, ele é tão crédulo ante o hipnotizador que se acha *convencido* de que há uma cobra a enxergar, quando o hipnotizador a anuncia, e essa convicção atua tão fortemente no plano físico que ele realmente vê a cobra — algo que pode suceder, em determinadas ocasiões, também com pessoas não hipnotizadas.

Observemos, de passagem, que fora da hipnose, na vida real, uma credulidade como a que o hipnotizado mostra em relação ao hipnotizador se encontra apenas *na criança em relação aos pais que ama*, e que tal conformação da própria psique à de outra pessoa, com análoga sujeição, tem um paralelo único, mas completo, em algumas *relações amorosas* em que há entrega total. A convergência de apreço exclusivo e obediência crédula é propriamente uma das características do amor.

Acerca do estado hipnótico há algumas coisas mais a dizer. A fala do hipnotizador, que tem os efeitos mágicos que relatamos, é denominada *sugestão*, e tornou-se hábito utilizar esse nome também quando há apenas a intenção de produzir um efeito similar. Além do movimento e das emoções, todas as outras atividades psíquicas do hipnotizado obedecem à sugestão, e ele não costuma empreender nada por iniciativa própria. Pode-se empregar a obediência hipnótica numa série de tentativas muito singulares, que permitem grandes vislumbres do funcionamento psíquico e geram no expectador uma convicção inabalável do insuspeitado poder da mente sobre o corpo. Assim como se pode fazer o hipnotizado ver o que não está presente, pode-se também proibi-lo de enxergar algo que está presente e busca se impor a seus sentidos, uma determinada pessoa, por exemplo (o que se chama "alucinação negativa"), e essa pessoa vê que é impossível, então, fazer-se notar pelo hipnotizado mediante qualquer estímulo; é tratada por ele "como se fosse ar". Pode-se transmitir ao hipnotizado a sugestão de executar determinada ação somente algum tempo após sair da hipnose (a "sugestão pós-hipnótica"), e o indivíduo respeita o tempo e executa no estado de vigília a ação sugerida, sendo incapaz de dar um motivo para ela. Se lhe perguntamos por que fez aquilo, ele invoca um obscuro impulso a que não pôde resistir ou inventa um pretexto medianamente convincente, não se recordando do verdadeiro motivo, a sugestão que recebeu.

O indivíduo sai da hipnose sem dificuldade, mediante a simples ordem do hipnotizador: "Acorde!". Depois das hipnoses mais profundas, não há lembrança de tudo o que foi vivido naquele estado, sob a influência do hipnotizador. Essa parte da vida psíquica permanece como que isolada do resto. Outros indivíduos hipnotizados têm uma recordação similar a um sonho, e ainda outros se lembram de tudo, mas dizem que se achavam sob uma coação psíquica contra a qual não havia resistência.

Dificilmente se pode exagerar o ganho científico que o conhecimento dos fatos da hipnose trouxe para os médicos e estudiosos da psique. Porém, a fim de avaliar a importância prática dessas descobertas, vamos pôr no lugar do hipnotizador um médico e no do hipnotizado, um paciente. A hipnose não parece então destinada a satisfazer todas as necessidades do médico, na medida em que ele se apresenta ante o paciente como "médico da alma"? Ela brinda o médico com uma autoridade que provavelmente o sacerdote ou o curandeiro jamais possuíram, pois concentra todo o interesse psíquico do hipnotizado na pessoa do médico; ela anula a soberania da vida psíquica do paciente, que percebemos como o caprichoso obstáculo para a manifestação das influências da psique sobre o corpo; ela produz, por si mesma, uma elevação do controle da alma sobre o corpo, que é observada, de resto, apenas como efeito das mais fortes emoções, e, mediante a possibilidade de fazer com que o que foi transmitido ao paciente na hipnose só apareça depois, no estado normal (sugestão pós-hipnótica), proporciona ao médico os meios de utilizar o grande poder que tem durante a hipnose para modificar o paciente no estado de vigília. Apareceria, desse modo, um padrão simples para a cura pelo tratamento psíquico. O médico coloca o paciente no estado hipnótico, transmite-lhe a sugestão, modificada conforme as circunstâncias, de que ele não está doente, de que não sentirá mais sintomas após acordar, e então o desperta e pode confiar em que a sugestão cumpriu seu dever ante a doença. Tal procedimento deveria ser repetido quantas vezes fosse necessário, caso uma só aplicação dele não bastasse.

Uma única consideração poderia impedir o médico e os pacientes de utilizar um método terapêutico tão promissor: caso se verificasse que a hipnotização tem sua vantagem desqualificada por um dano em outro aspecto; por exemplo, deixando um permanente transtorno ou fraqueza na psique do indivíduo. O que até agora sabemos por experiência basta para eliminar essa preocupação; hipnotizações são inteiramente inócuas, e mesmo se repetidas com frequência não acarretam, em geral, efeitos nocivos. Apenas uma coisa deve ser ressaltada: quando as circunstâncias requerem uma aplicação contínua da hipnose, o paciente adquire o hábito dela e passa a depender do médico hipnotizador, algo que não pode ser da intenção do método terapêutico.

O tratamento hipnótico significa realmente uma grande ampliação do poder médico e, portanto, um progresso na arte de curar. Podemos aconselhar todo doente a recorrer a ele, quando é praticado por um médico experiente e confiável. Mas a hipnose deveria ser utilizada de maneira diferente da que hoje prevalece. Em geral, só se aplica essa forma de tratamento quando os outros recursos fracassaram e o paciente já esmorece e fica maldisposto. Então ele deixa seu médico, que não sabe hipnotizar ou não pratica a hipnose, e se dirige a um médico desconhecido, que em geral não emprega e não sabe empregar outro método. As duas coisas são desvantajosas para o doente. O médico dele deve estar familiarizado com o tratamento hipnótico e aplicá-lo desde o início, se julgar que o caso e a pessoa são adequados. Quando realmente pode ser empregada, a hipnose deve ter o mesmo valor que os demais procedimentos terapêuticos, não deve ser o último expediente ou mesmo um recuo da cientificidade para o charlatanismo. A terapia hipnótica é utilizável não apenas em condições nervosas e transtornos devidos à "imaginação" ou na eliminação de hábitos patológicos (alcoolismo, morfinomania, aberrações sexuais), mas também em muitas enfermidades orgânicas, até mesmo de natureza inflamatória, em que há a perspectiva, embora com o prosseguimento da doença básica, de eliminar os sintomas que mais incomodam o paciente, como dores, inibição de movimentos etc. A seleção dos casos para o emprego do método hipnótico depende inteiramente da decisão do médico.

Agora é o momento de descartar a impressão de que o recurso à hipnose inauguraria, para o médico, um período de cômoda atividade milagreira. Há que levar em conta várias outras circunstâncias, que podem abrandar consideravelmente nossas expectativas quanto ao método hipnótico e reduzir a uma medida justa as esperanças talvez despertadas no paciente. Antes de tudo, revela-se insustentável o pressuposto básico de que se conseguiria, mediante a hipnose, livrar os doentes da perturbadora soberania de sua conduta psíquica. Eles a conservam e a demonstram já na atitude em relação à tentativa de hipnotizá-los. Foi dito acima que cerca de 80% das pessoas são hipnotizáveis, mas esse número grande foi alcançado incluindo-se entre os casos positivos todos aqueles que mostram algum traço de influência. Hipnoses realmente profundas, com docilidade total — como aquelas escolhidas para se descrever o estado hipnótico —, são raras, na verdade, ou, de toda forma, não tão frequentes como seria desejável para o tratamento. No entanto, a impressão deixada por esse fato ainda pode ser atenuada, se lembrarmos que a profundeza da hipnose e a docilidade ante as sugestões não mantêm correspondência estreita, de modo que frequentemente é possível observar um bom efeito da sugestão numa hipnose leve. Mas, ainda se considerarmos a docilidade hipnótica de forma independente, como o fator essencial desse estado, é preciso admitir que pessoas diferentes mostram sua particularidade individual no fato de que só se deixam influenciar até certo grau de docilidade, parando naquele ponto. Os diferentes indivíduos mostram, portanto, graus muito diversos de serventia para o tratamento hipnótico. Se encontrássemos meios de aumentar esses vários níveis do estado hipnótico até à hipnose completa, a particularidade individual dos doentes seria abolida e o ideal do tratamento psíquico seria realizado. Mas até agora não ocorreu esse avanço; depende ainda muito mais do paciente que do médico o grau de docilidade que será colocado à disposição da sugestão, ou seja, mais uma vez a coisa fica à discrição do paciente.

Há outra consideração ainda mais importante. Ao descrever os efeitos muito singulares da sugestão na hipnose, as pessoas tendem a esquecer que neles, como em todos os resultados psíquicos, trata-se de relações de grandezas ou forças. Se colocamos uma pessoa sã em hipnose profunda e lhe solicitamos que dê uma mordida numa batata que afirmamos ser uma pera, ou a persuadimos de que vê um conhecido que deve saudar, facilmente encontramos obediência total de sua parte, pois não há razão séria para que esse indivíduo hipnotizado se rebele contra a sugestão. Mas no caso de outras solicitações, se pedirmos, por exemplo, que uma moça normalmente recatada tire a roupa, ou que um homem honesto se aproprie de um objeto valioso mediante roubo, notaremos resistência na pessoa hipnotizada, que pode chegar ao ponto de recusar obediência à sugestão. Isso nos mostra que o poder exercido pela sugestão, ainda na melhor hipnose, não é irrestrito, porém de alcance determinado. O indivíduo hipnotizado pode fazer pequenos sacrifícios, mas, como na vida de vigília, detém-se diante dos grandes. Assim, se lidamos com um doente e insistimos, mediante a sugestão, para que deixe a doença, notamos que isso, para ele, constitui um grande sacrifício, não um pequeno. O poder da sugestão rivaliza com a força que criou os sintomas e os mantém, mas a experiência ensina que esta é de outra ordem de magnitude que a influência hipnótica. O mesmo doente que docilmente se coloca em toda situação onírica que lhe é fornecida — que não seja indecorosa — pode permanecer refratário à sugestão que lhe tira, digamos, sua paralisia imaginária. A isso acresce, na prática médica, que justamente os doentes neuróticos são, na maioria, ruins na hipnotização, de modo que não é toda a influência hipnótica, mas somente parte dela que empreende a luta contra as poderosas forças mediante as quais a doença está enraizada na psique.

Assim, a sugestão não tem assegurada de antemão a vitória sobre a doença quando se alcançou a hipnose, mesmo uma hipnose profunda. Sempre se requer ainda uma luta, e frequentemente o desfecho é incerto. Portanto, com uma só hipnose nada se obtém contra distúrbios sérios de origem psíquica. Com a repetição da hipnose, porém, deixa de haver a impressão de milagre que o paciente talvez esperasse. É possível alcançar, com as repetidas hipnoses, que se torne cada vez mais nítida a influência (ausente no início) sobre a enfermidade, até que se produza um resultado satisfatório. Mas um tratamento hipnótico desses pode ser tão árduo e prolongado como qualquer outro.

Outro ponto em que aparece a relativa fraqueza da sugestão, comparada com a doença que deve combater, é que a sugestão pode remover as manifestações patológicas, mas somente por pouco tempo. Decorrido este, os sintomas da doença retornam, e têm de ser afastados outra vez mediante nova hipnose com sugestão. Repetindo-se frequentemente esse processo, ele esgota a paciência do doente e do médico e tem por consequência o abandono do tratamento hipnótico. São também nesses casos que costumam se produzir, no paciente, a dependência do médico e uma espécie de vício da hipnose.

É bom que o doente esteja a par dessas deficiências do método hipnótico e da possibilidade de que o seu emprego decepcione. A força terapêutica da sugestão hipnótica é um fato, não necessita de propaganda exagerada. Por outro lado, é compreensível que os médicos — aos quais o tratamento hipnótico prometeu bem mais do que pôde cumprir — não se cansem de buscar outros métodos, que possibilitem um efeito mais profundo ou menos imprevisível na vida psíquica do paciente. Podemos abrigar a expectativa segura de que o sistemático tratamento psíquico moderno, que constitui um novíssimo renascimento de antigos métodos terapêuticos, há de fornecer aos médicos armas ainda mais poderosas no combate à doença. Os meios e caminhos para isso virão de uma compreensão aprofundada dos processos da psique, e o início dessa compreensão está baseado justamente na experiência hipnótica.

HIPNOSE (1891)

TÍTULO ORIGINAL: "HYPNOSE", PUBLICADO COMO VERBETE DO *THERAPEUTISCHES LEXIKON FÜR PRAKTISCHE ÄRZTE*, ORG. ANTON BUM, VIENA: URBAN & SCHWARZENBERG. TRADUZIDO DE *GESAMMELTE WERKE. NACHTRAGSBAND*, PP. 141-50.

HIPNOSE. Seria um erro acreditar que é bem fácil praticar a hipnose com fins terapêuticos. A técnica da hipnotização é, na verdade, um procedimento médico tão difícil quanto qualquer outro. O médico que pretenda usar a hipnose deve aprendê-la de um mestre nessa arte e necessitará de muita prática para obter sucesso em mais do que alguns casos isolados. Depois, já como hipnotizador experiente, iniciará a tarefa com a seriedade e a resolução que emanam da consciência de empreender algo útil, e mesmo necessário em dadas circunstâncias. A recordação de muitas curas obtidas mediante a hipnose fornecerá à sua conduta para com o paciente uma segurança que não deixará de suscitar também neste último a expectativa de mais um êxito. Quem se põe a usar a hipnose com atitude meio descrente, achando que age de forma um tanto ridícula, dando a entender, por expressão, voz e gestos, que nada espera da tentativa, não terá motivo para se admirar do seu fracasso, e deveria deixar esse método de tratamento para outros médicos, que possam utilizá-lo sem se sentir prejudicados em sua dignidade profissional, porque a experiência e a leitura os convenceram da realidade e da importância da influência hipnótica.

Deve-se ter como regra não impor ao paciente o tratamento hipnótico. Difundiu-se no público leigo o preconceito, sustentado inclusive por médicos eminentes, mas pouco versados no assunto, segundo o qual a hipnose é uma intervenção perigosa. Se alguém quisesse forçar a hipnose numa pessoa que acredita nessa afirmação, provavelmente seria logo estorvado por incidentes desagradáveis, oriundos da angústia do paciente e da sua penosa sensação de ser dominado, mas que certamente seriam vistos como consequências da hipnose. Portanto, quando houver forte resistência ao emprego da hipnose, é melhor renunciar a esse método e aguardar até que o paciente, influenciado por outras informações, se familiarize com a ideia de ser hipnotizado. Mas não constitui algo desfavorável quando o paciente afirma que não tem medo da hipnose, mas também não acredita nela, ou não acredita que ela lhe seja útil. Então lhe dizemos: "Não solicito sua crença, apenas sua atenção e alguma cooperação no início", e, em geral, encontramos excelente apoio nesse ânimo indiferente. Por outro lado, é preciso dizer que há pessoas que justamente por sua boa vontade e seu desejo de ser hipnotizadas são impedidas de entrar em hipnose. Isso não corresponde absolutamente à opinião comum de que a "fé" faz parte da hipnose, mas assim ocorre. Em geral, podemos partir do pressuposto de que todos os indivíduos são hipnotizáveis, mas todo médico encontra certo número de pessoas que não pode hipnotizar nas condições de seus experimentos, e frequentemente também não sabe dizer a que se deve o fracasso. Às vezes, é fácil um método conseguir o que com outro parecia impossível, e o mesmo vale para médicos diferentes. Nunca sabemos de antemão se um paciente poderá ser hipnotizado, e não há outro modo de sabê-lo senão experimentando. Até agora não se conseguiu fazer uma relação entre a suscetibilidade à hipnose e alguma outra característica da pessoa. É certo apenas que doentes mentais e degenerados não são hipnotizáveis geralmente, e neurastênicos, só com muita dificuldade; e não é verdadeiro que os histéricos não se prestam à hipnose. Pelo contrário, precisamente nestes últimos é que a hipnose se produz após intervenções puramente fisiológicas e com todos os sinais de um estado físico especial. É importante formar um juízo provisório sobre a individualidade psíquica de um paciente que se pretenda submeter à hipnose, mas para isso não se podem estabelecer regras gerais. Parece evidente, contudo, que não é proveitoso iniciar um tratamento médico com a hipnose, que é melhor ganhar primeiro a confiança do paciente, fazer com que sua desconfiança e sua crítica se atenuem. Mas quem goza de grande reputação como médico ou hipnotizador pode dispensar essa preparação.

Para quais doenças deve-se recorrer à hipnose? As indicações são mais difíceis do que em outros métodos de tratamento, pois a reação individual na terapia hipnótica é quase tão importante quanto a natureza da doença a ser combatida. Em geral, evitaremos tratar com a hipnose sintomas que têm base orgânica, usando esse método apenas para distúrbios funcionais, nervosos, males de origem psíquica, dependências de tóxicos e outros vícios. Mas logo nos convenceremos de que muitos sintomas de doenças orgânicas são suscetíveis à hipnose, e de que a alteração orgânica pode existir sem o distúrbio funcional que dela deriva. Com a atual aversão ao tratamento hipnótico, raramente ele é aplicado antes que todas as demais terapias tenham sido experimentadas sem sucesso. Isso tem seu lado bom, pois desse modo se verifica qual o âmbito de ação próprio da hipnose. Naturalmente, também se pode hipnotizar um paciente para fazer um diagnóstico diferencial; por exemplo, quando há dúvida de determinado sintoma pertencer à histeria ou a uma doença nervosa orgânica. Mas essa prova só tem algum valor no caso de um resultado favorável.

Após conhecer o paciente e estabelecer o diagnóstico, surge a questão: deve-se fazer a hipnose a sós com o paciente ou na presença de uma pessoa de confiança? A segunda medida seria desejável para proteger tanto o paciente de um mau uso da hipnose como o médico da acusação desse mau uso. As duas coisas já ocorreram! Mas, em geral, não é possível pôr essa medida em prática. Muitas vezes, a presença de uma amiga, do marido etc. perturba consideravelmente a paciente e diminui bastante a influência do médico, e, além disso, nem sempre o teor da sugestão a ser transmitida sob hipnose se presta a ser comunicado a outras pessoas, próximas dos pacientes. A participação de um segundo médico não teria esse inconveniente, mas dificulta de tal forma a realização do tratamento que este se torna impossível na maioria dos casos. Dado que ao médico importa, sobretudo, ajudar mediante a hipnose, na maioria dos casos ele deixará de introduzir uma terceira pessoa e acrescentará o perigo mencionado [o mau uso da hipnose] aos outros que são inerentes ao exercício da medicina. A paciente poderá se proteger não admitindo ser hipnotizada por um médico que não lhe pareça digno de total confiança.

Por outro lado, é relevante que a doente a ser hipnotizada veja outras pessoas sob hipnose, que aprenda, pela via da imitação, como deve se conduzir, e que saiba, de outras, em que consistem as sensações do estado hipnótico. Na clínica de Bernheim e no ambulatório de Liébeault, em Nancy, onde todo médico pode obter informações sobre os possíveis efeitos da influência hipnótica, nunca se realiza uma hipnose a sós. Todo paciente que chega para sua primeira hipnose observa, por algum tempo, como pacientes mais antigos adormecem, como obedecem durante a hipnose e, após despertar, reconhecem o desaparecimento de seus sintomas patológicos. Desse modo, ele entra num estado de prontidão psíquica que o faz mergulhar em profunda hipnose, quando chega a sua vez. O inconveniente dessa forma de agir está em que os problemas de cada um são discutidos diante de muitos, o que é inaceitável para pacientes de classes mais altas. Ainda assim, um médico que deseje curar pela hipnose não deve renunciar a esse poderoso meio de influência, sempre que for possível fazer com que a pessoa a ser hipnotizada presencie uma ou mais tentativas bem-sucedidas de hipnose. Não podendo esperar que o paciente hipnotize a si mesmo por imitação, tão logo receba o sinal para isso, temos a escolha entre diversos *procedimentos* para hipnotizá-lo, que têm em comum o fato de lembrar o adormecer em determinadas sensações físicas. A melhor maneira de proceder é a seguinte. Colocamos o paciente numa cadeira confortável, pedimos que preste atenção e não fale mais a partir daquele momento, pois sua fala dificultaria o adormecer. Peças de roupa que estejam apertadas devem ser retiradas, outras pessoas presentes devem se colocar numa área do aposento onde não sejam vistas pelo paciente. A sala é escurecida e cuida-se para que haja silêncio. Após esses preparativos, sentamo-nos diante do paciente e lhe solicitamos que fixe o olhar em dois dedos da mão direita do médico e, enquanto isso, atente para as sensações que aparecerão. Depois de bem pouco tempo, talvez um minuto, começamos a persuadi-lo a ter as sensações do adormecimento; por exemplo: "Vejo que a coisa está indo rápido com você, seu rosto já tem uma expressão rígida, sua respiração está mais funda, você está bem tranquilo, suas pálpebras estão pesadas, seus olhos piscam, você já não enxerga com nitidez, logo fará um movimento de deglutição, seus olhos se fecharão e você vai dormir". Falando coisas assim, já estamos em plena "sugestão", como é denominado o convencimento durante a hipnose. Mas sugerimos apenas as sensações e os processos motores que ocorrem espontaneamente durante o adormecimento hipnótico. É possível nos convencermos disso quando temos à nossa frente uma pessoa que pode ser hipnotizada somente pela fixação do olhar (método de Braid), alguém em que o cansaço dos olhos, pela atenção intensificada e desviada de outras impressões, provoca o estado semelhante ao sono. Seu rosto assume uma expressão rígida, a respiração se torna mais funda, os olhos ficam úmidos, piscam várias vezes, há um ou mais movimentos de deglutição, por fim os globos oculares se voltam para dentro e para cima, as pálpebras descem, e eis a hipnose. O número de pessoas assim é bastante significativo; ao notarmos que estamos diante de uma, convém silenciar e só ocasionalmente ajudar com uma sugestão. Senão, apenas incomodaríamos essa pessoa que hipnotiza a si mesma, e, caso a sequência de sugestões não correspondesse ao curso real de suas sensações, despertaríamos sua oposição. Em geral, porém, é melhor não aguardar o desenvolvimento espontâneo da hipnose, e sim promovê-la mediante sugestões. Mas estas devem ser enérgicas e comunicadas em rápida sucessão. O paciente não deve, por assim dizer, voltar a si; não deve ter tempo de comprovar se é certo o que lhe dizem. Não são precisos mais do que dois a quatro minutos até que seus olhos se fechem. Caso não se cerrem espontaneamente, nós os fechamos com leve pressão dos dedos, sem mostrar surpresa ou irritação por não ter havido seu fechamento espontâneo. Se os olhos permanecem fechados, alcançamos, na maioria das vezes, certo grau de influência hipnótica. Esse é o momento decisivo para tudo o que se segue.

Com efeito, ocorre uma de duas possibilidades. Na primeira delas, o paciente, fixando o olhar e ouvindo as sugestões, é efetivamente hipnotizado, e fica tranquilo após cerrar os olhos; verificamos se há catalepsia, fazemos a sugestão que seu transtorno requer, e o despertamos. Após o despertar, ou ele está amnésico, ou seja, estava "sonâmbulo" durante a hipnose, ou conserva plenamente a memória e informa sobre suas sensações durante a hipnose. Não é raro vermos um sorriso em seu rosto, depois de fecharmos seus olhos. Isso não deve desagradar ao médico; apenas significa, em geral, que o hipnotizado ainda é capaz de avaliar o próprio estado e o considera estranho, cômico. Na segunda possibilidade, não houve influência nenhuma, ou muito pouca, enquanto o médico agiu como se tivesse obtido uma hipnose completa. Tenhamos presente o estado psíquico do paciente. Quando começaram os preparativos, ele prometeu ficar tranquilo, não falar mais, não dar sinais de confirmação ou oposição. Agora percebe que, devido à sua anuência, tentam convencê-lo de que se acha hipnotizado, e isso o inquieta, ele se sente incomodado porque não lhe é permitido se manifestar, talvez também receie que o médico lhe transmita muito cedo a sugestão, por achar que ele está hipnotizado, quando ainda não está. Ora, a experiência mostra que ele não cumpre o acordo que estabelecemos, se não estiver realmente hipnotizado. Ele abre os olhos e diz, contrariado: "Não estou dormindo". O hipnotizador iniciante talvez desista da hipnose nesse ponto, mas o experiente não perde o ânimo. Responde, sem a menor irritação, novamente cerrando os olhos do paciente: "Fique tranquilo, você prometeu não falar. Sei que não está 'dormindo'. Mas não precisa dormir. Que sentido teria se eu apenas o fizesse adormecer? Você não dorme, está hipnotizado, está sob minha influência; o que eu lhe disser agora lhe causará uma impressão especial e lhe será proveitoso". Após essa explicação, normalmente o paciente se tranquiliza, nós lhe comunicamos a sugestão, deixamos, momentaneamente, de procurar sinais físicos da hipnose, e na maioria das vezes, após várias repetições dessa assim chamada "hipnose", vemos aparecer alguns dos fenômenos somáticos que caracterizam a hipnose.

Em muitos casos dessa espécie, há sempre a dúvida de que o estado que provocamos merece realmente o nome de hipnose. Mas seria um erro transmitir a sugestão apenas naqueles outros casos em que o paciente fica sonâmbulo ou entra em hipnose profunda. Nos casos que, na verdade, possuem apenas a aparência de hipnose, é possível obter espantosos sucessos terapêuticos, que não conseguimos pela "sugestão em estado de vigília". Portanto, também aí deve se tratar de uma hipnose, que, afinal, é buscada apenas pelo efeito de sugestão que nela se obtém. Mas se, após várias tentativas (de três a seis), não obtemos indício de êxito nem um dos sinais somáticos da hipnose, devemos abandonar o experimento.

Bernheim e outros distinguiram vários graus da hipnose, mas explicitá-los não tem muito valor na prática. De importância decisiva é apenas se o paciente fica sonâmbulo ou não, ou seja, se o estado de consciência criado na hipnose difere do habitual a ponto de não haver lembrança do que ocorreu durante a hipnose após o despertar. Nesses casos, o médico pode contestar resolutamente as dores existentes ou outros sintomas reais, algo que em geral não faz, quando sabe que após alguns minutos o paciente lhe dirá: "Você disse que eu não teria mais dores, mas eu senti e ainda sinto dores". O hipnotizador se empenha em evitar contestações desse tipo, que minam sua autoridade. Portanto, seria de grande importância para a terapia se dispuséssemos de um procedimento que permitisse colocar qualquer um em estado de sonambulismo. Infelizmente, isso não existe. A principal deficiência da terapia hipnótica é o fato de não ser dosável. O grau de hipnose que se pode alcançar não depende do procedimento do médico, mas da eventual reação do paciente. E é muito difícil aprofundar a hipnose em que um paciente se acha; mas, em regra, isso ocorre com a repetição frequente das sessões.

Se não estivermos satisfeitos com a hipnose alcançada, buscaremos, nas repetições, outros métodos, que muitas vezes agem mais intensamente, ou ainda agem quando já se debilitou a influência do primeiro procedimento. Eles são: passar as duas mãos sobre o rosto e o corpo do paciente por cinco a dez minutos, que tem um efeito notavelmente tranquilizador e adormecedor; a sugestão, acompanhada da passagem de uma débil corrente galvânica, que provoca uma nítida sensação gustativa (o anodo numa faixa larga sobre a testa, o catodo numa faixa ao redor do pulso), sendo que a impressão de estar atado e a sensação da corrente galvânica contribuem bastante para a hipnose. Podemos inventar procedimentos assim à vontade, desde que tenhamos em vista sua finalidade: despertar, por associação de pensamentos, a ideia do adormecer e fixar a atenção por meio de uma sensação que se mantém igual.

O verdadeiro valor terapêutico da hipnose está na *sugestão* que transmitimos no decorrer dela. A sugestão consiste em negar energicamente os males de que o paciente se queixou, ou em garantir que ele pode fazer algo, ou em ordenar que ele o execute. Obtemos um efeito bem mais vigoroso do que o produzido pela simples negação ou garantia ao relacionar a cura desejada a uma ação ou a uma intervenção durante a hipnose; por exemplo, ao dizer:

HIPNOSE

"Você não sente mais dores nesse lugar, eu pressiono aqui, e a dor desapareceu". Passar a mão e pressionar a parte doente do corpo, durante a hipnose, é um ótimo reforço para a sugestão falada. Também não devemos deixar de esclarecer a pessoa hipnotizada sobre a natureza de sua doença, de justificar a cessação da doença etc., pois em geral não temos à nossa frente um autômato psíquico, e sim um ser dotado de crítica e discernimento, sobre o qual podemos influir mais, nesse momento, do que quando se acha no estado de vigília. A hipnose sendo incompleta, não devemos permitir que o paciente fale; essa manifestação motora dissipa a sensação de entorpecimento que assegura a hipnose, e o desperta. Pessoas sonâmbulas podemos deixar que falem, andem, trabalhem, e obtemos a máxima influência psíquica quando lhes perguntamos, sob hipnose, sobre os seus sintomas e a origem deles.

Com a sugestão, requeremos ou um efeito imediato, em especial no tratamento de paralisias, contraturas e similares, ou um efeito pós-hipnótico, ou seja, que estabelecemos para determinado instante após o despertar. Nos transtornos pertinazes, é bastante proveitoso intercalar esse período de espera (até mesmo uma noite inteira) entre a sugestão e seu cumprimento. A observação clínica mostra que impressões psíquicas costumam demandar certo tempo, um período de incubação, para provocar uma alteração no corpo (cf. "Neurose traumática").* Cada sugestão deve ser transmitida do modo mais taxativo, pois

---

* A referência é a outro verbete do dicionário médico onde esse texto foi publicado.

qualquer sinal de dúvida é percebido e explorado negativamente pela pessoa hipnotizada. Não devemos permitir que surja nenhuma contestação, e podemos invocar, se for o caso, nosso poder de produzir catalepsia, contraturas, anestesia e similares.

A *duração* da hipnose deve ser determinada pelas exigências práticas; sua manutenção por algum tempo, até por várias horas, certamente não é desfavorável ao êxito. O despertar é feito através de uma exclamação como "Basta por agora!". Não devemos nos esquecer, nas primeiras hipnoses, de assegurar que a pessoa acordará sem dores de cabeça, bem e de bom humor. Contudo, podemos observar que muitas, mesmo depois de hipnoses leves, despertam sentindo pressão na cabeça e cansaço, quando a duração foi muito breve. Não dormiram o suficiente, por assim dizer.

A *profundidade* da hipnose não se acha, em todos os casos, em relação direta com o seu êxito. É possível provocar grandes mudanças com as hipnoses mais leves e, por outro lado, malograr com o sonambulismo. Se o sucesso desejado não se verifica após umas poucas hipnoses, outra dificuldade ligada a esse método se revela. Nenhum doente deve ficar impaciente se não se recupera após a vigésima aplicação de eletricidade ou a vigésima garrafa de água mineral; mas o médico e o paciente se cansam bem antes no tratamento hipnótico, por causa do contraste entre as sugestões intencionalmente otimistas e a realidade sombria. Também nisso os pacientes inteligentes podem facilitar o trabalho do médico, tão logo entendam que este, ao comunicar a sugestão, está como que desempenhando um papel, e que quanto mais energicamente ele questionar o transtorno, tanto mais isso poderá ser benéfico para eles. Em todo tratamento hipnótico prolongado, deve-se evitar cuidadosamente um método monótono. O médico tem de inventar sempre um novo ponto de partida para sua sugestão, uma nova prova de seu poder, uma nova alteração do procedimento hipnótico. Isso também significa para ele, que talvez duvide interiormente do êxito, um esforço grande e, afinal, exaustivo.

Não há dúvida de que o âmbito da terapia hipnótica ultrapassa em muito o dos outros métodos de cura das doenças nervosas. Além disso, não se justifica a objeção de que a hipnose é capaz de influir apenas nos sintomas, e por pouco tempo. Se a terapia hipnótica se volta contra os sintomas, e não contra os processos patológicos, então segue o mesmo caminho que todas as outras terapias são obrigadas a tomar.

Tendo êxito a hipnose, a consistência da cura depende dos mesmos fatores que a consistência de toda cura obtida de outra maneira. Se eram fenômenos residuais de um processo já concluído, a cura será duradoura; se as causas que produziram os sintomas patológicos prosseguem atuando com igual força, uma recidiva é provável. Em nenhum caso a utilização da hipnose exclui a de uma terapia diversa, dietética, mecânica ou de outro tipo. Numa série de casos, em que as manifestações patológicas são de origem puramente psíquica, a hipnose preenche todos os requisitos que podemos fazer a uma terapia causal, e após indagar e tranquilizar o paciente em profunda hipnose alcançamos esplêndido resultado.

Tudo o que se falou e se escreveu sobre os grandes *perigos* da hipnose pertence ao reino das fábulas. Deixando de lado o mau uso da hipnose para finalidades ilícitas, uma possibilidade que existe para qualquer outro meio terapêutico eficaz, no máximo devemos levar em conta a inclinação que têm pessoas com grave neurose de, após repetidas hipnoses, ficarem espontaneamente hipnotizadas. Está nas mãos do médico proibir essas hipnoses espontâneas, as quais, porém, devem ocorrer apenas em indivíduos muito receptivos. Pessoas cuja receptividade é tanta que podem ser hipnotizadas contra sua vontade, a essas o médico protegerá suficientemente com a sugestão de que apenas ele será capaz de hipnotizá-las.

UM CASO DE CURA POR HIPNOSE
COM OBSERVAÇÕES SOBRE O SURGIMENTO DE SINTOMAS HISTÉRICOS DEVIDO À "CONTRAVONTADE" (1892-1893)

TÍTULO ORIGINAL: "EIN FALL VON HYPNOTISCHER HEILUNG".
PUBLICADO PRIMEIRAMENTE EM *ZEITSCHRIFT FÜR HYPNOTISMUS*,
V. 1, N. 3. TRADUZIDO DE *GESAMMELTE WERKE* I, PP. 3-17.

Resolvo publicar aqui um caso de cura por sugestão hipnótica, pois, devido a várias circunstâncias, ele adquiriu mais força comprobatória e se tornou mais claro do que a maioria dos nossos êxitos terapêuticos.

A senhora, a quem pude ajudar num momento importante de sua vida, havia anos era minha conhecida, e depois permaneceu vários anos sob minha observação. A sugestão hipnótica a livrou de um distúrbio que aparecera algum tempo antes, fora combatido sem êxito e obrigara a paciente a uma limitação que foi removida com minha ajuda na segunda vez. Um ano depois, contudo, o mesmo transtorno se apresentou novamente, e da mesma forma foi superado. O sucesso da terapia foi valioso para a paciente, e durou enquanto ela quis exercer a função afetada pelo transtorno. Nesse caso foi possível, enfim, demonstrar o mecanismo psíquico simples do transtorno e relacioná-lo com processos similares no âmbito da patologia nervosa.

Tratava-se, para não continuar falando de maneira misteriosa, de um caso em que uma mãe não conseguia amamentar o filho recém-nascido antes que interviesse a sugestão hipnótica, e em que suas vivências com um filho precedente e um posterior permitiram uma verificação do êxito terapêutico que raramente é possível.

O objeto da história clínica que se segue é uma jovem senhora entre os vinte e os trinta anos, que eu, por acaso, conhecia desde a infância e que, por suas prendas, seu calmo equilíbrio e sua naturalidade, ninguém considerava uma pessoa neurótica, tampouco seu médico. Tendo em vista os acontecimentos que passarei a relatar, devo caracterizá-la como *hystérique d'occasion*, na feliz expressão de Charcot. Essa categoria, como se sabe, não exclui uma admirável conjunção de qualidades e uma saúde nervosa intacta nos demais aspectos. De sua família conheço a mãe, que não é nada neurótica, e uma irmã mais jovem, saudável e de compleição semelhante. Um irmão sofreu uma típica neurastenia juvenil, mas que levou ao fracasso de seus planos para a vida. Conheço a etiologia e o curso dessa enfermidade, que todo ano é recorrente em minha prática médica. Uma constituição originalmente boa, a costumeira confusão sexual da puberdade, depois o excesso de trabalho do tempo de estudante, o estudo para os exames, uma gonorreia e, a seguir, a repentina irrupção de uma dispepsia, acompanhada de uma persistente, quase inexplicável obstipação. Meses depois, esta é substituída por pressão intracraniana, depressão, incapacidade para o trabalho; a partir de então, desenvolvem-se a limitação de caráter e o ensimesmamento egoísta que tornam o doente um flagelo para a família. Não sei com certeza se essa forma de neurastenia pode ser inteiramente adquirida; por isso deixo aberta a questão da possibilidade de uma disposição hereditária para neuroses na família.

Quando estava próximo o nascimento do primeiro filho de seu feliz matrimônio, a paciente tinha a intenção de amamentá-lo ela própria. O parto não foi mais difícil do que costuma ser em mulheres não muito jovens que dão à luz pela primeira vez, e se realizou com o emprego de um fórceps. Apesar da sua boa constituição física, porém, a parturiente não conseguiu nutrir adequadamente a criança. O leite não era abundante, dar o peito lhe causava dores, faltava-lhe apetite, tinha uma preocupante aversão aos alimentos, as noites eram agitadas e insones. Para não pôr em perigo a mãe e o filho, após duas semanas foi abandonada a tentativa, e a criança foi entregue a uma ama de leite; depois disso, desapareceram rapidamente todas as queixas da mãe. Devo dizer que sobre essa primeira tentativa de amamentação não informo como médico ou testemunha.

Três anos depois, houve o nascimento de outro filho, e também dessa vez circunstâncias externas tornaram desejável não recorrer a uma ama de leite. Mas os esforços da mãe para amamentar pareciam ter ainda menos êxito e gerar manifestações mais dolorosas que da primeira vez. Ela vomitava todo alimento, afligia-se ao ver que o traziam à sua cama, não dormia absolutamente e se desgostava de tal maneira com a própria inaptidão que os dois médicos da família — os drs. Breuer e Lott, bem conhecidos nesta cidade — resolveram que dessa vez a tentativa não se prolongaria. Apenas aconselharam que se experimentasse a sugestão hipnótica e obtiveram que eu fosse chamado para dar assistência à minha conhecida, na noite do quarto dia.

Encontrei-a deitada na cama, com as bochechas bem avermelhadas, enfurecida com a própria incapacidade de amamentar seu bebê, incapacidade essa que aumentava a cada tentativa e à qual, porém, ela se opunha com todas as forças. Para evitar os vômitos, ela nada havia comido o dia inteiro. O epigástrio estava abaulado e sensível à pressão, a apalpação revelava motilidade anormal do estômago, de quando em quando havia eructação, a doente se queixava de constante sabor ruim na boca. A área de ressonância gástrica achava-se consideravelmente aumentada. Não fui recebido como alguém que poderia salvá-la na emergência, mas sim de má vontade, e não pude contar com sua confiança.

De imediato procurei induzir a hipnose, fazendo-a fixar o olhar e enunciando continuamente os sintomas do sono. Após três minutos, a paciente tinha a expressão calma de quem dorme profundamente. Não me recordo se comprovei o estado de catalepsia e outras manifestações de docilidade. Utilizei a sugestão para refutar seus temores e os sentimentos em que eles se baseavam. "Não tenha medo, você será uma ótima lactante e o bebê crescerá maravilhosamente. Seu estômago está bem, seu apetite é excelente, você quer uma boa refeição" etc. A paciente continuou a dormir quando a deixei por alguns minutos e, depois que a acordei, demonstrou amnésia quanto ao sucedido. Antes de ir embora, tive de responder a uma observação apreensiva do marido, segundo a qual a hipnose podia arruinar os nervos de uma mulher.

Na tarde seguinte, soube de algo que me pareceu uma garantia de sucesso, mas que, curiosamente, não causou impressão nos parentes e na enferma. Ela havia jantado sem problemas, havia dormido tranquilamente e também de manhã tinha alimentado a si e ao bebê de forma irrepreensível. Mas o almoço, um tanto abundante, havia sido demais para ela. Mal fora servido, surgiu nela a aversão anterior; vomitou antes mesmo de tocar em algo, foi-

-lhe impossível dar o peito à criança, e, quando cheguei, todos os sinais objetivos eram novamente os mesmos da véspera. Não teve nenhum efeito meu argumento de que tínhamos a vitória depois que ela se convencera de que o transtorno podia ceder, e havia mesmo cedido por um dia. Na segunda hipnose, que também levou rapidamente ao sonambulismo, fui mais enérgico e mais confiante. Disse que ela, cinco minutos após a minha partida, abordaria de maneira indignada os seus familiares, perguntando onde estava a comida, se pretendiam fazê-la passar fome, como ela poderia amamentar o filho se não se alimentasse etc. Quando retornei, no terceiro dia, a puérpera se recusou a prosseguir com o tratamento. Disse que não precisava de mais nada, tinha ótimo apetite e leite suficiente para o bebê, não havia mais problemas ao dar o peito etc. O marido achou estranho que no dia anterior, logo depois de minha partida, ela solicitasse a refeição de modo tão impetuoso e repreendesse a mãe, coisas que não eram do seu feitio. Mas tudo estava bem desde então.

Eu nada tinha mais a fazer. Ela amamentou a criança por oito meses, e com frequência tive oportunidade, graças à nossa relação amigável, de inteirar-me do bem-estar de ambos. Apenas achava incompreensível e me *aborrecia* o fato de nunca havermos comentado aquele resultado singular.

Mas um ano depois fui novamente requisitado, quando um terceiro filho fez as mesmas exigências à mãe, e tampouco dessa vez ela pôde satisfazê-las. Encontrei a senhora no mesmo estado do outro ano, e até irritada consigo mesma, por não conseguir vencer com a própria vontade a repugnância ao alimento e os outros sintomas. A hipnose do primeiro dia teve apenas o efeito de tornar a paciente ainda mais desesperançada. Depois da segunda hipnose, porém, mais uma vez o complexo de sintomas foi eliminado tão completamente que não se fez necessária uma terceira. Ela também amamentou sem problemas essa criança, que hoje tem um ano e meio e goza de boa saúde.

Diante desse novo êxito, dissolveram-se as reservas do marido e da mulher, e eles revelaram o motivo que havia guiado sua conduta em relação a mim. "Eu me envergonhava", disse a senhora, "de que algo como a hipnose ajudasse e minha força de vontade se mostrasse impotente." Mas não creio que tenham superado a aversão à hipnose.

Agora passarei a considerar qual seria o mecanismo psíquico daquele transtorno de minha paciente que foi eliminado por meio da sugestão. Diferentemente de outros casos, de que falarei em outra ocasião, não tenho informação direta sobre esse mecanismo, sendo obrigado a deduzi-lo.*

Há ideias [ou representações: *Vorstellungen*] a que se acha ligado um afeto com expectativa, e elas são de dois tipos: ideias de que farei isso ou aquilo, as chamadas *intenções*, e ideias de que me acontecerá isso ou aquilo, ou seja, *expectativas*. O afeto a estas vinculado depende de dois fatores: primeiro, da importância que tem para mim

---

* No original, *erraten*, verbo que os dicionários bilíngues dão como equivalente de "adivinhar", "descobrir", "atinar com".

o fato; segundo, do grau de incerteza ligado à expectativa. A incerteza subjetiva, a contraexpectativa, é constituída por uma soma de ideias que podemos designar como "ideias contrastantes penosas". No caso de uma intenção, essas ideias contrastantes dizem: "Não conseguirei realizar minha intenção, porque isso ou aquilo é difícil demais para mim, sou incapaz disso; e sei que outras pessoas também falharam em situação semelhante". O outro caso, o da expectativa, é imediatamente claro; a contraexpectativa se baseia na consideração de todas as outras possibilidades que podem ocorrer, excetuando a que desejo. Prosseguindo na discussão desse caso, chegamos às *fobias*, que desempenham grande papel na sintomatologia das neuroses. Detenhamo-nos na primeira categoria, a das *intenções*. Que faz alguém de vida ideativa sadia com as ideias contrastantes que se opõem a uma intenção? Ele as suprime e inibe como for possível, conforme a robusta autoconfiança da saúde, excluindo-as das associações, e nisso, com frequência, é tão bem-sucedido que a existência da ideia contrastante à intenção geralmente não aparece, apenas através da consideração das neuroses torna-se provável. Já nas neuroses — e não me refiro apenas à histeria, mas ao *status nervosus* em geral — cabe supor a *presença primária* de uma tendência à depressão, à diminuição da autoconfiança, que conhecemos como sintoma isolado e bastante desenvolvido da melancolia. Ora, nas neuroses também recebem grande atenção [do paciente] as ideias que contrastam com a intenção, talvez porque seu conteúdo se adéque bem à tonalidade que a neurose empresta ao ânimo, ou talvez pela forma como, no terreno da neurose, surgem ideias contrastantes que de outro modo não se manifestariam.

No *status nervosus* simples, esse fortalecimento das ideias contrastantes se mostra ligado à expectativa, como inclinação geral pessimista; na neurastenia, por associação com as sensações mais fortuitas, ele ocasiona as várias fobias dos neurastênicos. Transferido para as intenções, esse fator gera os transtornos que são reunidos sob a denominação de *folie de doute* [mania de dúvida], que têm por conteúdo a desconfiança do indivíduo acerca das próprias ações. Justamente nisso, as duas grandes neuroses, neurastenia e histeria, se comportam de maneira caracteristicamente diversa. Na neurastenia, a ideia contrastante, intensificada patologicamente, é ligada à ideia voluntária num só ato consciente, desvincula-se desta e produz a notória fraqueza de vontade dos neurastênicos, da qual eles próprios têm consciência. Já na histeria, o processo se diferencia em dois pontos, ou talvez em apenas um. Em concordância com a tendência à *dissociação da consciência* na histeria, a ideia contrastante penosa, aparentemente inibida, é tirada da associação com a intenção e, muitas vezes de forma inconsciente para o paciente mesmo, continua a existir como ideia isolada. Ora, é refinadamente histérico o fato de essa ideia contrastante inibida, quando se chega à execução da intenção, manifestar-se com a mesma facilidade, mediante inervação do corpo, que a ideia voluntária no estado normal. A ideia contrastante se estabelece, por assim dizer, como *"contravontade"*, enquanto o enfermo está consciente, com espanto, de uma vontade decidida, mas impotente. Talvez, como disse, os dois fatores sejam um só no fundo, de modo que a ideia contrastante apenas acha o caminho para a manifestação* porque não é inibida ela própria pelo vínculo com a intenção, mas inibe esta.⁷

Em nosso caso, de uma mãe que é impedida de amamentar por dificuldades nervosas, uma neurastênica teria provavelmente se comportado da seguinte maneira. Teria se amedrontado, com consciência, ante a tarefa que a aguardava, pensaria nos possíveis incidentes e perigos e, após muito hesitar, entre dúvidas e apreensões, terminaria por amamentar sem dificuldade, ou, se a ideia contrastante prevalecesse, não o faria, pois não confiaria em si mesma para isso. A histérica se conduz de outra forma; talvez não seja consciente do próprio temor, tem a firme intenção de amamentar e se põe a fazê-lo sem hesitação. Mas depois age como se tivesse a vontade de não amamentar a criança de maneira alguma, e essa vontade suscita nela todos aqueles sintomas subjetivos que uma simuladora invocaria para se furtar à amamentação: a ausência de apetite, o horror à comida, as dores ao dar o peito à criança e, além disso, como a contravontade é superior à simulação consciente no domínio do corpo, uma série de sintomas objetivos

---

* No original, *Objektivierung*, ou seja, "objetivação" ou "realização"; o verbo correspondente, *sich objektivieren*, foi traduzido por "manifestar-se" logo acima.

7 No intervalo entre a redação e a correção destas linhas, deparei com um trabalho de H. Kaan (*Der neurasthenische Angstaffekt bei Zwangsvorstellungen* etc., Viena, 1893) que contém observações análogas.

no trato digestivo, que a simulação não pode produzir. Em contraposição à *fraqueza da vontade* da neurastenia, existe *perversão da vontade*, e, ao contrário da resignada indecisão, há espanto e irritação com a discrepância, incompreensível para a paciente.

Assim, parece-me justificado designar minha paciente como uma *hystérique d'occasion*, já que, sob a influência de uma causa eventual, ela foi capaz de produzir um complexo de sintomas de mecanismo refinadamente histérico. Aqui, podemos tomar como causa eventual a excitação anterior ao primeiro parto ou o esgotamento a ele posterior, o primeiro parto correspondendo à maior comoção a que está sujeito o organismo feminino, em consequência do qual a mulher costuma produzir todos os sintomas neuróticos que dormitam em sua disposição.

Provavelmente, o caso dessa paciente é paradigmático e esclarecedor para uma série de outros casos em que a amamentação, ou outras funções, é dificultada por influências neuróticas. Mas, como apenas inferi o mecanismo psíquico desse caso, apresso-me a assegurar que, mediante a perscrutação de pacientes em hipnose, repetidas vezes pude comprovar diretamente um mecanismo psíquico semelhante nos sintomas histéricos.[8]

Mencionarei apenas um dos exemplos mais notáveis. Há anos tratei uma senhora histérica que, por um lado,

---

8 Cf. a comunicação preliminar de Breuer e Freud, "Sobre o mecanismo psíquico dos fenômenos histéricos", publicada ao mesmo tempo que o presente trabalho, na *Neurologisches Zentralblatt*, de Mendel, n. 1 e 2, 1893 [reproduzida nos *Estudos sobre a histeria* (1893-1895), volume 2 destas *Obras completas*].

era enérgica em todos os aspectos não afetados pela doença e, por outro, mostrava diversas, opressivas limitações e incapacidades histéricas. Entre outras coisas, fazia-se notar por um ruído peculiar que emitia no meio da conversa, à maneira de um tique, que eu descreveria como um singular estalo da língua, com súbita abertura dos lábios bastante cerrados. Depois de escutar isso por algumas semanas, perguntei-lhe quando e em que ocasião havia surgido. A resposta foi: "Não sei quando, mas há muito tempo". Então o considerei um verdadeiro tique, até que me ocorreu, certo dia, fazer a mesma pergunta à paciente em hipnose profunda. No estado hipnótico, ela imediatamente dispôs — sem que precisasse ser sugestionada — de toda a sua capacidade mnêmica; eu diria que de todo o alcance de sua consciência, restrita no estado de vigília. Ela respondeu prontamente:

> Minha filha menor estava bastante doente, havia tido convulsões o dia inteiro e, por fim, adormeceu; eu me achava à sua cabeceira e pensei comigo mesma: "Agora você tem que ficar em silêncio para não acordá-la…", então tive esse estalo da língua pela primeira vez. Desapareceu em seguida; mas muitos anos depois, quando passávamos pela floresta de X., irrompeu um forte temporal e um raio atingiu uma árvore à nossa frente, ao longo do caminho, de modo que o cocheiro teve de puxar as rédeas dos cavalos, e eu pensei comigo: "Você não pode gritar agora, ou os cavalos se espantam" — nisso o estalo da língua voltou, e desde então permaneceu.

Convenci-me de que esse estalo não era um verdadeiro tique, pois foi eliminado com esse referimento à sua origem e assim ficou por anos, enquanto pude acompanhar a paciente. Mas naquele momento tive a oportunidade, pela primeira vez, de compreender a gênese de sintomas histéricos através da manifestação [*Objektivierung*] da ideia contrastante penosa, através da contravontade. A mãe, esgotada pelo medo e pelos cuidados com a filha doente, tem a intenção de não emitir nenhum som, para não perturbar a criança que afinal adormeceu. Em seu cansaço, a ideia contrastante simultânea, a de que o fará mesmo assim, demonstra ser mais forte, chega à inervação na língua, que a intenção de ficar em silêncio talvez tenha esquecido de inibir, irrompe pelos lábios cerrados e produz um ruído que a partir de então, sobretudo com a repetição do processo, é fixado por muitos anos.

A compreensão desse processo não se completa enquanto certa objeção não é respondida. Será lícito perguntarem como, num cansaço geral — que representa a disposição para esse processo —, justamente a ideia contrastante vem a prevalecer? Eu replicarei com a hipótese de que esse cansaço é apenas parcial. Estão esgotados aqueles elementos do sistema nervoso que são a base material das representações associadas à consciência primária; aquelas excluídas dessa cadeia de associações — do Eu normal —, as representações inibidas e suprimidas, não se acham esgotadas e, por isso, prevalecem no momento da disposição histérica.

Mas todo conhecedor da histeria notará que o mecanismo psíquico aqui exposto pode explicar não só ocorrências histéricas isoladas, mas grande parte do quadro de sintomas da histeria, assim como uma característica saliente da mesma. Se levarmos em conta que foram as ideias contrastantes penosas, inibidas e rejeitadas pela consciência normal, que tomaram a frente no fator da disposição histérica e acharam o caminho da inervação física, teremos a chave também para a compreensão da peculiaridade dos ataques histéricos delirantes. Não por acaso, os delírios histéricos das freiras, nas epidemias da Idade Média, consistiam em graves blasfêmias e erotismo desenfreado, e precisamente garotos bem-educados e obedientes — como assinala Charcot (em *Leçons du mardi*, v. 1) — têm ataques histéricos em que dão livre curso a todo tipo de traquinagem, grosseria e rebeldia. As séries de representações suprimidas, custosamente suprimidas, são, devido a uma espécie de contravontade, transformadas em atos quando a pessoa sucumbe ao cansaço histérico. E às vezes a conexão pode ser mais íntima, na medida em que justamente por essa laboriosa supressão se produz o ataque histérico — em cuja caracterização psicológica não me aprofundei aqui, por sinal. Aqui apenas busco explicar por que — pressupondo esse estado de disposição histérica — os sintomas ocorrem tal como os observamos.

Em geral, a histeria deve a esse aparecimento da contravontade o traço demoníaco que muitas vezes a acompanha, que se mostra no fato de os doentes não poderem fazer justamente o que mais desejam, de fazerem o exato oposto do que lhes foi pedido e de terem de xingar e suspeitar do que lhes é mais caro. A perversão de caráter da histeria, a comichão de fazer o que é ruim, de ter de se colocar como doente, quando o que mais desejam é a saúde — quem conhece doentes histéricos sabe que essa compulsão atinge frequentemente os caracteres mais irrepreensíveis, que por um tempo ficam à mercê de suas ideias contrastantes.

A pergunta sobre o que acontece com as intenções inibidas parece não ter sentido para a vida ideativa normal. A resposta seria que simplesmente não se realizam. Mas o estudo da histeria mostra que elas se realizam, sim, ou seja, que a modificação material correspondente é conservada, e que elas são guardadas, levando uma existência insuspeitada numa espécie de reino das sombras, até surgirem como espectros e se apoderarem do corpo que normalmente servia à dominante consciência do Eu.

Eu disse que esse mecanismo é refinadamente histérico. Devo acrescentar que ele não ocorre apenas na histeria. Acha-se também, de forma notável, no *tic convulsif* [tique convulsivo], uma neurose que tem tal semelhança sintomática com a histeria que o seu quadro pode se apresentar como uma manifestação parcial desta, de modo que Charcot — se não me equivoco bastante na compreensão de seus ensinamentos sobre o tema —, após mantê-los separados por algum tempo, admite como traço diferencial apenas o fato de o tique histérico tornar a desaparecer, enquanto o verdadeiro prossegue. Como sabemos, o quadro de um *tic convulsif* severo se compõe de movimentos involuntários, com frequência (ou sempre, segundo Charcot e Guinon) tendo o feitio de caretas ou de atos que originalmente preenchiam uma finalidade, e também de coprolalia, ecolalia e ideias obsessivas do âmbito da *folie de doute*. Ora, é surpreendente ver Guinon, que está longe de querer penetrar no mecanismo psíquico desses sintomas, relatar que alguns dos seus pacientes chegaram às contrações e caretas pela via da manifestação [*Objektivierung*] da ideia contrastante. Esses pacientes dizem que em certa ocasião viram um tique semelhante, ou um humorista que deformava dessa maneira a expressão do rosto, e nisso sentiram o medo de imitar esses movimentos feios. Então passaram realmente a imitá-los. Sem dúvida, só uma pequena parte dos movimentos involuntários dos *tiqueurs* surge desse modo. Por outro lado, seria tentador atribuir a esse mecanismo o surgimento da coprolalia, termo com que sabidamente se designa a expressão involuntária — ou melhor, a contragosto — de palavras obscenas pelos *tiqueurs*. A gênese da coprolalia estaria na percepção do paciente de que não consegue deixar de emitir certos sons, em geral "hm, hm". A isso se juntaria o temor de também perder o domínio de outros sons, sobretudo das palavras que uma pessoa educada evita usar, e esse temor levaria à concretização daquilo que se receia. Não encontrei em Guinon uma anamnese que corroborasse essa conjectura, e jamais tive a oportunidade de interrogar um paciente com coprolalia. Por outro lado, encontro nesse autor o relato de outro caso de tique, em que a palavra falada sem querer não pertencia, excepcionalmente, ao vocabulário da coprolalia. Trata-se de um homem adulto que se via obrigado a exclamar "Maria!". Na escola, ele havia se enamorado de uma garota com esse nome, e isso o absorvera inteiramente na época, predispondo-o à neurose, podemos supor. Começou a falar o nome de sua adorada durante as aulas, e esse nome lhe ficou como um tique, por muitos anos após haver superado aquele amor. Penso que deve ter ocorrido o seguinte: num instante de particular agitação, o decidido empenho de manter o nome em segredo se transformou na contravontade, e a partir de então o tique permaneceu, de modo semelhante ao caso de minha segunda paciente.

Se a explicação desse exemplo é correta, somos tentados a atribuir ao mesmo mecanismo o tique realmente coprolálico, pois as palavras obscenas são segredos que todos nós conhecemos, e cujo conhecimento sempre buscamos ocultar uns dos outros.[9]

---

9 Apenas me limito a observar que valeria a pena investigar a manifestação da contravontade também fora da histeria e do tique, dado que ela ocorre frequentemente no âmbito do normal.

PREFÁCIO E NOTAS À TRADUÇÃO DE J.-M. CHARCOT, *LEÇONS DU MARDI À LA SALPÊTRIÈRE* (1892-1894)

PUBLICADOS PRIMEIRAMENTE EM J.-M. CHARCOT, *POLIKLINISCHE VORTRÄGE*, V. 1, TRADUÇÃO DE SIGMUND FREUD, LEIPZIG E VIENA, 1887-8. TRADUZIDOS DE *GESAMMELTE WERKE. NACHTRAGSBAND*, PP. 153-64.

PREFÁCIO E NOTAS À TRADUÇÃO DE J.-M. CHARCOT, *LEÇONS DU MARDI*

PREFÁCIO

Estas preleções de Charcot — aqui traduzidas para o alemão com a gentil permissão do autor — têm o título, em francês, de *Leçons du mardi à la Salpêtrière* [Lições das terças-feiras na Salpêtrière], do dia da semana em que o professor examina pessoalmente, na presença de seus ouvintes, os enfermos que ali se acham em tratamento ambulatorial. O primeiro volume dessas *Leçons* foi publicado em 1888, em roupagem modesta, como *Notizen der Herren Blin, Charcot jun. e Colin* [Notas dos srs. Blin, Charcot Jr. e Colin]. No presente ano (1892), foi revisado pelo autor, e é esse volume revisto que serve de base para a nossa edição alemã.

A edição francesa tem um prefácio do dr. Babinski, em que o discípulo favorito de Charcot enfatiza, com justificado orgulho, a quase inesgotável riqueza de estímulos e ensinamentos que há muitos anos provêm do "Mestre", e como o estudo de suas publicações não chega a substituir seu ensino oral. Por isso, considera um empreendimento legítimo tornar públicas essas conferências improvisadas de Charcot, desse modo ampliando imensuravelmente o círculo dos seus alunos e ouvintes. E, é minha opinião, quem quer que tenha tido, ainda que por pouco tempo, a sorte de ver o grande pesquisador trabalhando e de receber diretamente suas instruções, concordará de boa vontade com o dr. Babinski.

De fato, estas preleções contêm tanta coisa nova que ninguém, nem mesmo um especialista, poderá lê-las sem um aumento substancial do próprio saber. E apresentam essas novidades num estilo tão convincente e estimulante que, como talvez nenhum outro livro, desde as *Leçons*, de Trousseau, poderão servir como manual para os estudantes e também para o médico que quiser manter vivo seu interesse na neuropatologia.

Um encanto peculiar que têm essas preleções se deve ao fato de serem improvisações, no todo ou em sua maior parte. O professor não conhece os doentes que lhe são mostrados, ou os conhece apenas superficialmente. É obrigado a se comportar ante seus ouvintes como faria em sua prática médica, com a diferença de que pensa em voz alta e deixa os ouvintes participarem do movimento de suas conjecturas e investigações. Ele indaga os pacientes, examina esse ou aquele sintoma e assim estabelece o diagnóstico do caso, que altera ou confirma com o prosseguimento da investigação. Nota-se que ele comparou o caso com toda uma série de quadros clínicos de que teve experiência e que guarda na memória, e identificou com um desses quadros a manifestação à sua frente. Essa é também a forma como todos nós diagnosticamos algo junto ao leito do paciente, embora o ensino oficial da clínica às vezes apresente isso de modo diferente. Depois disso vêm comentários do diagnóstico diferencial; o palestrante busca expor as razões que o guiaram na identificação, razões que, como se sabe, muitos bons diagnosticadores não sabem fornecer, embora as tenham seguido. A discussão posterior diz respeito à peculiaridade clínica do caso. O quadro clínico, a *entité morbide*, continua sendo a base de toda a abordagem, mas ele consiste numa série de fenômenos, uma série que, com frequência, se ramifica em direções diversas. A apreciação clínica do caso consiste em indicar seu lugar no interior da série. No meio dela se acha o *type* [tipo], a forma extrema do quadro clínico, esquematizada de modo consciente e deliberado, ou podem ser estabelecidos vários desses tipos, ligados um ao outro por formas de transição. Sem dúvida, também é possível encontrar o *type*, a expressão completa e característica do quadro clínico, mas a maioria dos casos efetivamente observados diverge do tipo, tem um ou outro traço apagado, coloca-se em uma ou várias séries que se apartam dos tipos, que, enfim, terminam como formas borradas, rudimentares (*formes frustes*), nas quais somente o profissional experimentado ainda reconhece cópias do tipo. Enquanto a nosografia tem a preocupação de descrever os quadros clínicos, a tarefa da clínica é investigar a expressão individual dos casos e a combinação dos sintomas.

Introduzi os conceitos de *entité morbide*, série, tipo e *formes frustes* porque sua utilização representa uma das características principais do modo francês de exercer a clínica. Essa forma de abordagem é realmente alheia ao modo alemão. Nele não tem maior importância o quadro clínico, o tipo; destaca-se, isto sim, outro traço, que se explica pela evolução da clínica alemã: a tendência à interpretação fisiológica do estado patológico e da relação entre os sintomas. Certamente a observação clínica dos franceses ganha em autonomia, ao pôr em segundo plano o ponto de vista fisiológico. A ausência deste talvez explique, no essencial, a impressão de estranheza que a clínica francesa produz em quem ainda não a conhece.

Mas não se trata de descuido, e sim de exclusão intencional, vista como apropriada. Já ouvi Charcot afirmar: *"Je fais la morphologie pathologique, je fais même un peu l'anatomie pathologique, mais je ne fais pas la physiologie pathologique, j'attends que quelqu'un autre la fasse"* [Eu faço morfologia patológica, faço inclusive um pouco de anatomia patológica, mas não faço fisiologia patológica, espero que algum outro a faça].

A apreciação dessas preleções ficaria lamentavelmente incompleta se parasse neste ponto. O interesse pela conferência é despertado realmente quando o diagnóstico foi feito e o caso clínico foi resolvido em suas peculiaridades. Então Charcot se vale da liberdade que esse gênero de aula oferece para juntar, ao que se acabou de ver, observações sobre casos similares extraídas de sua memória, para apresentar importantes discussões sobre temas essencialmente clínicos da etiologia, da hereditariedade, da relação com outras doenças. Então, fascinados tanto pela arte do narrador como pela argúcia do observador, ouvimos as pequenas histórias que mostram como uma vivência médica resultou em novo conhecimento; então passamos, junto com o professor, da abordagem de um quadro clínico neuropatológico para a discussão de um problema fundamental da patologia geral; depois vemos, de repente, o professor e o médico darem lugar ao sábio, cuja mente aberta acolheu em si o quadro grande e variegado do movimento do mundo e nos faz pressentir que as doenças nervosas não devem ser entendidas como capricho da patologia, mas como um componente necessário de todo o conjunto. Essas preleções retratam de modo tão fiel a maneira de falar e de pensar de Charcot que farão todo aquele que um dia esteve entre seus ouvintes se lembrar vivamente da voz e da expressão do mestre e reviver as belas horas em que o encanto de uma grande personalidade o ligou definitivamente aos interesses e problemas da neuropatologia.

Devo acrescentar algumas palavras como justificativa para as notas que, impressas em corpo menor, interrompem a intervalos irregulares o fluxo da exposição de Charcot. Essas notas são de minha lavra e contêm, em parte, esclarecimentos sobre o texto e referências adicionais à bibliografia; e, por outro lado, também objeções críticas e comentários marginais, como os que viriam à mente de um ouvinte. Espero que tais observações não sejam entendidas como se eu pretendesse, de algum modo, sobrepor minhas intenções às do mestre celebrado, do qual sou penhorado também como discípulo. Apenas recorro àquele direito à crítica de que todo resenhador se serve numa revista especializada, sem consideração por seu mérito próprio. Ainda há, na neuropatologia, muitas coisas não esclarecidas e questionáveis, cujo conhecimento pode se beneficiar do debate, e apenas tomei a liberdade de abrir a discussão sobre alguns desses pontos, que são mencionados nas preleções. E é natural que o faça com minhas próprias opiniões, na medida em que divergem das teorias da Salpêtrière. Mas os leitores de Charcot não têm por que dar mais atenção a meus comentários, no presente contexto, do que estes mereceriam por si mesmos.

Na tradução destas preleções, não busquei imitar o estilo incomparavelmente claro e elegante de Charcot — o que não conseguiria, de toda forma —, e sim alterar o mínimo possível o seu caráter de linguagem espontânea.

Viena, junho de 1892.

PREFÁCIO E NOTAS À TRADUÇÃO DE J.-M. CHARCOT, *LEÇONS DU MARDI*

EXCERTOS DAS NOTAS À TRADUÇÃO DE *LEÇONS DU MARDI*

[À p. 107 (Neste ponto, Charcot fornece uma descrição de ataques histéricos):]

[...] Aproveito a oportunidade que o texto oferece para dar ao leitor uma opinião independente sobre o ataque histérico. O "tipo" de Charcot, com suas modificações e a possibilidade de cada estágio tornar-se independente e representar o ataque inteiro etc., é certamente amplo o bastante para cobrir todas as formas já observadas do ataque. Justamente por isso, alguns poderão argumentar que ele não constitui uma verdadeira unidade.

Procurei abordar o problema do ataque histérico de modo não descritivo, e pelo exame de indivíduos histéricos sob hipnose cheguei a novas conclusões, algumas das quais comunicarei aqui. O núcleo do ataque histérico, não importando a forma em que se apresente, é uma *lembrança*, o reviver alucinatório de uma cena significativa para o adoecimento. É esse evento que se manifesta perceptivelmente na fase das *attitudes passionnelles*, mas também está presente quando o ataque, na aparência, consiste apenas em fenômenos motores. O *conteúdo da lembrança* é, em regra, o *trauma* psíquico, que ou era apto, por sua intensidade, a provocar irrupção da histeria no doente, ou o próprio evento, por sobrevir em determinado momento, tornou-se trauma.

Nos casos da assim chamada histeria "traumática", esse mecanismo é evidente à observação mais elementar, mas também pode ser comprovado na histeria em que não houve um grande trauma. Nesta se acham, então, repetidos traumas menores, ou, prevalecendo o fator da predisposição, lembranças muitas vezes indiferentes em si, elevadas à condição de traumas. Definiríamos um trauma como um *aumento da excitação* no sistema nervoso, *que não consegue livrar-se dele satisfatoriamente pela reação motora*. O ataque histérico *talvez* possamos apreender como uma tentativa de consumar a reação ao trauma. Seja-me permitido, aqui, remeter a um trabalho sobre o tema que iniciei juntamente com o dr. Josef Breuer.

[À p. 137 (Charcot descreve casos de garotos "de ótimas maneiras e refinada educação" que sofriam de ataques histéricos com falas obscenas):]

Será casual que os ataques dos jovens que têm a boa educação e as maneiras louvadas por Charcot incluam manifestações de raiva e xingamentos? Não creio, assim como não me parece casual que os delírios histéricos das freiras tenham muitas blasfêmias e imagens eróticas. Nisso podemos conjecturar uma ligação que permite um maior conhecimento do mecanismo dos estados histéricos. Nos delírios histéricos surge aquele material de ideias e impulsos à ação que a pessoa sadia rejeitou e inibiu, frequentemente com grande esforço psíquico. Algo semelhante vale para muitos sonhos, que continuam a desenvolver associações que foram rejeitadas ou cortadas durante o dia. Baseei nisso a teoria da *contravontade histérica*, que abrange um bom número de sintomas histéricos.

[À p. 142 (Charcot descreve um caso que apresentava tiques e ideias obsessivas):]

Mencionarei um caso interessante que pude observar há pouco, que permite conhecer uma nova variante na relação entre tique e ideia obsessiva. Um homem de 23 anos me consulta por causa de ideias obsessivas de natureza típica. Dos oito aos quinze anos, ele sofreu de um tique pronunciado, que depois desapareceu. As ideias obsessivas surgiram aos doze anos e se intensificaram nos últimos tempos.

[À p. 210 (Freud faz um longo comentário sobre uma extensa argumentação de Charcot, que afirmava que em certos casos, graças a um tipo especial de lesão orgânica central, podia aparecer uma hemianestesia completa, idêntica à hemianestesia histérica. Charcot negava que nesses casos houvesse hemianopsia):]

[...] Quando, certa vez, tomei a liberdade de questioná-lo sobre esse ponto, indicando que isso contrariava a teoria da hemianopsia, ele respondeu com esta ótima frase: *"La théorie, c'est bon; mais ça n'empêche pas d'exister"* [A teoria é algo bom, mas não impede que as coisas existam].

Se ao menos soubéssemos o *que* existe [...].

[À p. 224 (Charcot afirma, nesse lugar, que a hereditariedade é a "causa real" dos ataques histéricos, da vertigem e da agorafobia de um paciente):]

Ouso contradizê-lo nesse ponto. A causa mais frequente da agorafobia, e da maioria das demais fobias, não se acha na hereditariedade, mas nas anormalidades da vida sexual. É possível até mesmo apontar o tipo de abuso da função sexual a ser considerado. Essas neuropatias podem ser *adquiridas* com uma intensidade qualquer, mas naturalmente resultam mais intensas numa pessoa com lastro hereditário, havendo a mesma etiologia.

[À p. 237 (Charcot discute um caso de doença de Basedow):]
É provável que muitos leitores se juntem a mim na rejeição dessa teoria etiológica de Charcot, que não distingue a predisposição para neuroses daquela para doenças nervosas orgânicas, não leva em conta o papel nada desprezível das doenças nervosas *adquiridas* e vê o artritismo em parentes como predisposição neuropática hereditária. A superestimação do fator hereditário talvez explique também o fato de Charcot não mencionar, falando da doença de Basedow, o órgão em que devemos buscar, segundo fortes indícios, a verdadeira causa dessa afecção. Refiro-me, naturalmente, à glândula tireoide, e, no que toca ao fato controverso de predisposição hereditária e traumas psíquicos terem importância no desenvolvimento da enfermidade, remeto ao excelente artigo de Möbius sobre a doença de Basedow (de 1891).

[À p. 286 (Charcot aborda a diferença entre afasia orgânica e histérica):]
Em 1886, quando deixei a Salpêtrière, Charcot me incumbiu de realizar um estudo comparativo das paralisias orgânicas e histéricas, com base nas observações

feitas ali. Fiz esse trabalho, mas não o publiquei.* Seu resultado era outra exposição das teses seguintes, aqui formuladas por Charcot. As paralisias histéricas se caracterizam por dois fatores e, em especial, pela conjunção deles dois. São capazes, em primeiro lugar, da *maior intensidade* e, em segundo, do *mais nítido isolamento*, diferenciando-se das paralisias orgânicas, sobretudo, quando reúnem intensidade e isolamento. *Uma monoplegia do braço por causa orgânica pode se limitar exclusivamente ao braço; mas quase nunca é absoluta.* Tão logo aumenta sua intensidade, também avulta sua extensão, e é quase uma regra que ela venha acompanhada de uma insinuação de paresia no rosto e na perna. Somente a paralisia histérica pode se limitar ao braço e ser absoluta ao mesmo tempo.

[Às pp. 283 e 286 (as páginas entre essas duas contêm imagens) (Charcot faz recomendações técnicas sobre o uso da sugestão: "Os ingleses, que certamente são pessoas práticas, têm essa advertência na sua língua: 'Do not prophesy, unless you be sure' [Não profetize, a menos que tenha certeza]. Subscrevo essa frase e aconselho que a sigam também. Se, num caso indubitável de paralisia psíquica, você diz ao paciente, com total confiança: 'Levante-se e ande!', e ele realmente faz isso, então pode realmente atribuir a si mesmo e a seu diagnóstico o milagre que realizou. Mas aconselho a não se arriscar muito e pensar de antemão em como garantir uma retirada 'em ordem', se houver um fracasso"):]

*Foi publicado depois que ele escreveu essa nota; cf., logo adiante, a nota à p. 368 de *Leçons du mardi*, onde o trabalho é mencionado.

Com essas palavras sábias, Charcot expõe um dos maiores problemas a se considerar no uso da sugestão no estado da vigília e na hipnose leve. Com o tempo, nem o médico nem o paciente toleram o contraste entre a decidida negação da doença, na sugestão, e o necessário reconhecimento dela, fora da sugestão.

[À p. 314 (Charcot apresenta, na passagem em questão, um caso de histeria masculina em que a doença resultou claramente de uma intoxicação por mercúrio):]

Os leitores dessas preleções provavelmente sabem que P. Janet, Breuer e eu, assim como outros autores, tentamos esboçar, nos últimos anos, uma teoria psicológica dos fenômenos histéricos que se baseia nos próprios trabalhos de Charcot (no esclarecimento das paralisias histerotraumáticas). Embora essa teoria nos pareça sólida e promissora, a prudência requer a admissão de que até agora não se deu nenhum passo para sujeitar à ideia fundamental dessa concepção a histeria por intoxicação, a analogia entre a hemiplegia histérica e a orgânica ou a gênese das contraturas histéricas. Espero que essa tarefa não venha a se mostrar insolúvel, ou, pelo menos, que esses fatos não se revelem incompatíveis com a teoria psicológica.

[À p. 368 (Charcot discute o diagnóstico diferencial de monoplegias orgânicas e histéricas):]

Num pequeno trabalho ("Quelques Considérations pour une étude comparative des paralysies motrices organiques et hystériques", 1893 [incluído no presente volume]), procurei desenvolver essa observação de Charcot e sua relação com a teoria da neurose.

[À p. 371 (Charcot descreve os diversos ataques de uma garota histérica):]

Certamente não compreendemos mal Charcot ao tirarmos de suas afirmações sobre "*hystéroépilepsie à crises mixtes*" e "*à crises separées*" a conclusão de que o termo "*hystéroépilepsie*" é dispensável e deve ser descartado. Alguns dos pacientes a que ele se refere sofrem de histeria apenas, e outros, de histeria *e* epilepsia, duas afecções que têm escasso parentesco e só casualmente se encontram na mesma pessoa. Essa afirmação pode não ser supérflua, pois em muitos médicos parece predominar a opinião de que "histeroepilepsia" é um agravamento da histeria ou uma transição desta para a epilepsia. Na criação do termo houve, ao que tudo indica, a intenção de se posicionar nesse sentido, mas há muito que Charcot se afastou dessa concepção, e não temos motivo para ficarmos atrasados em relação a ele nesse ponto.

[À p. 399 (Charcot se manifesta sobre a questão do excesso de trabalho intelectual como causa da "neurastenia cerebral"):]

Todas essas considerações etiológicas sobre a neurastenia são incompletas enquanto não se leva em conta o estrago sexual,* que na minha experiência constitui

---

* No original: *sexuelle Schädigung*, em que o substantivo significa "ato de fazer ou sofrer dano, estrago", do verbo *schädigen*; duas vero fator etiológico mais importante e o único indispensável.

[À p. 404 (Discussão sobre as causas hereditárias das neuroses):]
[...] A teoria da *famille névropathique* [família neuropática de distúrbios] necessita de uma revisão urgente.

[À p. 417 (Em contexto semelhante):]
[...] A concepção de *famille névropathique* — que abrange quase tudo o que conhecemos de doenças nervosas orgânicas e funcionais, sistemáticas e acidentais — dificilmente suportaria uma crítica séria.*

---

sões estrangeiras consultadas oferecem: *nocividad sexual* (ed. Amorrortu) e *lesione sessuale* (ed. Boringhieri).
* Cf. o final do obituário de Charcot em *Primeiros escritos psicanalíticos* (1893-1899), volume 3 destas *Obras completas*.

ESBOÇOS DA "COMUNICAÇÃO PRELIMINAR" (1940-1941 [1892])

TRADUZIDOS DE *GESAMMELTE WERKE* XVII, PP. 3-18.

TEXTOS PRÉ-PSICANALÍTICOS

A) CARTA A JOSEF BREUER*

29.6.1892

Caríssimo,

A satisfação com que despreocupadamente lhe passei estas poucas páginas minhas deu lugar ao mal-estar que costuma se prender aos constantes esforços do pensamento. Aflige-me o problema de como expor de forma bidimensional algo multifacetado como a nossa teoria da histeria. A questão principal deve ser: nós a expomos historicamente, começando com todas ou as duas melhores histórias clínicas, ou de forma dogmática, com as teorias que criamos para explicá-las? Inclino-me para a segunda alternativa, e dividiria o material assim:

1) Nossas teorias:
    a) A tese da constância da soma de excitação.
    b) A teoria da recordação.

---

* Numa carta a Wilhelm Fliess, no dia anterior, Freud informava que Breuer havia concordado em publicar conjuntamente a teoria deles dois sobre a histeria e que uma parte da obra, que ele antes pensava em escrever sozinho, já estava pronta. Assim se explica a referência inicial às páginas que ele tinha enviado a Breuer. Cf. Jeffrey Moussaieff Masson (org.), *The Complete Letters of Sigmund Freud to Wilhelm Fliess, 1887-1904* (Cambridge: Harvard University Press, 1985) [ed. bras.: *A correspondência completa de Sigmund Freud para Wilhelm Fliess, 1887-1904*. Trad. de Vera Ribeiro. Rio de Janeiro: Imago, 1986]; além das cartas, esse livro contém manuscritos que Freud enviou a Fliess entre 1892 e 1899, que também se acham no volume 1 da edição Standard brasileira de Freud e que não foram incluídos no presente volume.

c) A tese de que os conteúdos dos diferentes estados de consciência não se relacionam entre si.

2) A gênese dos sintomas histéricos duradouros: sonho, auto-hipnose, afeto e efeito do trauma absoluto. Os três primeiros fatores ligados à predisposição, o último, à etiologia. Os sintomas duradouros corresponderiam a um mecanismo normal; são deslocamentos de somas de excitação, em parte por vias anormais (alteração interna), que não foram dissolvidas. Razão do deslocamento: tentativa de reação; razão da permanência: tese (c) do isolamento para a ligação. — Comparação com a hipnose —

Tema secundário: Sobre a espécie de deslocamento: localização dos sintomas histéricos duradouros.

3) *O ataque histérico*: Igualmente tentativa de reação pela via da recordação etc.

4) *A gênese dos estigmas histéricos*: Bastante obscura, alguns indícios.

5) *A fórmula patológica da histeria*: Histeria de predisposição e acidental. A série que propus. A grandeza da soma de excitação, conceito de trauma, o segundo estado de consciência.

B) III*

Nas páginas anteriores expusemos, como um fato da observação, que as lembranças por trás dos fenômenos

* É um esboço ou rascunho do terceiro parágrafo da "Comunicação preliminar" dos *Estudos sobre a histeria* (1893-1895).

histéricos estão ausentes da memória de que dispõe o paciente, enquanto na hipnose podem ser evocadas com vividez alucinatória. Também mencionamos que uma série de tais lembranças se refere a incidentes ocorridos em estados peculiares como cataplexia devida a susto, estados oniroides, auto-hipnose etc., cujo conteúdo não mantém ligações com a consciência normal. Já nos era impossível, então, discutir a precondição para o surgimento dos fenômenos histéricos sem aceitar a suposição que busca caracterizar a predisposição histérica, ou seja, de que na histeria se chega facilmente à dissociação temporária do conteúdo da consciência e à separação de complexos de ideias que não se acham em ligação associativa. Procuramos a predisposição histérica, então, no fato de esses estados surgirem de maneira espontânea (por causas internas) ou serem provocados facilmente por influências externas, sendo que admitimos uma série em que há participação variável dos dois fatores.

Chamamos a esses estados *hipnoides* e destacamos como essencial, neles, o fato de seu conteúdo ser, em grau maior ou menor, apartado do conteúdo restante da consciência, ou seja, privado da resolução associativa, assim como, no sonho e na vigília, *que juntos são modelo de dois estados diversos, não nos inclinamos a associar* [um com o outro], *mas dentro deles*. Em pessoas predispostas [à histeria], todo afeto poderia ocasionar uma cisão dessas, e a impressão recebida durante o afeto se tornaria um trauma, mesmo que em si não fosse apropriada para isso. Além do mais, a impressão mesma poderia produzir o afeto. Em sua forma plenamente desenvolvida, esses estados hipnoides, que são associáveis entre si, constituem a *condition seconde* etc. dos casos conhecidos. Rudimentos dessa disposição seriam reconhecíveis em toda parte e, devido a traumas adequados, podem se desenvolver também em pessoas não predispostas. Sobretudo a vida sexual se presta a *formar o conteúdo* [desses traumas], com a forte oposição que constitui diante do restante da pessoa e o caráter não "reagível"* de suas ideias [ou representações].

Compreende-se que a nossa terapia consiste em anular os efeitos das ideias não ab-reagidas, fazendo com que se reviva, ab-reaja ou corrija o trauma no sonambulismo ou trazendo-o para a consciência normal numa hipnose mais leve.

C) SOBRE A TEORIA DO ATAQUE HISTÉRICO (EM COLABORAÇÃO COM JOSEF BREUER)**

Tanto quanto sabemos, ainda não existe uma teoria do ataque histérico, apenas uma descrição, feita por Charcot, que diz respeito ao *grande attaque hystérique*, completo e

---

* No original, *Unregierbarkeit*; mais provavelmente, porém (como observa James Strachey numa nota), o termo que ele pretendia usar nesse rascunho era *Unabreagierbarkeit*, ou seja, o caráter não "ab-reagível", a impossibilidade de ab-reagir.

** Publicado primeiramente em *Internationale Zeitschrift für Psychoanalyse und Imago*, v. XXV, 1940, 2. Trata-se de um rascunho do quarto parágrafo da "Comunicação preliminar" dos *Estudos sobre a histeria* (1893-1895).

de rara frequência. Esse ataque "típico" consiste, segundo Charcot, em quatro fases: 1) a epileptoide, 2) os grandes movimentos, 3) a fase das *attitudes passionnelles*, 4) o *délire terminal*. Conforme cada uma dessas fases se torna independente, se prolonga, se modifica ou deixa de aparecer, surgem, segundo Charcot, todas as múltiplas formas de ataque histérico que o médico tem oportunidade de observar, com mais frequência que o *grande attaque* típico.

Esta descrição não oferece explicação nenhuma sobre uma possível relação entre as fases, sobre o significado do ataque no quadro geral da histeria ou sobre a modificação dos ataques em cada paciente. Talvez não nos equivoquemos ao supor que na maioria dos médicos predomina a tendência de ver no ataque histérico uma "descarga periódica dos centros motores e psíquicos do córtex cerebral".

Chegamos a nossas concepções sobre o ataque histérico tratando pessoas histéricas com a sugestão hipnótica e investigando seus processos psíquicos pela indagação na hipnose. Formulamos as teses seguintes sobre o ataque histérico, observando primeiramente que vemos como indispensável, para a explicação dos fenômenos histéricos, a hipótese de uma dissociação, de uma cisão do conteúdo da consciência.

1) O teor constante e essencial de um (recorrente) ataque histérico é o retorno de um estado psíquico que o doente já vivenciou antes; em outras palavras, o *retorno de uma lembrança*.

Afirmamos, assim, que a parte essencial do ataque histérico se acha na fase charcotiana das *attitudes passion-*

nelles. Em muitos casos, é evidente que essa fase contém uma lembrança da vida do paciente, com frequência a mesma lembrança. Mas em outros casos não parece haver essa fase, o ataque consistindo apenas, aparentemente, em fenômenos motores, convulsões epileptoides, um estado de sossego cataléptico ou similar ao sono, mas também nesses casos *a inquirição durante a hipnose permite a comprovação de um processo psíquico de lembrança*, tal como se mostra claramente na *phase passionnelle*.

As manifestações motoras do ataque nunca deixam de ter relação com o conteúdo psíquico dele; ou constituem a expressão geral da emoção que as acompanha ou correspondem exatamente àqueles atos que o processo alucinatório da lembrança traz consigo.

2) *A lembrança que forma o conteúdo do ataque histérico não é uma qualquer, e sim o retorno daquela vivência que provocou a irrupção histérica — do trauma psíquico.*

Isso também se patenteia nos casos clássicos de histeria traumática, como Charcot verificou em homens, nos quais o indivíduo, que antes não era histérico, sucumbiu à neurose depois de um susto grande (acidente ferroviário, queda etc.). Nesses casos, o conteúdo do ataque foi a reprodução alucinatória do evento que implicava um perigo mortal, junto com os pensamentos e as impressões sensoriais que o indivíduo ameaçado teria tido no momento. Mas o comportamento deles não diverge daquele da histeria feminina comum, servindo até de modelo para este. Investigando nesta última o conteúdo dos ataques pela via que indicamos, deparamos com vivências que igualmente, por sua natureza, se prestam a agir como traumas (susto, ofensa, decepção). Em regra, o grande trauma isolado é aí substituído por uma série de traumas menores, que formam um conjunto pela semelhança ou por serem partes de uma história de padecimentos. Esses pacientes têm, com frequência, diferentes espécies de ataque, cada espécie com um conteúdo mnêmico particular. Esse fato nos leva a dar uma extensão maior ao conceito de histeria traumática.

Num terceiro grupo de casos, acham-se, como conteúdo dos ataques, lembranças a que, em si mesmas, não concederíamos valor traumático, mas que claramente o devem à circunstância de, por coincidência, terem se associado a um momento de predisposição intensificada para a doença, assim se elevando à condição de traumas.

3) *A lembrança que forma o conteúdo do ataque histérico é inconsciente, ou melhor, pertence ao segundo estado de consciência, que em toda histeria é organizado em grau maior ou menor.* Em conformidade com isso, ela se acha totalmente ausente da memória do paciente em seu estado normal, ou está presente nele apenas de forma sumária. Quando se consegue levar inteiramente para a consciência normal essa lembrança, cessa a sua capacidade de produzir ataques. Durante o ataque mesmo, o doente se acha, totalmente ou em parte, no segundo estado de consciência. No primeiro caso, ele tem amnésia em relação ao ataque inteiro em sua vida normal; no segundo, percebe a alteração de seu estado e suas manifestações motoras, enquanto lhe permanece oculto o processo psíquico que houve durante o ataque. Mas ele pode ser evocado a qualquer momento através da hipnose.

4) A questão da origem do conteúdo mnêmico dos ataques histéricos equivale à de quais condições são decisivas para que uma vivência (uma ideia, intenção etc.) seja acolhida na segunda consciência, em vez de na consciência normal. Dessas condições, reconhecemos duas com segurança nos indivíduos histéricos.

Se a pessoa histérica busca intencionalmente esquecer uma vivência, se afasta de si, inibe e suprime uma intenção com veemência, então esses atos psíquicos entram no segundo estado da consciência, manifestam a partir dele seus efeitos permanentes, e a lembrança deles retorna como ataque histérico. (A histeria das freiras, das mulheres abstinentes, dos garotos bem-educados, das pessoas que notam em si a inclinação para as artes, o teatro etc.)

No segundo estado da consciência entram também as impressões que foram recebidas durante um estado psíquico inusual (afeto, êxtase, auto-hipnose).

Acrescentemos que essas duas condições muitas vezes se combinam por um nexo interior e que além delas há que supor a existência de outras.

5) Partindo da tese, de mais amplo alcance, de que *o sistema nervoso se esforça em manter constante, em suas condições funcionais, algo que podemos denominar "soma de excitação", e que cumpre essa condição para a saúde eliminando* associativamente todo aumento sensível da excitação, ou*

---

* O verbo usado no original, *erledigen*, significa "lidar com", "resolver", "regular", "despachar", "liquidar". Um neologismo do campo da informática talvez fosse o mais adequado no presente contexto: "processar".

descarregando-o através de uma reação motora correspondente,* chegamos a uma particularidade comum das vivências psíquicas que formam o conteúdo dos ataques histéricos. São sempre *impressões a que se recusou uma descarga adequada*, seja porque os doentes, por temerem penosas lutas psíquicas, não tentaram eliminá-las, seja porque (como no caso de impressões sexuais) o pudor e as circunstâncias sociais o impediram, ou, enfim, porque essas impressões foram recebidas durante estados em que o sistema nervoso era incapaz da tarefa de eliminação.

Por essa via também obtemos uma definição do trauma psíquico que pode ser utilizada na teoria da histeria. *Torna-se trauma psíquico toda impressão cuja eliminação por trabalho mental associativo ou reação motora traz dificuldades para o sistema nervoso.*

---

* Esse "princípio da constância" não se acha na versão final da "Comunicação preliminar".

ALGUMAS CONSIDERAÇÕES PARA UM ESTUDO COMPARATIVO DAS PARALISIAS MOTORAS ORGÂNICAS E HISTÉRICAS (1893)

TÍTULO ORIGINAL: "QUELQUES CONSIDÉRATIONS POUR UNE ÉTUDE COMPARATIVE DES PARALYSIES MOTRICES ORGANIQUES ET HYSTÉRIQUES" (TEXTO REDIGIDO EM FRANCÊS). PUBLICADO PRIMEIRAMENTE EM *ARCHIVES DE NEUROLOGIE*, V. 26, N. 77, PP. 29-43. TRADUZIDO DE *GESAMMELTE WERKE* I, PP. 39-55.

J.-M. Charcot, de quem fui aluno em 1885 e 1886, achou por bem, nessa época, confiar-me a realização de um estudo comparativo das paralisias motoras orgânicas e histéricas, baseado nas observações da Salpêtrière, que pudesse servir para apreender algumas características gerais da neurose e levar a uma concepção sobre a natureza desta. Durante um bom tempo, causas acidentais e pessoais me impediram de obedecer à sua sugestão; por isso, no momento apresentarei apenas alguns resultados de minhas pesquisas, deixando de lado os detalhes necessários para uma demonstração completa de minhas opiniões.*

I

Será preciso começar com algumas observações sobre as paralisias motoras orgânicas, geralmente aceitas, por sinal. A neurologia reconhece dois tipos de paralisia motora, a *perifero-espinal* (ou bulbar) e a *cerebral*. Essa distinção está perfeitamente de acordo com os dados da anatomia do sistema nervoso, que nos mostram que há apenas dois segmentos no percurso das fibras motoras condutoras: o primeiro vai da periferia até às células dos cornos anteriores da medula, e o segundo, dali até o córtex cerebral. A nova histologia do sistema nervoso, fun-

---

* No original se encontra a seguinte nota dos editores, também redigida em francês: "Os três artigos em francês [os dois outros se acham no volume 3 destas *Obras completas*] tiveram o texto original revisto e corrigido no tocante a erros de tipografia e de francês, respeitando-se rigorosamente o sentido".

damentada nos trabalhos de Golgi, Ramón y Cajal, Kölliker etc., traduz esse fato nestas palavras: "o trajeto das fibras de condução motoras é constituído por dois *neurônios* (unidades nervosas célulo-fibrilares), que se encontram para se relacionar no nível das células ditas motoras dos cornos anteriores". Na clínica, a diferença essencial entre esses tipos de paralisia é a seguinte: *a paralisia perifero-espinal é uma paralisia* détaillée [*detalhada*] *e a paralisia cerebral é uma paralisia* en masse [*na totalidade*]. No primeiro tipo se incluem a paralisia facial que se vê na doença de Bell, a paralisia na poliomielite aguda da criança etc. Ora, nessas afecções, cada músculo, dir-se--ia que cada fibra muscular, pode ser paralisada individual e isoladamente. Isso depende tão só do local e da extensão da lesão nervosa, e não há regra fixa pela qual um dos elementos periféricos escape à paralisia enquanto outro seja por ela afetado de modo constante.

A paralisia cerebral, pelo contrário, é sempre uma afecção que ataca grande parte da periferia, uma extremidade, um segmento desta, um aparelho motor complicado. Ela jamais afeta um músculo individualmente; por exemplo, o bíceps de um braço, o tibial isoladamente etc., e se há exceções aparentes a essa regra (a ptose cortical, por exemplo), vê-se bem que se trata de músculos que, por si sós, desempenham uma função da qual são o único instrumento.

Nas paralisias cerebrais das extremidades, pode-se notar que os segmentos periféricos são sempre mais atingidos que os segmentos próximos do centro; a mão, por exemplo, fica mais paralisada que o ombro. Que eu saiba, não há uma paralisia cerebral isolada do ombro, em que a mão conserve sua motilidade, enquanto o contrário é a regra nas paralisias que não são completas.

Num estudo crítico das afasias (*Zur Auffassung der Aphasien* [Sobre a compreensão das afasias], Viena: Franz Deuticke, 1891), procurei mostrar que a causa dessa diferença importante entre a paralisia periferoespinal e a paralisia cerebral deve ser buscada na estrutura do sistema nervoso. Cada elemento da periferia corresponde a um elemento no eixo cinza que é, como diz Charcot, seu terminal nervoso; a periferia é, por assim dizer, projetada sobre a matéria cinzenta da medula, ponto a ponto, elemento por elemento. Propus denominar *paralisia de projeção* a paralisia detalhada periferoespinal. Mas não sucede o mesmo com as relações entre os elementos da medula e os do córtex. O número de fibras condutoras não seria mais suficiente para fornecer uma segunda projeção da periferia sobre o córtex. É preciso supor que as fibras que vão da medula para o córtex não representam mais, cada uma, um só elemento periférico, e sim um grupo deles, e que, por outro lado, um elemento periférico pode corresponder a várias fibras condutoras espino-corticais. É que uma mudança de arranjo ocorreu no ponto de conexão entre os dois segmentos do sistema motor.

Afirmo, então, que a reprodução da periferia no córtex não é mais uma reprodução fiel, ponto a ponto, não é mais uma verdadeira projeção; é uma relação por meio de fibras, como que representativas, e proponho, para a paralisia cerebral, o nome *paralisia de representação*.

Naturalmente, quando a paralisia de projeção é total e de grande extensão, é também uma paralisia *en masse*, e perde sua característica principal. Por outro lado, a paralisia cortical, que se distingue entre as paralisias cerebrais por sua maior tendência à dissociação, sempre mostra a característica de uma paralisia por representação.

As outras diferenças entre as paralisias de projeção e de representação são bem conhecidas. Citarei, entre elas, a integridade da nutrição* e da reação elétrica que se liga à última. Embora muito importantes na clínica, esses traços não têm o alcance teórico que se deve atribuir à primeira característica diferencial que assinalamos, ou seja: paralisia *détaillée* ou *en masse*.

Frequentemente se atribuiu à histeria a capacidade de *simular* as afecções nervosas orgânicas mais diversas. A questão é saber se, de maneira mais precisa, ela simula as características dos dois tipos de paralisia orgânica, se há paralisias histéricas de projeção e paralisias histéricas de representação, como na sintomatologia orgânica. Nisso, um primeiro fato importante se destaca: a histeria não simula jamais as paralisias perifero-espinais ou de projeção; as paralisias histéricas partilham somente as características das paralisias orgânicas de representação. Eis um fato bem interessante, pois a paralisia de Bell, a paralisia radial etc. estão entre as afecções mais comuns do sistema nervoso.

* No original, *l'intégrité de la nutrition*; na versão italiana consultada (ed. Boringhieri) se acha: "*l'integrità del trofismo* [*muscolare*]", e na versão castelhana da Amorrortu a frase é: "*es inherente a la segunda la nutrición normal y la integridad de la reacción eléctrica* [*de las partes afectadas*]".

É bom observar aqui, de modo a evitar toda confusão, que eu me refiro apenas à paralisia histérica flácida, não à contratura histérica. Parece-me impossível submeter às mesmas regras a paralisia e a contratura histéricas. Apenas das paralisias histéricas flácidas pode-se afirmar que não afetam jamais um só músculo, exceto quando esse músculo é o único instrumento de uma função; que são sempre paralisias *en masse*, e que correspondem, nesse aspecto, à paralisia de representação, ou cerebral orgânica. Além disso, no que concerne à nutrição das partes paralisadas e suas reações elétricas, a paralisia histérica apresenta as mesmas características que a paralisia cerebral orgânica.

Se a paralisia histérica se vincula assim à paralisia cerebral e particularmente à paralisia cortical, que apresenta uma maior facilidade de dissociação, ela não deixa de se distinguir desta por características importantes. Em primeiro lugar, não obedece a uma regra constante nas paralisias cerebrais orgânicas, a de que o segmento periférico é sempre mais afetado que o segmento central. Na histeria, o ombro ou a coxa podem ficar mais paralisados que a mão ou o pé. Os movimentos podem chegar aos dedos, enquanto o segmento central ainda está absolutamente inerte. Não há a menor dificuldade em produzir de forma artificial uma paralisia isolada da coxa, da perna etc., e com frequência é possível encontrar na clínica tais paralisias isoladas, que contradizem as regras da paralisia orgânica cerebral.

Nesse aspecto importante, a paralisia histérica é como que uma intermediária entre a paralisia de projeção e a paralisia de representação orgânica. Se não possui todas as características de dissociação e de isolamento próprias da primeira, tampouco está sujeita às leis estritas que governam a segunda, a paralisia cerebral. Feitas essas restrições, pode-se afirmar que a paralisia histérica é também uma paralisia de representação, mas de uma representação especial, cujas características ainda devem ser encontradas.[10]

II

Para avançar nessa direção, proponho-me estudar os demais traços que distinguem a paralisia histérica da paralisia cortical, o tipo mais perfeito da paralisia cerebral orgânica. O primeiro desses traços distintivos já mencionamos: a paralisia histérica pode ser muito mais dissociada, sistematizada que a paralisia cerebral. Os sintomas da paralisia orgânica se acham como que despedaçados na histeria. Da hemiplegia comum orgânica

---

10 Assinalarei, de passagem, que essa característica importante da paralisia histérica da perna, que Charcot enfatizou acompanhando Todd, ou seja, que o histérico arrasta a perna como uma massa morta, em vez de fazer a circundução com o quadril, como o hemiplégico comum, se explica facilmente pela propriedade da neurose que mencionei. Na hemiplegia orgânica, a parte central da extremidade fica sempre um tanto incólume, o doente pode mover o quadril e o utiliza para esse movimento de circundução que faz avançar a perna. Na histeria, a parte central (o quadril) não goza desse privilégio, a paralisia é tão completa como na parte periférica e, em consequência, a perna deve ser arrastada *en masse*.

(paralisia dos membros superior e inferior, e do facial inferior) a histeria reproduz apenas a paralisia dos membros e chega a dissociar frequentemente, com grande facilidade, a paralisia do braço da paralisia da perna, sob a forma de monoplegias. Da síndrome da afasia orgânica ela reproduz a afasia motora isolada e, o que é algo inaudito na afasia orgânica, pode criar uma afasia total (motora e sensorial) para determinada língua, sem afetar minimamente a capacidade de compreender e articular uma outra, como observei em alguns casos inéditos. O mesmo poder de dissociação se manifesta nas paralisias isoladas de um segmento de membro, com integridade completa de outras partes do mesmo membro, ou ainda na abolição total de uma função (abasia, astasia), mantendo-se a integridade de outra função executada pelos mesmos órgãos. Tal dissociação é tanto mais surpreendente quanto mais complexa é a função poupada. Na sintomatologia orgânica, quando há debilitamento desigual de várias funções, é sempre a função de maior complexidade, de aquisição posterior, a mais atingida em consequência da paralisia.

A paralisia histérica apresenta outra característica que é como que a assinatura da neurose e que vem se juntar à primeira. Com efeito, conforme ouvi Charcot dizer, a histeria é uma doença de manifestações excessivas, possuindo uma tendência a produzir seus sintomas com a maior intensidade possível. É uma característica que não se mostra apenas nas paralisias, mas também nas contraturas e anestesias. Sabe-se a que grau de distorção podem chegar as contraturas histéricas, que quase não têm igual na sintomatologia orgânica. Sabe-se também como são frequentes, na histeria, as anestesias absolutas, profundas, das quais as lesões orgânicas podem reproduzir somente um pálido esboço. O mesmo sucede com as paralisias. Com frequência, são absolutas a mais não poder; o afásico não profere uma palavra sequer, enquanto o afásico orgânico pode, quase sempre, falar algumas sílabas, "sim" ou "não", um xingamento etc.; o braço paralisado fica absolutamente inerte etc. Essa característica é muito conhecida, não cabe persistirmos nela. Por outro lado, sabe-se que na paralisia orgânica a paresia é sempre mais frequente que a paralisia absoluta.

A paralisia histérica é, portanto, de uma *limitação exata* e de uma *intensidade excessiva*. Ela possui essas duas qualidades ao mesmo tempo, e é nisso que contrasta mais fortemente com a paralisia cerebral orgânica, na qual, de modo constante, *essas duas características não se associam*. Há também monoplegias na sintomatologia orgânica, mas são quase sempre monoplegias *a potiori*,* e não exatamente delimitadas. Se o braço se encontra paralisado em consequência de uma lesão cortical orgânica, quase sempre são atingidos ao mesmo tempo, em menor grau, o facial e a perna, e, embora não se veja mais essa complicação em certo momento, ela certamente existiu no começo da afecção. A monoplegia cortical é, a bem dizer, uma hemiplegia da qual essa ou aquela parte está mais ou menos apagada, mas ainda é reconhecível. Indo mais longe, suponhamos que

---

* Ou seja, assim denominadas por causa do traço mais importante.

a paralisia não tenha afetado nenhuma outra parte além do braço, que seja uma monoplegia cortical pura; então se vê que a paralisia é de intensidade moderada. Assim que essa monoplegia aumenta de intensidade e se torna uma paralisia absoluta, perde sua característica de monoplegia pura e é acompanhada de problemas motores na perna ou na face. *Ela não pode se tornar absoluta e permanecer delimitada ao mesmo tempo.*

É o que a paralisia histérica pode muito bem fazer, como a clínica mostra diariamente. Ela afeta o braço, por exemplo, de maneira exclusiva, deixando incólume a perna ou o rosto. Além disso, no tocante ao braço ela é tão forte quanto uma paralisia pode ser, e esta é uma diferença evidente em relação à paralisia orgânica, diferença que faz pensar.

Naturalmente, há casos de paralisia histérica em que a intensidade não é excessiva e a dissociação não oferece nada de notável. Nós os reconhecemos por meio de outras características; mas são casos que não têm a marca típica da neurose e que, nada podendo nos ensinar sobre a natureza desta, não apresentam interesse do ponto de vista que aqui nos importa.

Acrescentemos algumas observações de importância secundária, que até ultrapassam um pouco os limites do nosso tema.

Registrarei, de início, que as paralisias histéricas são acompanhadas de alterações da sensibilidade bem mais frequentemente que as paralisias orgânicas. Em geral, essas alterações são mais profundas e mais frequentes na neurose que na sintomatologia orgânica. Nada é mais comum que a anestesia ou analgesia histérica. Lembremo-nos, por outro lado, a tenacidade com que persiste a sensibilidade nos casos de lesão nervosa. Se seccionamos um nervo periférico, a anestesia será menor, em extensão e intensidade, do que se espera. Se uma lesão inflamatória ataca os nervos espinais ou os centros da medula, sempre se nota que a motilidade sofre em primeiro lugar e a sensibilidade é poupada ou apenas enfraquecida, pois sempre persiste algo dos elementos nervosos que não é completamente destruído. Em caso de lesão cerebral, conhece-se a frequência e a duração da hemiplegia motora, enquanto a hemiplegia concomitante é indistinta, fugaz e não se acha em todos os casos. Há somente algumas localizações muito específicas que podem produzir uma afecção intensa e duradoura da sensibilidade (confluência sensitiva), e mesmo esse fato não é inteiramente certo.

Esse comportamento da sensibilidade, diferente nas lesões orgânicas e na histeria, não é explicável hoje em dia. Parece que nisso há um problema cuja solução talvez nos informe sobre a natureza íntima das coisas.

Outro ponto que me parece digno de ser notado é que há algumas formas de paralisia cerebral que não se acham na histeria, assim como sucede com as paralisias perifero-espinais de projeção. É preciso mencionar, em primeiro lugar, a paralisia do facial inferior, a manifestação mais frequente de uma afecção orgânica do cérebro, e, se me permitem passar por um momento às paralisias sensoriais, a hemianopsia lateral homônima. Sei que é quase uma temeridade dizer que esse ou aquele sintoma não se acha na histeria, quando as pesquisas de Charcot e seus discípulos nela descobrem, talvez diariamente, sintomas novos que antes não eram suspeitados. Mas devo tomar as coisas como elas são hoje. A paralisia facial histérica é muito contestada por Charcot e, a crer nos seus apoiadores, trata-se de um fenômeno de grande raridade. A hemianopsia ainda não foi vista na histeria e, creio, jamais será.

Ora, como as paralisias histéricas, mesmo simulando bastante as paralisias corticais, delas se afastam pelos tratos distintivos que enumerei, e qual a característica geral da representação específica a que se deve relacioná-las? A resposta a essa questão conteria uma parte importante da teoria da neurose.

III

Não há a menor dúvida sobre os elementos que condicionam a sintomatologia da paralisia cerebral. São os fatos da anatomia, a construção do sistema nervoso, a distribuição de seus vasos e a relação entre essas duas séries de fatos e as circunstâncias da lesão. Dissemos que o menor número de fibras que vão da medula ao córtex, comparado ao número de fibras que vão da periferia à medula, é a base da diferença entre a paralisia de projeção e a de representação. Do mesmo modo, cada detalhe clínico da paralisia de representação pode achar explicação num detalhe da estrutura cerebral, e, vice-versa, podemos deduzir a construção do cérebro a partir das características clínicas das paralisias. Acreditamos num paralelismo perfeito entre essas duas séries.

Portanto, se não há uma grande facilidade de dissociação para a paralisia cerebral comum, é porque as fibras de condução motoras são muito próximas umas das outras, em longo trecho do seu percurso intracerebral, para serem lesionadas isoladamente. Se a paralisia cerebral mostra maior tendência às monoplegias, é porque o feixe condutor braquial, crural etc. cresce em diâmetro até chegar ao córtex. Se, de todas as paralisias corticais, a da mão é a mais completa, isso se deve, cremos, ao fato de que a relação cruzada entre o hemisfério e a periferia é mais exclusiva para a mão que para qualquer outra parte do corpo. Se o segmento periférico de uma extremidade sofre mais de paralisia que o segmento central, supomos que as fibras que representam o segmento periférico são mais numerosas que as do segmento central, de maneira que a influência cortical se torna mais importante para aquele do que é para este. Se as lesões um pouco extensas do córtex não conseguem produzir monoplegias puras, concluímos que os centros motores corticais não são nitidamente separados uns dos outros por territórios neutros, ou que há ações à distância (*Fernwirkungen*)* que anulariam o efeito de uma separação exata dos centros.

Assim também, se sempre há, na afasia orgânica, uma mescla de distúrbios de funções diversas, isso se explica

---

* Aqui e em alguns outros lugares, o termo alemão foi incluído por Freud no texto, escrito em francês; significa "efeitos à distância".

pelo fato de que ramos da mesma artéria alimentam todos os centros da linguagem, ou, se for aceita a opinião que enunciei no estudo crítico sobre a afasia, porque não se trata de centros separados, mas de um território contínuo de associação. Em todo caso, existe sempre uma razão que vem da anatomia.

As associações notáveis que observamos frequentemente na clínica das paralisias corticais — afasia motora e hemiplegia direita, alexia e hemianopsia direita — se explicam pela vizinhança dos centros lesionados. A hemianopsia mesma, sintoma curioso e estranho para o espírito não científico, não é compreensível senão pelo entrecruzamento das fibras do nervo óptico no quiasma; ela é a expressão clínica dele, assim como todos os detalhes das paralisias cerebrais são a expressão clínica de um fato anatômico.

Como só pode haver uma única anatomia cerebral verdadeira, e como ela acha expressão nas características clínicas das paralisias cerebrais, é impossível, evidentemente, que essa anatomia possa explicar os traços distintivos da paralisia histérica. Por essa razão, não é lícito extrair, sobre a anatomia cerebral, conclusões baseadas na sintomatologia dessas paralisias.

Sem dúvida, para obter essa difícil explicação é preciso lidar com a natureza da lesão. Nas paralisias orgânicas, a natureza da lesão tem papel secundário, são sobretudo a extensão e o local da lesão que, nas condições dadas da estrutura do sistema nervoso, produzem as características que registramos da paralisia orgânica. Qual poderia ser a natureza da lesão na paralisia histérica, que sozinha domina a situação, independentemente do local, da extensão da lesão e da anatomia do sistema nervoso?

Charcot nos disse, em várias ocasiões, que se trata de uma lesão cortical, mas puramente dinâmica ou funcional. É uma tese cujo lado negativo se compreende bem. Equivale a afirmar que nunca se encontrarão mudanças apreciáveis dos tecidos na autopsia; mas, de um ponto de vista mais positivo, sua interpretação não se acha, de modo algum, isenta de equívocos. O que é, de fato, uma lesão dinâmica? Estou bem certo de que muitos dos que leem as obras de Charcot acham que a lesão dinâmica é mesmo uma lesão, mas da qual não resta traço no cadáver, como um edema, uma anemia, uma hiperemia ativa. Porém, ainda que não persistam necessariamente após a morte, ainda que sejam fugazes e ligeiras, elas são lesões orgânicas verdadeiras. É necessário que as paralisias produzidas pelas lesões dessa ordem partilhem todas as características da paralisia orgânica. O edema, a anemia não poderiam, mais que a hemorragia e o amolecimento, produzir a dissociação e a intensidade das paralisias histéricas. A única diferença seria que a paralisia pelo edema, pela constrição vascular etc. deve ser menos duradoura que a paralisia por destruição do tecido nervoso. Todas as demais condições lhes são comuns, e a anatomia do sistema nervoso determinará as propriedades da paralisia tanto no caso da anemia fugaz como no caso da anemia permanente e definitiva.

Não creio que estas observações sejam gratuitas. Quando se lê que "deve haver uma lesão orgânica" em tal ou tal centro, o mesmo em que a lesão orgânica produziria o sintoma orgânico correspondente, quando nos recordamos de que estamos habituados a localizar a lesão histérica dinâmica do mesmo modo que a lesão orgânica, somos levados a crer que na expressão "lesão dinâmica" se esconde a ideia de uma lesão como o edema, a anemia, que, na verdade, são afecções orgânicas passageiras. Afirmo, pelo contrário, que a lesão das paralisias histéricas deve ser totalmente independente da anatomia do sistema nervoso, já que *a histeria se comporta, em suas paralisias e outras manifestações, como se a anatomia não existisse, ou como se não tivesse conhecimento dela.*

Um bom número de características das paralisias histéricas justifica realmente essa afirmação. A histeria ignora a distribuição dos nervos, e por essa razão não simula as paralisias perifero-espinais ou de projeção; não conhece o quiasma dos nervos ópticos, e, consequentemente, não produz a hemianopsia. Ela toma os órgãos no sentido vulgar, popular, do nome que levam: a perna é a perna até a inserção no quadril, o braço é a extremidade superior, tal como ela se desenha sob a roupa. Não há razão para acrescentar à paralisia do braço a paralisia do rosto. O histérico que não pode falar não tem motivo para esquecer a compreensão da língua, já que afasia motora e surdez verbal não têm parentesco nenhum na noção popular etc. Nesse ponto, tenho de me associar plenamente às opiniões que Janet avançou nos últimos números dos *Archives de Neurologie*; as paralisias histéricas são a prova disso, tanto quanto as anestesias e os sintomas psíquicos.

IV

Tentarei, por fim, desenvolver *como poderia ser* a lesão que é a causa das paralisias histéricas. Não digo que mostrarei como ela é de fato; trata-se apenas de indicar a linha de pensamento que pode levar a uma concepção que não contradiga as propriedades da paralisia histérica, na medida em que esta difere da paralisia orgânica cerebral.

Tomarei a expressão "lesão funcional ou dinâmica" em seu sentido próprio: "alteração da função ou do dinamismo", alteração de uma propriedade funcional. Uma alteração dessas seria, por exemplo, uma diminuição da excitabilidade ou de uma qualidade fisiológica que no estado normal permanece constante ou varia em limites determinados.

Mas, alguém dirá, a alteração funcional não é outra coisa, é outro lado da alteração orgânica. Suponhamos que o tecido nervoso se encontre num estado de anemia passageira, sua excitabilidade será diminuída por essa circunstância, não é possível deixar de levar em conta as lesões orgânicas por esse meio.

Buscarei mostrar que pode haver alteração funcional sem lesão orgânica simultânea, ao menos sem lesão grosseira, palpável, até mesmo à análise mais delicada. Em outras palavras, darei um exemplo adequado de alteração da função primitiva; e peço apenas, para isso, permissão de passar para o terreno da psicologia, que não podemos evitar quando se trata da histeria.

Afirmo, com Janet, que é a concepção banal, popular, dos órgãos e do corpo em geral que desempenha um papel nas paralisias histéricas, nas anestesias etc. Essa concepção não se baseia num conhecimento aprofundado da anatomia nervosa, mas em nossas percepções tácteis e, sobretudo, visuais. Se ela determina as características da paralisia histérica, esta deve se mostrar ignorante e independente de toda noção da anatomia do sistema nervoso. A lesão da paralisia histérica será, portanto, uma alteração da concepção, da ideia de braço, por exemplo. Mas de que tipo é essa alteração, para produzir a paralisia?

Considerada psicologicamente, a paralisia do braço consiste no fato de que a concepção* do braço não pode entrar em associação com as outras ideias que constituem o Eu [*le moi*], do qual o corpo do indivíduo forma uma parte importante. A lesão seria, então, *a abolição da acessibilidade associativa da concepção do braço*. O braço se comporta como se não existisse para o jogo das associações. Sem dúvida, se as condições materiais que correspondem à concepção do braço se acham profundamente alteradas, essa concepção também será perdida, mas devo mostrar que ela pode ser inacessível sem que seja destruída e sem que seu substrato material (o tecido nervoso da região correspondente do córtex) seja danificado.

Começarei com exemplos tirados da vida social. Há a história cômica de um súdito fiel que não queria mais lavar a mão, pois seu soberano a havia tocado. A relação dessa mão com a ideia do rei parece tão importante

---

* Provavelmente o termo francês usado por Freud, *conception*, corresponde para ele ao alemão *Vorstellung*, que em português se traduz antes por "ideia", "noção", "representação".

para a vida psíquica do sujeito que ele se recusa a deixar que essa mão se coloque em outras relações. Obedecemos ao mesmo impulso quando quebramos a taça em que bebemos à saúde de recém-casados. As tribos antigas, ao queimar, juntamente com o cadáver, o cavalo, as armas e até mesmo as mulheres do chefe morto, obedeciam a essa ideia de que ninguém devia tocá-los depois dele. O motivo de todos esses atos é bastante claro. O valor afetivo que atribuímos à primeira associação de um objeto tem aversão a fazê-lo entrar em nova associação com outro objeto e, em consequência, torna a ideia desse objeto inacessível à associação.

Quando passamos ao domínio da psicologia das concepções, não é uma simples comparação, mas quase a mesma ideia. Se a concepção do braço se encontrar envolvida numa associação de grande valor afetivo, ela será inacessível ao livre jogo das outras associações. *O braço estará paralisado na medida da persistência desse valor afetivo ou de sua diminuição pelos meios psíquicos apropriados.* É a solução do problema que colocamos, pois em todos os casos de paralisia histérica se vê que *o órgão paralisado ou a função abolida estão envolvidos numa associação subconsciente que é dotada de grande valor afetivo, e pode-se mostrar que o braço fica livre tão logo esse valor afetivo desaparece.* Então a concepção do braço existe no substrato material, mas não é acessível às associações e aos impulsos conscientes, porque toda a sua afinidade associativa está saturada, por assim dizer, numa associação subconsciente com a lembrança do evento, do trauma que produziu essa paralisia.

Foi Charcot o primeiro a nos ensinar que é preciso recorrer à psicologia para a explicação da neurose histérica. Seguimos seu exemplo, Breuer e eu, numa comunicação preliminar ("Sobre o mecanismo psíquico dos fenômenos histéricos", *Neurologisches Zentralblatt*, n. 1 e 2, 1893). Nela demonstramos que os sintomas permanentes da histeria dita "traumática" se explicam (excetuando os estigmas) pelo mesmo mecanismo que Charcot reconheceu nas paralisias traumáticas. Mas também damos a razão pela qual esses sintomas persistem e podem ser curados mediante um procedimento especial de psicoterapia hipnótica. Cada evento, cada impressão psíquica é dotada de certo valor afetivo (*Affektbetrag* [literalmente "montante afetivo"]), do qual o Eu se livra, pela via da reação motora ou por um trabalho psíquico associativo. Se o indivíduo não pode ou não quer eliminar o excedente, a lembrança da impressão adquire a importância de um trauma e se torna a causa de sintomas permanentes de histeria. A impossibilidade da eliminação se impõe quando a impressão fica no subconsciente. Chamamos a essa teoria "*das Abreagieren der Reizzuwächse*" [a ab-reação dos aumentos de estímulo].

Em resumo, penso que concorda bem com nossa visão geral sobre a histeria, tal como pudemos formar seguindo o ensinamento de Charcot, que a lesão nas paralisias histéricas consista apenas na inacessibilidade da concepção do órgão ou da função para as associações do Eu consciente, que essa alteração puramente funcional (com integridade da concepção mesma) seja causada pela fixação dessa concepção numa associação subconsciente à lembrança do trauma e que essa concepção não se torne livre e acessível enquanto o valor afetivo do trauma psíquico não tenha sido eliminado pela reação motora adequada ou pelo trabalho psíquico consciente. Mas ainda que não ocorra esse mecanismo, que a paralisia histérica sempre requeira uma ideia autossugestiva direta, como nos casos traumáticos de Charcot, nós conseguimos mostrar de que natureza *deveria* ser a lesão, ou antes a alteração na paralisia histérica, para explicar as diferenças entre ela e a paralisia orgânica cerebral.

RESENHA DE P. J. MÖBIUS, *A ENXAQUECA* (1895)

PUBLICADA PRIMEIRAMENTE EM *WIENER KLINISCHE RUNDSCHAU*, V. 9, N. 9 (3 DE MARÇO). TRADUZIDA DE *GESAMMELTE WERKE. NACHTRAGSBAND*, PP. 364-9.

RESENHA DE P. J. MÖBIUS, *A ENXAQUECA*

A série de contribuições neurológicas para o grande manual de medicina interna, de Nothnagel, foi inaugurada por P. J. Möbius com um pequeno livro sobre a enxaqueca, que deve despertar interesse e encontrar reconhecimento muito além dos círculos de neurologistas. Os trabalhos de Möbius são daqueles que fornecem também um quadro da personalidade do autor e que não podem ser separados desta na mente do leitor. Assim, também esse volume apresenta todas as qualidades que aprendemos a estimar em Möbius: a coragem de crer no que seus próprios olhos observam, a delícia crítica de destruir uma aparência, a coerência lógica do pensador, que não hesita, na disputa, em recuar até os últimos fundamentos do conhecimento e da dúvida. Junte-se ainda a essas características o fato de o estilo do autor expor com implacável franqueza as lacunas e contradições de um âmbito da ciência, e de ele atentar para que, na compreensão dos sintomas patológicos e na avaliação da terapia, se faça justiça ao fator psíquico, que agora ganhou importância na medicina.

Esse pequeno livro não é apenas instrutivo, é também cativante do início ao fim. Acha-se escrito num estilo nobre e correto, quando muitos autores médicos esquecem que a especialização não dispensa a cultura geral e não revoga as exigências que uma nação pode fazer aos que escrevem na sua língua. Afirmações críticas e pensamentos de alcance são, com frequência, expressos de maneira feliz e eficaz. Reproduzo algumas frases em que Möbius registra sua opinião sobre a "teoria vasomotora" da enxaqueca (p. 105):

Estou convencido de que a teoria vasomotora está morta, de que é ainda ensinada apenas pela *vis inertiae* [força da inércia], e falta-me o ânimo para contestar minuciosamente o que não mais existe. Apenas destacarei alguns pontos, de forma breve. Em toda parte, tanto na fisiologia como na patologia, os processos nas células parênquimas são primários, as mudanças da circulação local são consequências; o parênquima é o senhor, e a circulação, o servo.

Seria tentador abordar mais extensamente o rico teor desse livro, mas não o farei, pois não quero fornecer aqui um mero sumário do conteúdo ou uma coleção de breves passagens. Seja-me permitido, em vez disso, tratar mais pormenorizadamente duas questões que, assim me parece, deveriam ter um espaço mais amplo numa próxima exposição sobre a enxaqueca. Primeiro gostaria de voltar a atenção para os *"equivalentes hemicrânicos"*,* ataques que se compõem de outros sintomas além da enxaqueca, mas que, conforme todas as circunstâncias de surgimento e decurso, e por serem substituíveis pela enxaqueca, devem ser identificados com esta.** Está claro que esses equivalentes da enxaqueca possuem grande interesse diagnósti-

---

* O termo "hemicrania", que designa uma dor de cabeça de um lado do crânio, foi criado por Galeno no século II a.C. Vem dele o vocábulo francês *migraine* (de *mi-crâne*, literalmente "meio crânio"), que foi adotado no inglês e no alemão; o equivalente em português, "enxaqueca", é de origem árabe: *ax-xaqiqa*.
** Cf. o caso de Emmy von N., nos *Estudos sobre a histeria* (1893-1895), que contém observações semelhantes (por exemplo, na nota das pp. 107-8, no volume 2 destas *Obras completas*).

co e teórico. Möbius também não deixa de mencioná-los, lamentando que ainda se saiba pouco sobre eles.

Conheço, por experiência própria — que qualquer leitor pode confirmar —, três formas de equivalentes da enxaqueca: a enxaqueca de estômago, das costas e do coração. A enxaqueca de estômago é, na verdade, uma enxaqueca da cabeça rudimentar, da qual ficaram apenas as manifestações ligadas ao estômago. Recordo-me de uma paciente da qual fiz o primeiro diagnóstico, uma jovem mulher, cujas "dores estomacais" ainda hoje não são reconhecidas como enxaqueca por seu médico. Essas dores consistem em acessos de mal-estar que acabam em repetidos vômitos e persistem por até 24 horas, que surgiram pouco depois da puberdade, primeiro de modo mais raro, hoje em dia com maior frequência, e tendo intervalos de algumas semanas. Uma leve pressão na testa e acentuada sensibilidade à luz e aos ruídos, durante os ataques, possibilitam a identificação dessas dores do estômago como enxaqueca.

Como se vê, a enxaqueca estomacal não enriquece de novos traços o quadro da enxaqueca. Não é esse o caso da "enxaqueca das costas", com a qual, curiosamente, tomei contato ao examinar a irmã da paciente mencionada. Essa mulher havia sofrido por toda a juventude, até determinada época, de enxaquecas comuns, não muito severas. Houve uma mudança quando nela se desenvolveu uma neurose grave, de caráter misto (histeroneurastenia). A partir de então, teve ataques de dores nas costas, que se centravam na coluna e, à maneira de um arco, cingiam todo o abdômen. As costas apresentavam (também com intervalos) uma analgesia histérica, e a interpretação como sendo enxaqueca foi da própria paciente, que afirmou serem iguais as dores nos diferentes locais. Ela tinha, em suas palavras, "enxaqueca nas costas"; nela havia, temporariamente, *états de mal*, ataques convergentes. Em muitos anos de observação, aprendi a descartar uma explicação dessas dores nas costas como doença orgânica. A neurose melhorando, as enxaquecas retornaram, e nos últimos dois anos a senhora, com saúde sofrível, tem alternado entre os ataques de enxaqueca antigos e os modificados — ambos surgindo só esporadicamente, porém. Nela a enxaqueca das costas aparece pelos mesmos motivos que a outra, mas costuma durar mais tempo. Entre os motivos, o único indiscutível é o *coitus interruptus*, que também desempenha um papel na gênese da neurose. Sintomas estomacais quase não se insinuaram nesse caso. Desde então encontrei a enxaqueca das costas repetidamente. Por último, numa garota que livrei de suas ideias obsessivas durante uma "cura de repouso" [*Mastkur*]. Essa paciente sofria havia muito de enxaquecas comuns, em cujo quadro se achavam tanto mal-estar como dores na nuca e nos ombros. Durante uma piora de seu estado, provocada por ideias obsessivas, ela se queixava, nos ataques de enxaqueca, de fortes dores ao longo das costas, que tornavam secundárias as dores de cabeça. No decorrer da "cura de repouso", observei nela um ataque de que participaram igualmente dores de cabeça e das costas, e dois outros ataques, em intervalos de quatro semanas cada, que foram apenas de enxaqueca da cabeça. Como se vê, nesse caso a enxaqueca das costas não se desligou inteiramente da "enxaqueca da cabeça".* Também aí, como no caso antes mencionado, a enxaqueca das costas correspondeu a um tempo de piora e recuou com a melhora do estado geral. Nos dois casos, além disso, estava presente uma neurastenia espinhal,** que foi quase removida com o tratamento.

Da terceira forma de equivalente da enxaqueca, a do coração, conheço apenas uns poucos exemplos; mas acredito que outros a tenham visto com maior frequência. Como caso típico apresentarei o de um colega de uns cinquenta anos que na juventude sofreu de enxaqueca comum. Esse médico, que, a julgar por sua conduta e desempenho, tem um coração satisfatório, é acometido, a intervalos e por motivos condizentes com a enxaqueca, de uma arritmia com desagradável opressão, que dura de três a seis horas e vem acompanhada de leve pressão nas têmporas. As causas são o sono perturbado, um aborrecimento ou uma séria preocupação no trabalho; a frequência dos ataques varia entre duas vezes numa semana e uma vez em três semanas. Considero esses ataques equivalentes hemicrânicos, mas admito de bom grado que ainda faltam elos intermediários na sequência desses ataques até a hemicrania comum. De resto, não acho que a variedade das formas de enxaqueca se esgote com esses acréscimos à enxaqueca comum e à dos olhos.

* No texto original, a expressão (*Kopfmigräne*, em alemão) é usada entre aspas nessa frase, mas não na frase anterior.
** Naquele tempo se acreditava que, além da "neurastenia" geral, havia formas específicas como neurastenia cerebral, espinhal e visceral; e também a neurastenia sexual, que em casos mais complicados podia se transformar em neurastenia espinhal.

TEXTOS PRÉ-PSICANALÍTICOS

Além disso, quero destacar um nexo da enxaqueca que Möbius também não recusa, o nexo com o *nariz* — intencionalmente não digo *com as doenças do nariz*. Tenho duas razões, que inicialmente atuam apenas de modo subjetivo, para defender isso: primeiro, a experiência, tida no próprio corpo, de que enxaquecas frequentes e severas podem ser transformadas em raras e leves mediante o tratamento dos corpos cavernosos hipertrofiados,* e, depois, o conhecimento exato dos trabalhos e surpreendentes êxitos terapêuticos de um pesquisador conhecido dos leitores desta revista, o dr. W. Fliess, de Berlim. Segundo Fliess — que, em relação a seu predecessor Hack, tem a vantagem de usar a cocaína como recurso diagnóstico, a ousada técnica da terapia moderna e uma perspectiva de importância geral —, deve-se conceder ao nariz um papel na patogênese das dores de cabeça em geral e da enxaqueca, não só excepcionalmente, mas em regra. Confirmando-se isso, poderemos entender a relação dos "ataques de enxaqueca sintomáticos" com a "doença enxaqueca" (p. 69) melhor do que hoje. Também seria mais simples formular as objeções à desagradável definição da enxaqueca por Möbius, que vê nessa doença tão frequente e de fácil aquisição uma "*forma de degeneração herdada*".

---

* Freud tivera o nariz tratado pelo otorrinolaringologista Wilhelm Fliess, seu amigo, que atribuía suas enxaquecas e sintomas cardíacos a problemas nasais; cf. as biografias escritas por Max Schur (Imago) e Peter Gay (Companhia das Letras), assim como *Freud: Biologist of the Mind*, de Frank Sulloway (Basic Books).

PROJETO DE UMA PSICOLOGIA (1950 [1895])

TÍTULO ORIGINAL (DADO PELOS EDITORES): *ENTWURF EINER PSYCHOLOGIE* (1950 [1895]). MANUSCRITO REDIGIDO EM 1895 E PUBLICADO PELA PRIMEIRA VEZ EM 1950, EM *AUS DEN ANFÄNGEN DER PSYCHOANALYSE*, LONDRES: IMAGO, PP. 371-466. TRADUZIDO DE *GESAMMELTE WERKE. NACHTRAGSBAND*, PP. 375-486.

[PARTE I]*
PLANO GERAL

INTRODUÇÃO

O propósito [é] oferecer uma psicologia científico-naturalista, ou seja: representar os processos psíquicos como estados quantitativamente determinados de partículas materiais que podem ser designadas e assim torná-las apreensíveis e livres de contradição. [Estão] contidas duas ideias centrais:

[1)] Conceber o que distingue atividade e repouso como Q, submetida à lei geral do movimento;

2) Adotar os neurônios como partículas materiais.

N e Qη — investigações semelhantes tornam-se frequentes agora.

---

* As passagens entre colchetes contêm os acréscimos e complementos inseridos na edição alemã. Neste manuscrito, alguns símbolos e abreviações são empregados de modo frequente: Q = quantidade (proveniente do mundo exterior, na grande maioria das ocorrências); Qη = quantidade que circula no interior do aparelho neuronal; φ = sistema de neurônios permeáveis; ψ = sistema de neurônios impermeáveis; ω = sistema de neurônios perceptivos; P = percepção (*Wahrnehmung*); R = representação (*Vorstellung*); M = imagem de movimento (*Bewegungsbild*).

[I]
A) PRIMEIRO POSTULADO: A CONCEPÇÃO QUANTITATIVA

Foi diretamente extraída da observação clínico-patológica, sobretudo ali onde se encontrava uma representação hiperintensa, como na histeria e na obsessão, nas quais o caráter quantitativo aparece de uma forma mais pura do que nos [processos] normais. Processos como substituição, conversão, descarga, que precisavam ser descritos ali, apontaram diretamente para a concepção da excitação nervosa como uma quantidade dotada de fluxo. Não parece sem propósito a tentativa de generalizar o que admitimos aqui. A partir dessa observação tornou-se possível estabelecer um princípio fundamental da atividade nervosa que prometia esclarecimentos, pois parecia abranger a totalidade da função. Trata-se do princípio da inércia [dos] n[ervos]: [ele sustenta que] o neurônio almeja libertar-se [de] Q. A estrutura e o desenvolvimento [do neurônio], bem como o conjunto de suas ações, devem ser compreendidos a partir desse ponto.

O princípio de *inércia* esclarece, em primeiro lugar, a duplicidade da estrutura nervosa nas orientações motora e sensível para neutralizar a recepção de $Q\dot{\eta}$ por meio da emissão de $Q\dot{\eta}$. Podemos então compreender o movimento reflexo como a forma invariável dessa emissão. O princípio [de inércia] fornece o motivo para o movimento reflexo. Se retrocedermos a partir desse ponto, ligaremos então o sistema nervoso (como herdeiro da suscetibilidade geral à estimulação do protoplasma) à [superfície] exterior do organismo que é suscetível ao estímulo, a qual está dispersa por extensos trajetos que não são capazes de reagir a estímulos. Um sistema nervoso primário se serve da Qη que foi adquirida desse modo para realizar a sua emissão por meio da conexão com as máquinas musculares, permanecendo assim livre dos estímulos. Essa descarga representa a função primária do sistema nervoso. Aqui existe espaço para o desenvolvimento de uma função secundária à medida que [forem] selecionadas e preservadas entre as vias de descarga aquelas que são ligadas à cessação do estímulo, à *fuga diante do estímulo*. Em termos gerais, vigora aqui uma proporção entre a quantidade de excitação e a produção necessária para fugir-se do estímulo de tal maneira que o princípio de *inércia* não sofra uma perturbação por causa disso.

Contudo, o princípio de inércia é rompido desde o início em razão de outra circunstância. Com a crescente complexidade do interior do organismo, o sistema nervoso passa a receber estímulos do interior do próprio corpo, estímulos endógenos que devem igualmente encontrar uma descarga. Esses estímulos são provenientes das células do corpo e resultam nas grandes carências: fome, respiração, sexualidade. Deles o organismo não é capaz de se esquivar, como no caso dos estímulos externos: ele não é capaz de empregar sua Q para fugir desse estímulo. Eles cessam apenas sob condições específicas que precisam tornar-se reais no mundo exterior, como no caso da carência de alimento. Para executar essa ação, que merece ser designada como *específica*, é necessária uma produção que não dependa da Q endógena; de uma maneira geral [ela é] maior, uma vez que o indivíduo se encontra sob uma condição que podemos designar *a premência da vida*. Como decorrência, o sistema nervoso é forçado a renunciar à tendência inercial de origem, isto é, ao nível = o. Ele precisa tolerar um armazenamento de Qή para fazer frente à demanda da ação específica. Entretanto, a forma pela qual ele realiza isso revela que continua a persistir a mesma tendência (modificada) do empenho para manter a Qή tão reduzida quanto possível e proteger-se contra uma elevação, ou seja, para mantê-la constante. Todas as produções do sistema nervoso devem ser consideradas sob as perspectivas da função primária ou da função secundária que é imposta pela premência da vida.

[II]
[B)] SEGUNDO POSTULADO: A TEORIA NEURONAL

A ideia de uma combinação entre essa teoria da Qή e o conhecimento produzido pela histologia mais recente acerca do neurônio representa o segundo pilar desta doutrina. O conteúdo principal deste novo conhecimento reside no fato de que o sistema nervoso é composto de neurônios distintos com uma estrutura semelhante, que estabelecem contato por intermédio de uma massa estranha; que possuem terminações uns com os outros, como em um tecido estranho, e nos quais certas linhas de condução estão pré-formadas, com dendritos para a recepção e cilindros axiais para a emissão.* A isso acrescentam-se vastas ramificações de variados calibres.

Ao combinar essa configuração dos neurônios com a concepção da teoria da Qἠ formamos a representação de um neurônio *investido*, que é preenchido por uma certa Qἠ e pode permanecer vazio em outros momentos. O princípio de inércia alcança sua expressão na suposição de uma corrente que está orientada ou pelo dendrito ou pelo corpo celular; portanto, o neurônio isolado é, com a sua dupla estrutura, uma imagem da totalidade do sistema nervoso, sendo o cilindro axial o órgão de descarga. Porém a função secundária, que requer o armazenamento de Qἠ, só se torna possível com a suposição de resistências que se opõem à descarga, e a estrutura do neurônio autoriza a transposição do conjunto das resistências para os *contatos*, que assim adquirem o valor de *barreiras*. A suposição das *barreiras de contato* mostra ser fértil em diversas direções.

[III]
AS BARREIRAS DE CONTATO

A primeira justificativa para esta suposição deriva da consideração segundo a qual a condução percorre nesse caso um protoplasma indiferenciado, e não [um protoplasma]

---

* "Para a emissão": no manuscrito consta o verbo *abnehmen* ("retirar") no lugar de *abgeben* ("emitir"), o que provavelmente teria sido um lapso de escrita.

diferenciado e provavelmente mais apropriado para a condução, como no interior do neurônio. Temos assim uma indicação para que vinculemos a capacidade de condução à diferenciação, o que nos autoriza a esperar que o próprio processo de condução possa se tornar uma diferenciação no protoplasma e, por consequência, um aprimoramento da capacidade de condução para as conduções posteriores.

A teoria das barreiras de contato permite ainda a seguinte apreciação: uma das principais características do tecido nervoso é a memória, ou, em termos gerais, a capacidade para sofrer modificações permanentes em razão de processos que ocorreram uma única vez, algo que se opõe frontalmente ao comportamento de uma matéria que é permeável a um movimento ondulatório e retorna em seguida ao seu estado inicial. Uma teoria psicológica que mereça alguma atenção deve apresentar uma explicação para a "memória". Entretanto, todas as explicações deparam com uma dificuldade: por um lado elas devem supor que, após a excitação, os neurônios são modificados de modo permanente, quando na verdade é impossível negar que as novas excitações encontram em geral as mesmas condições de recepção que já existiam anteriormente. Ou seja, os neurônios devem ser suscetíveis à influência e não devem sofrer modificações, sem prejuízo algum. À primeira vista não seria concebível um aparelho capaz de um desempenho tão complicado; a solução se encontra no fato de que nós atribuímos a influência permanente à excitação de uma classe de neurônios e em contraponto atribuímos a inalteração (isto é, a abertura a novas excitações) a uma outra classe. Assim surgiu a distinção corrente entre "células de percepção" e "células de memória", que não tem qualquer outro apoio nem pode ser remetida a algum outro fator.

Caso adote essa solução, a *teoria das barreiras de contato* pode expressá-la nos seguintes termos: existem duas classes de neurônios: [1)] aqueles que são permeáveis à Qἡ, como se não possuíssem barreiras de contato, e que se encontram no mesmo estado ao final de cada um dos percursos da excitação; e 2) aqueles nos quais as barreiras de contato se impõem* e permitem a passagem de Qἡ de modo apenas parcial ou com dificuldades. Após a passagem da excitação estes últimos podem encontrar-se em um estado diferente do anterior, *o que torna possível uma representação da memória.*

Portanto, existem neurônios *permeáveis* (que não exercem resistência e nada retêm), a serviço da percepção, e neurônios *impermeáveis* (dotados de resistência e capazes de reter Qἡ), os portadores da memória e provavelmente dos processos psíquicos de modo geral. De agora em diante, designarei o primeiro sistema de neurônios como φ e o último como ψ.

Este é um bom momento para tornar claro quais suposições acerca dos neurônios de ψ são necessárias para dar conta das características mais gerais da memória. O argumento é este: eles são modificados permanentemente pelo curso da excitação. E, após a introdução da teoria das barreiras de contato, as barreiras de contato dos neurônios ψ ficam em um estado permanentemente

---

* Consta no manuscrito: "aqueles cujas barreiras de contato" (*solche, die deren Kontaktschranken*).

modificado. Visto que a experiência psicológica revela a existência de um sobreaprendizado em razão da memória, é necessário que essa modificação consista no fato de que as barreiras de contato se tornam mais aptas à condução e menos impermeáveis, ou seja, mais semelhantes às barreiras do sistema φ. Designaremos esse estado das barreiras de contato como grau de *facilitação*. E assim podemos afirmar: *a memória é representada pelas facilitações que existem entre os neurônios de ψ*.

Com a suposição de que todas as barreiras de contato em ψ estivessem igualmente facilitadas ou oferecessem a mesma resistência — o que seria a mesma coisa —, não obteríamos as características da memória. Pois a memória é evidentemente uma das forças determinantes que definem os trajetos com relação ao percurso da excitação, e uma facilitação totalmente uniforme não permitiria antecipar a preferência por um trajeto. Em termos mais precisos, é possível afirmar: *a memória seria representada pelas diferenças* que existem entre as facilitações dos neurônios de ψ*.

Mas do que depende a facilitação nos neurônios de ψ? De acordo com a experiência psic[ológica], a memória — isto é, o poder prolongado de uma vivência — depende do fator denominado "grandeza da impressão" e da frequência com a qual essa mesma impressão se repe-

---

* A palavra "diferenças" está duplamente sublinhada no manuscrito. Os editores alemães substituíram os termos sublinhados uma única vez por itálicos, enquanto os termos sublinhados duas vezes aparecem sublinhados apenas uma vez.

te. Ou, traduzindo para a teoria: a facilitação depende da Qή que percorre o neurônio no processo de excitação e do número de repetições desse mesmo processo. Portanto, a Qή revela-se nesse caso o fator eficaz; a *quantidade* e a *facilitação* como o produto da Qή e, ao mesmo tempo, como aquilo que é capaz de substituir a Qή.

Quase involuntariamente pensamos aqui no empenho originário do sistema nervoso (preservado em todas as suas modificações) para se poupar da sobrecarga provocada pela Qή ou para reduzi-la tanto quanto possível. Coagido pela premência da vida, o sistema nervoso foi obrigado a armazenar Qή. Isso requeria [um] aumento do número de neurônios, e era necessário que estes fossem impermeáveis. Agora ele se poupa ao menos parcialmente do preenchimento com Qή, do investimento, ao estabelecer as facilitações. Vemos portanto que *as facilitações servem à função primária do sistema nervoso*.

Mas para atender a demanda relacionada à memória é necessário algo além da teoria das barreiras de contato: para cada neurônio de ψ geralmente devemos atribuir diversos trajetos de ligação com outros neurônios, ou seja, diversas barreiras de contato. É sobre elas que se assenta a possibilidade da *seleção*, que será determinada pela facilitação. A partir desse ponto, torna-se muito claro que o estado de uma barreira de contato deve ser independente do estado de todas as outras barreiras de contato do mesmo neurônio de ψ; do contrário, não existiria preferência alguma e, portanto, motivo algum. Podemos inferir a partir desse ponto uma conclusão negativa acerca da natureza do estado "*facilitado*". Se pensarmos em um neurônio preenchido por $Q\dot\eta$ — ou seja, investido —, então podemos supor essa Q [sic] distribuída de maneira uniforme por todas as regiões do neurônio e assim por todas as suas barreiras de contato. Em contrapartida, não é difícil imaginar que a corrente de $Q\dot\eta$ avança através do neurônio por um único trajeto definido, de tal modo que apenas uma barreira de contato fica sujeita à atuação da corrente de $Q\dot\eta$, resguardando mais adiante a facilitação dessa corrente. Portanto, não é possível que um investimento que ficou retido sirva como o fundamento para uma facilitação; pois dessa maneira não seriam produzidas as diferenças na facilitação das barreiras de contato de um mesmo neurônio.

Não sabemos ao certo em que mais consiste a facilitação. À primeira vista poderíamos pensar: na absorção de $Q\dot\eta$ por meio das barreiras de contato. Talvez alguma luz seja lançada mais adiante sobre essa questão. Aquela $Q\dot\eta$ que foi deixada para trás pela facilitação decerto será descarregada justamente por causa da facilitação, que amplia a permeabilidade. Além do mais, não existe a necessidade de que a facilitação que permanece após um percurso da $Q\dot\eta$ seja tão grande quanto era durante o percurso. É possível que apenas uma fração quociente dela perdure como uma *facilitação permanente*. Sob este aspecto, não é possível antecipar se existe uma equivalência entre uma $Q{:}3\dot\eta$ que atravessa um único percurso ou uma $Q\dot\eta$ que atravessa três vezes o mesmo percurso. Tudo isso fica reservado para uma adaptação posterior da teoria aos fatos psíquicos.

[IV]
O PONTO DE VISTA BIOLÓGICO

A suposição dos dois sistemas de neurônios, φ e ψ, sendo φ composto de elementos permeáveis e ψ por elementos impermeáveis, abre caminho para a explicação de um traço específico do sistema nervoso: ele faz a retenção mas preserva a capacidade de recepção. Toda aquisição psíquica consistiria então na organização do sistema ψ a partir da suspensão parcial e topologicamente delimitada da resistência nas barreiras de contato que representa a distinção entre φ e ψ. O aperfeiçoamento dessa organização teria de fato criado uma barreira para a receptividade do sistema nervoso.

E, no entanto, toda pessoa que se ocupe da construção de hipóteses na ciência começa a considerar com seriedade suas suposições apenas quando o seu saber se articula em mais de uma direção e quando o peso da arbitrariedade das *constructio ad hoc* passa a ser menor. Contra a nossa hipótese das barreiras de contato será apresentado o argumento de que ela supõe a existência de duas classes de neurônios cujas condições funcionais são essencialmente diferentes e cuja separação carece, em princípio, de qualquer outro fundamento. Ao menos em termos morfológicos (isto é, histológicos), não se conhece nada que sustente essa separação.

Onde mais poderíamos buscar um fundamento para essa classificação? Se possível, no desenvolvimento biológico do sistema nervoso, que assume sua forma de maneira gradativa como tudo o mais que existe, de acordo com o investigador da natureza. A exigência consiste em saber se as duas classes de neurônios podem ter tido significados distintos e, em caso afirmativo, quais os mecanismos que as teriam levado a desenvolver as características tão distintas da permeabilidade e da impermeabilidade. O mais satisfatório seria, evidentemente, que o mecanismo procurado derivasse por conta própria do papel biológico primitivo [das duas classes de neurônios]; ambas as perguntas desapareceriam assim com uma única resposta.

Lembremos que o sistema nervoso possuía inicialmente duas funções: recepcionar os estímulos *externos* e descarregar os estímulos de proveniência *endógena*. Este último compromisso produziu, por intermédio da premência da vida, a pressão pelo desenvolvimento biológico futuro. Podemos então presumir que teriam sido justamente os nossos sistemas φ e ψ que assumiram esse compromisso primário; o sistema φ seria aquele grupo de neurônios que são alcançados pelos estímulos externos, e no sistema ψ estariam contidos os neurônios que recebem as excitações endógenas. Portanto, estes dois, φ e ψ, não seriam uma criação, e sim uma descoberta que fizemos. Resta ainda identificá-los com algo conhecido. Nós conhecemos efetivamente pela anatomia um sistema de neurônios (a matéria cinzenta da medula) que tem conexão apenas com o mundo exterior, e um sistema sobreposto a ele (a matéria cinzenta do encéfalo) que não tem ligação direta com a periferia, ao qual, no entanto, estão agregados o desenvolvimento do sistema nervoso e as funções psíquicas. O encéfalo primário não parece muito distante das características do nosso sistema ψ, se estivermos autorizados a supor que o encéfalo possui vias diretas e independentes de φ rumo ao interior do corpo. Mas, para os anatomistas, a proveniência e o significado biológico do encéfalo são desconhecidos; de acordo com a nossa teoria, ele seria um *gânglio simpático*, para falar de modo direto. Eis aqui a primeira oportunidade para examinar a teoria a partir de uma matéria factual.

Identificaremos por ora o sistema ψ com a matéria cinzenta do encéfalo. A partir das observações biológicas da introdução compreende-se com facilidade que é precisamente ψ que experimenta novos desenvolvimentos, com a ampliação de neurônios e a acumulação de Q, e nota-se também o quanto é oportuno que ψ seja formado por neurônios impermeáveis, pois do contrário ele não poderia cumprir as demandas da ação específica. Mas quais foram afinal os trajetos que levaram ψ a obter a característica de ser impermeável? Se φ também dispõe de barreiras de contato, mesmo que não possuam papel algum, por que ψ teria barreiras de contato? A suposição de diferentes valências para as barreiras de contato de φ e ψ tem o traço indigesto da arbitrariedade, mesmo que um raciocínio darwiniano possa nos advertir de que os neurônios impermeáveis seriam indispensáveis e teriam sobrevivido por essa razão.

Há outra saída que parece mais fértil e menos custosa. Lembremos que as barreiras de contato dos neurônios de ψ também estão submetidas à facilitação e que é justamente a $Q\eta$ que as facilita. Quanto maior a $Q\eta$ no percurso de excitação, maior a facilitação, mas tam-

bém ficam mais próximas as características dos neurônios de φ. Situemos então as diferenças não mais entre os neurônios, e sim entre as quant[idades] com as quais ele lida. Assim, podemos presumir que os neurônios de φ são percorridos por quan[tidades] que não sofrem interferência das resistências das barreiras de contato e que os neurônios de ψ são alcançados somente por quantidades que possuem a mesma magnitude dessas resistências.*
Desse modo, um neurônio de φ passaria a ser impermeável e um neurônio de ψ permeável se pudéssemos inverter sua topologia e suas ligações; no entanto, eles preservam suas características porque têm as suas relações: o neurônio de φ somente com a periferia e o neurônio ψ somente com o interior do corpo. A diferença na essência é substituída pela diferença no meio e no destino.

Mas agora precisamos submeter à prova uma suposição: se seria permitido afirmar que as quantidades de estímulo provenientes da periferia externa são de uma ordem superior às quantidades provenientes da periferia interna do corpo. Existem elementos que depõem em favor disso.

Em primeiro lugar, não há dúvida de que todas as grandes quantidades de energia são provenientes do mundo exterior, pois, de acordo com os conhecimentos da física elas são formadas por poderosas massas que se movimentam com violência e propagam o seu movimento. O sistema φ, que está orientado para o mundo exterior, terá a tarefa de descarregar com a maior rapi-

* Isto é, a magnitude das resistências das barreiras de contato.

dez possível toda Qή que penetrar nos neurônios, mas sempre ficará exposto aos efeitos de uma grande Q.

Até onde sabemos, o sistema ψ não possui ligação com o mundo exterior; por um lado, ele recebe somente a Q dos neurônios de φ e, por outro, dos elementos celulares do interior do corpo. Caberia, a partir deste momento, tornarmos plausível que essas quant[idades] de estímulos sejam de uma magnitude inferior. Talvez nos perturbe, de início, a necessidade de admitir para os neurônios de ψ duas fontes tão distintas de estímulos como φ e as células do interior do corpo; mas, nesse ponto, a histologia do sistema nervoso nos auxilia de maneira suficiente. Ela mostra que as *terminações* do neurônio e as *ligações* do neurônio possuem uma estrutura do mesmo tipo, e que os neurônios têm terminações uns com os outros que são semelhantes às terminações com outros elementos corporais; também é plausível que as terminações nervosas lidem com quantidades similares às quantidades da condução intercelular. Estamos, além disso, autorizados a esperar que os estímulos *endógenos* sejam dotados dessa mesma magnitude *intercelular*. No mais, abre-se aqui um segundo caminho para o exame da teoria.

[V]
O PROBLEMA DA QUANTIDADE

Nada sei a respeito da grandeza absoluta dos estímulos intercelulares, mas sinto-me autorizado a supor que sua magnitude seria inferior, equiparável às resistências das barreiras de contato, algo que se nota com facilidade. Essa suposição resguarda a igualdade essencial dos neurônios φ e ψ e esclarece em termos biológicos e mecânicos as diferenças relacionadas à permeabilidade.

Aqui nos faltam provas, daí o maior o interesse por certas perspectivas e concepções que estão vinculadas à suposição acima. Em primeiro lugar, se tivermos formado uma impressão correta a respeito da grandeza de Q no mundo exterior, surge então a questão de saber se a tendência originária do sistema nervoso para manter a Qή em um [nível =] o não é satisfeita pela descarga rápida — se a Q já não seria ativa quando ocorre a recepção dos estímulos. Não observamos efetivamente os neurônios de φ fazerem terminações livres na periferia, e sim sob formações celulares que recepcionam o estímulo exógeno no lugar deles. O propósito desses "aparelhos de terminações nervosas", na acepção mais abrangente, poderia perfeitamente consistir em impedir a ação irrestrita de Q sobre φ para, em vez disso, abrandá-la. Eles teriam, nesse caso, o significado de anteparos a Q, os quais são atravessados apenas pelos *quocientes* da Q exógena.

Isso seria compatível com o fato de que a outra espécie de terminação nervosa, a terminação *livre*, sem um órgão-meta na periferia do corpo, tem uma clara preferência. Ali não parece existir a necessidade de anteparos a Q, talvez devido ao fato de que a Qή que é recepcionada em tais pontos não demanda a redução ao nível intercelular porque já se encontra nesse nível desde o princípio.

Como existe a possibilidade de calcular a Q recepcionada pelas terminações dos neurônios de φ, talvez encontremos aqui um acesso que nos permita formar uma ideia a respeito das grandezas que percorrem entre os neurônios de ψ, que pertencem à mesma espécie das resistências das barreiras de contato.

Também é possível entrever aqui uma tendência que talvez predomine na estrutura do sistema nervoso, o qual é composto de vários sistemas: afastar cada vez mais a Qἠ em relação aos neurônios. A estrutura do sistema nervoso estaria a serviço do *afastamento* da Qἠ, e sua função estaria a serviço da *descarga* da Qἠ dos neurônios.

[VI]
A DOR

Todo dispositivo de natureza biológica encontra uma barreira para a sua atuação, fora da qual ele deixa de funcionar. Essa falha de funcionamento é expressa por fenômenos que se aproximam do patológico: são, por assim dizer, os protótipos normais em relação ao patológico. Nós encontramos o sistema nervoso orientado para que as grandes Qs externas permaneçam afastadas de φ e mais ainda de ψ, sendo os anteparos das terminações nervosas a única ligação indireta de ψ com o mundo exterior. Existe um fenômeno que possa corresponder ao não funcionamento desse dispositivo? Acredito que seja a *dor*.

Tudo o que sabemos a respeito da dor confirma isso. O sistema nervoso tem a mais firme inclinação para *fugir da dor*. Nessa inclinação vemos a manifestação da tendência primária contra a elevação da tensão da Qή e inferimos que a dor consiste *na irrupção de uma grande Q em direção a ψ*. As duas tendências tornam-se então uma só. A dor coloca tanto o sistema φ quanto o sistema ψ em movimento, para ela não existem impedimentos à condução: ela é o mais imperioso de todos os processos. Ou seja, os neurônios de ψ lhe parecem permeáveis: a dor consiste, portanto, na ação de uma Q de ordem elevada.

A causa precipitadora da dor é, por um lado, uma elevação quantitativa; toda excitação sensível tende para a dor com o incremento do estímulo, mesmo no caso dos órgãos sensoriais superiores. Devemos compreender isso simplesmente como uma falha de funcionamento. Por outro lado, também há dor quando as quantidades externas são muito pequenas, algo que em geral está ligado ao rompimento da continuidade, ou seja: a Q exterior, que atua diretamente sobre as terminações dos neurônios de φ e não por intermédio dos aparelhos de terminações nervosas, produz dor. A dor caracteriza-se, dessa maneira, pela irrupção de uma Q de grandeza excessiva em direção a φ e ψ, ou seja, uma Q cuja ordem é superior à ordem dos estímulos em ψ.

É simples compreender o fato de que a dor passa por todas as vias de descarga. De acordo com a nossa teoria, segundo a qual Q forma facilitações, a dor sem dúvida deixa facilitações permanentes, como se houvesse a queda de um raio — facilitações que provavelmente suspendem por completo a resistência das barreiras de contato, estabelecendo ali uma via de condução semelhante à via que está presente em φ.

[VII]
O PROBLEMA DA QUALIDADE

Existe algo que não foi dito até o presente momento — a saber, que toda teoria psicológica deve cumprir uma exigência importante que se encontra fora do campo das produções nas ciências naturais: ela nos deve esclarecer aquilo que conhecemos de modo muito enigmático por intermédio de nossa "consciência" e, considerando que essa consciência nada sabe a respeito das suposições apresentadas — quant[idades] e neurônios —, ela deve igualmente nos esclarecer esse não saber.

De imediato, torna-se clara para nós uma premissa que nos conduziu até este momento. Nós abordamos os processos psíquicos como algo que pudesse se esquivar desse conhecimento intermediado pela consciência, como algo que existisse independentemente dele. Estamos preparados para descobrir que algumas das nossas suposições não são confirmadas pela consciência. Se não nos deixarmos conduzir aqui ao equívoco, é isso que nos oferece a premissa segundo a qual a consciência não fornece um conhecimento nem completo nem confiável dos processos neuronais; em princípio, eles devem ser considerados inconscientes em toda a sua extensão e devem ser obtidos por meio de inferências, a exemplo de outras coisas na natureza.

Porém, nesse caso também é necessário alinhar o conteúdo da consciência com os processos quantitativos de ψ. A consciência nos fornece aquilo que denominamos *qualidades* — sensações de vasta multiplicidade que são *diferentes* e cujas *diferenças* variam a depender da relação com o mundo exterior. Nessa diferença existem séries, semelhanças etc., mas não existem efetivamente *quantidades*. Podemos nos perguntar: *como* surgem as qualidades e *onde* surgem as qualidades? Essas questões exigem a mais apurada investigação, e só poderemos abordá-las aqui de maneira aproximada.

Onde surgem as qualidades? Não surgem no mundo exterior, pois, de acordo com a nossa concepção científico-naturalista (à qual, no presente caso, a psicologia também deve estar submetida), no exterior existem somente massas em movimento e nada mais. Seria no sistema φ? Isso corrobora o fato de que as qualidades estão ligadas à percepção, porém contradiz tudo o que possa validar a localização da consciência nos estágios *superiores* do sistema nervoso. Seria, por consequência, no sistema ψ. Mas cabe aqui uma objeção importante. Na percepção, os sistemas φ e ψ exercem atividades de modo conjunto; existe um processo psíquico que certamente se realiza de forma exclusiva em ψ: o reproduzir ou rememorar, que é, em termos abrangentes, *desprovido de qualidade*. A rememoração não produz *de norma** nada que

---

* Em latim no original.

possua o gênero específico da qualidade da percepção. Teremos nesse caso a ousadia de supor que existiria um terceiro sistema de neurônios — talvez o sistema ω, que é excitado conjuntamente com a percepção, mas não com a reprodução, cujos estados de excitação geram as diferentes qualidades, e portanto são *sensações conscientes*.

Se sustentarmos que a nossa consciência apenas fornece *qualidades* (sendo que a ciência da natureza apenas reconhece *quantidades*), obtemos a seguir uma caracterização dos neurônios de ω por uma espécie de regra de três: pois se cabe à ciência a tarefa de remeter o conjunto de nossas *qualidades* sensíveis a *quant[idades]* exteriores, seria o caso de esperarmos que a estrutura do sistema nervoso fosse constituída por dispositivos destinados a transformar as *quant[idades]* externas em *qualidades*, o que representa um novo triunfo da tendência originária ao afastamento da quantidade. Os aparelhos das terminações nervosas funcionavam como um anteparo que permitia somente a passagem de quocientes da quant[idade] exterior para que agissem sobre φ, enquanto φ providenciava, de modo simultâneo, a descarga massiva de quantidade. O sistema ψ já era protegido contra quant[idades] de ordem superior e lidava apenas com grandezas intercelulares. Nesta sequência, devemos presumir que o sistema ω é posto em movimento por quant[idades] ainda menores. Suspeitamos que a característica da qualidade (ou seja, a sensação consciente) apareça apenas ali onde a quant[idade] tenha sido desativada na medida do possível. Ela nunca é eliminada por completo, pois também devemos conceber os neurônios ω como investidos e orientados para a descarga.

Surge aqui uma dificuldade que aparenta grandes proporções. Vimos que a permeabilidade depende da ação exercida pela Qή e que os neurônios ψ já são impermeáveis. No caso de uma Qή ainda menor, os neurônios de ω deveriam ser mais impermeáveis ainda. Acontece que não podemos atribuir essa característica aos veículos da consciência. A mudança de conteúdo, a fugacidade da consciência, a ligação simples entre qualidades que são percebidas de modo simultâneo são compatíveis somente com a permeabilidade integral dos neurônios de ω e a sua completa *restitutio in integrum*. Os neurônios de ω comportam-se como órgãos de percepção, e além disso não saberíamos como lidar com uma memória sua. Temos assim a permeabilidade e a facilitação integral que não deriva da quant[idade]: de onde então ela viria?

Parece-me que a única saída seria uma retificação da suposição elementar relacionada ao percurso da Qή. Até este momento eu havia considerado esse percurso apenas como a transferência da Qή de um neurônio para outro. Mas é necessário que ele ainda possua outra característica cuja natureza é temporal, pois a mecânica dos físicos também atribuiu essa característica aos outros movimentos de massa do mundo exterior. Direi simplesmente o seu nome: o *período*. Com isso desejo supor que toda resistência das barreiras de contato vale apenas para a transferência de Q, porém que o *período* do movimento neuronal se propaga em todas as direções sem impedimentos, como se fosse um processo indutivo.

Há muita coisa a ser esclarecida em termos físicos, pois mesmo aqui as leis gerais do movimento devem ser validadas sem qualquer contradição. A suposição segue adiante ao afirmar que os neurônios de ω são incapazes de recepcionar a Qή, apropriando-se em contrapartida do *período* da excitação, e que esse seu estado de afecção, provocado pelo período quando há um ínfimo preenchimento de Qή, representa o fundamento da consciência. Os neurônios de ψ evidentemente também possuem o seu período, porém este é um período desprovido de qualidade, ou melhor: *monótono*. Desvios em relação a esse período psíquico específico aparecem como qualidades para a consciência.

De onde emanam as diferenças entre os *períodos*? Tudo aponta na direção dos órgãos sensoriais, cujas qualidades devem ser representadas pelos diferentes períodos do movimento neuronal. Os órgãos sensoriais não atuam apenas como anteparos a Q, a exemplo de todos os aparelhos de terminações nervosas, mas também funcionam como *peneiras*, uma vez que permitem somente a passagem dos estímulos de certos processos que têm um período determinado. Na sequência eles provavelmente transferem para φ essa diferença ao comunicarem ao movimento neuronal algum período com diferença análoga (energia específica), e são estas as modificações que prosseguem através de φ e ψ em direção a ω, onde eles praticamente não possuem quantidade e geram a sensação consciente das qualidades. Essa propagação da qualidade não se sustenta no tempo: ela não deixa traços, não é passível de reprodução.

[VIII]
A CONSCIÊNCIA

Foi apenas por intermédio dessas suposições intrincadas e de difícil apreensão que encontrei as condições para incorporar os fenômenos da consciência à estrutura da psicologia quantitativa. Não cabe, naturalmente, esclarecer como os processos de excitação acarretam a consciência nos neurônios de ω. Cabe apenas estabelecer a correspondência entre as propriedades da consciência e os processos transitórios paralelos nos neurônios de ω. A aproximação torna-se assim menos deficiente.

Uma palavra acerca da relação entre esta e outras teorias sobre a consciência: de acordo com uma teoria mecanicista consolidada, a consciência é um mero apêndice aos processos fisiológico-psíquicos, e sua retirada não implicaria em qualquer alteração para o percurso psíquico. De acordo com outra doutrina, a consciência representa a face subjetiva de todo o suceder psíquico e portanto não poderia ser separada do processo anímico fisiológico. A doutrina que aqui elaboramos situa-se entre ambas. A consciência representa nesse caso a face subjetiva dos processos físicos no sistema nervoso — a saber, dos processos em ω —, e a retirada da consciência não deixaria inalterado o suceder psíquico, pois isso implicaria na retirada da contribuição proveniente de ω.

A representação da consciência por intermédio dos neurônios de ω acarreta diversas consequências. Esses neurônios necessitam de uma descarga, por menor que seja, e deve existir uma via para que os neurônios de ω sejam preenchidos pela mínima fração requerida de Qη̇. Essa descarga, a exemplo de todas as outras, toma a direção da motilidade; seria necessário observar ainda que a conversão motora evidentemente implica na perda da característica da qualidade e do traço singular do período. O preenchimento dos neurônios de ω poderia partir exclusivamente de ψ, uma vez que preferimos recusar para esse terceiro sistema qualquer ligação direta com φ. Não é possível determinar qual seria o valor biológico original dos neurônios de ω.

Porém, a nossa descrição do conteúdo da consciência foi incompleta; além das séries das qualidades sensíveis, pertence a ele outra série muito diferente destas: a série das sensações de *prazer* e *desprazer*, que agora requer uma interpretação. Se considerarmos que a tendência da vida psíquica para *evitar o desprazer* nos é bastante conhecida, somos levados a identificá-la com a tendência primária à inércia. O desprazer seria correspondente, nesse caso, à elevação do nível de Qη̇ ou ao crescimento da pressão quantitativa — ele seria a sensação em ω que acompanha o crescimento da Qη̇ em ψ. O prazer seria a sensação da descarga. Do fato de que ω deve ser preenchido a partir de ψ derivaria a suposição de que o nível elevado de ψ implica no crescimento do investimento em ω, e que o nível rebaixado de ψ implica, em contrapartida, na redução do investimento. Prazer e desprazer seriam as sensações do próprio investimento, do próprio nível em ω; em certo sentido, ω e ψ representam aqui vasos comunicantes. E, dessa maneira, os processos quant[itativos] em ψ alcançariam a consciência, mais uma vez, sob a forma de qualidades.

Com as sensações de prazer e desprazer entra em declínio a aptidão para a percepção das qualidades, que está situada, por assim dizer, na zona de indiferença entre prazer e desprazer. Uma tradução para isso seria: quando há [determinada intensidade de] investimento, os neurônios de ω apresentam um *optimum* para a recepção do *período* do movimento neuronal, gerando desprazer com um investimento mais intenso e prazer com um investimento mais fraco, até que a capacidade de recepção desapareça em razão da carência de investimento. Haveria a necessidade de construir, com base nesses dados, a forma correspondente do movimento.

[IX]
O FUNCIONAMENTO DO APARELHO*

Agora podemos montar o seguinte quadro a respeito do desempenho do aparelho composto de φψω.

As grandezas das excitações penetram as terminações do sistema φ a partir do exterior, deparam-se primeiro com os aparelhos de terminações nerv[osas] e são fracionadas por estes em quocientes que provavelmente possuem uma ordem de grandeza superior à grandeza dos

---

* Consta no manuscrito a indicação de que aqui teria início a segunda parte do texto, indicada pelas palavras *Zweiter Theil*. A mesma indicação reaparece entretanto mais adiante na parte seguinte do trabalho, dedicada à "psicopatologia". Cabe notar que a segunda parte do texto é a única que de fato foi indicada por Freud: a primeira e a terceira parte foram depois designadas pelos editores alemães.

estímulos intercelulares (ou seriam da mesma grandeza?). Aqui encontra-se o primeiro limiar; abaixo de determinada quantidade, um quociente eficaz simplesmente não obtém resultado, o que em certa medida restringe a capacidade de atuação dos *estímulos* às quant[idades] *intermediárias*. Além disso, as coberturas das term[inações] nerv[osas] atuam por sua própria natureza como uma peneira, impedindo que estímulos de toda espécie atuem sobre cada uma das terminações. Os estímulos que de fato alcançam os neurônios de ψ possuem uma quantidade e um caráter quantitativo: eles formam no mundo exterior uma série que tem a mesma qualidade e uma quantidade crescente, desde o limiar até a fronteira da dor.

Enquanto no mundo exterior os *processos* configuram um *continuum* que avança em duas direções — segundo a quantidade e o período (qualidade) —, os estímulos que correspondem a esses processos são primeiramente reduzidos, no que concerne à quantidade, e em seguida restritos a uma faixa; eles são descontínuos no que concerne à qualidade, o que impede que determinados períodos atuem como estímulos (Fig. 1).

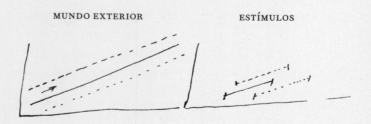

Fig. 1

O caráter qualitativo dos estímulos avança sem impedimento por φ em direção a ψ até ω, onde ele gera a sensação; ele é representado por um período específico do movimento neuronal que sem dúvida não é o mesmo período do estímulo, mas mantém com este certa relação de acordo com uma fórmula de redução que não conhecemos. Esse período não se sustenta por muito tempo e desaparece na direção motora; e como a sua passagem é permitida ele não deixa atrás de si nenhuma memória.

A quantidade do estímulo em φ excita a tendência do sistema nervoso para a descarga ao transformar-se em uma excitação motora proporcional. O aparelho motor está diretamente ligado a φ, e as quantidades que são transpostas dessa maneira lhe proporcionam uma capacidade muito mais elevada em termos quantitativos porque penetram nos músculos, nas glândulas etc., ou seja: porque atuam como uma *liberação*, enquanto entre os neurônios ocorre apenas a *transferência*.

Nos neurônios de φ estão as terminações dos neurônios de ψ, para os quais é transferida uma parcela da Qή — mas somente uma parcela, ou quem sabe um quociente — que corresponde a uma grandeza intercelular do estímulo. Cabe aqui perguntarmos se a Qή que foi transferida para ψ não cresce de maneira proporcional à corrente de Q em ψ, fazendo com que um estímulo maior provoque um efeito psíquico mais forte. Aqui parece estar presente um dispositivo específico que novamente afasta Q em relação a ψ. Na verdade, a condução sensível de ψ possui uma estrutura singular: ela se ramifica de modo contínuo e apresenta vias mais espessas e mais estreitas que desembocam em inúmeras terminações cuja importância talvez se deva a isto: um estímulo forte e um estímulo fraco passam por trajetos diferentes (Fig. 2). Por exemplo, $1(Q\dot{\eta})$ atravessa o trajeto I e transfere para ψ um quociente no ponto terminal α. $2(Q\dot{\eta})$ não transferem o dobro do quociente e podem, em vez disso, atravessar o trajeto II, que é mais estreito, e abrir um segundo ponto terminal [β] em direção a ψ. $3Q\dot{\eta}$ abrem a via mais estreita III e também realizam a transferência por γ. Desse modo, ficam desafogadas cada uma das vias de φ. A elevação da quantidade em φ se expressa pelo fato de que ela investe diversos neurônios em ψ, e não apenas um único. Isso permite que os investimentos de cada um dos neurônios de ψ seja aproximadamente o mesmo. Se $1Q\dot{\eta}$ em φ produz um investimento em ψ, a expressão para $3Q\dot{\eta}$ seria o investimento em $\psi_1 + \psi_2 + \psi_3$: ou seja, a expressão para a *quantidade* em φ é a *complicação* em ψ. Por esse meio a Q permanece isolada de ψ, ao menos até determinado limite — algo que lembra muito as condições presentes na Lei de Fechner, que receberia assim uma localização.*

---

* De acordo com a Lei de Fechner, a relação entre as variações da intensidade de um estímulo e a sensação subjetiva provocada por ele é proporcional e corresponde ao logaritmo da intensidade desse estímulo. A percepção de um som, por exemplo, seria proporcional ao logaritmo da intensidade aferida por um instrumento externo que realiza essa medida.

PROJETO DE UMA PSICOLOGIA I

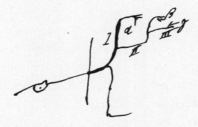

Fig. 2

Dessa maneira, ψ é investido a partir de φ por uma Q cuja dimensão é geralmente pequena. A quantidade da excitação em φ se expressa em ψ por meio da complicação, a qualidade por meio da *topologia*, uma vez que, em termos anatômicos, cada órgão sensorial isolado só mantém relações com determinados neurônios de ψ por intermédio de φ. No entanto, ψ continua a ter investimentos provenientes do interior do corpo, e conviria bem repartir os neurônios de ψ em dois grupos: os neurônios do *manto*, investidos a partir de φ, e os neurônios do *núcleo*, investidos a partir das conduções endógenas.

[X]
AS CONDUÇÕES ψ

O núcleo de ψ possui ligação com aquelas vias nas quais ocorre uma elevação das quantidades endógenas de excitação. Devemos preservar nossa suposição original de um trajeto que partiria diretamente do interior do corpo até os neurônios de ψ, sem contudo excluir as ligações dessas vias com φ. Mas, por esse lado, ψ permanece exposto a Q sem qualquer proteção, e nisso consiste a *mola propulsora* do mecanismo psíquico.

Nosso conhecimento a respeito dos estímulos *endógenos* é traduzido pela suposição de que eles têm uma natureza intercelular, emergem de uma forma contínua e transformam-se em estímulos psíquicos apenas de um modo periódico. A ideia de uma acumulação é incontornável, e a intermitência dos efeitos psíquicos nos autoriza exclusivamente a pensar que em sua via de condução rumo a ψ eles se deparam com resistências que só podem ser superadas se houver o crescimento da quantidade. Ou seja, são conduções com uma segmentação diversificada e várias barreiras de contato interpoladas até o núcleo de ψ. Porém, acima de determinada Q elas atuam de maneira constante como estímulos, e cada elevação de Q será percebida como uma elevação do estímulo de ψ. Existe, portanto, um estado no qual a condução tornou-se permeável. A experiência ensina ainda que, após a descarga do estímulo de ψ, a condução retoma novamente a sua resistência.

Esse processo recebe o nome de *somação*. As conduções ψ são preenchidas por meio da somação até que se tornem permeáveis. Fica evidente que é a dimensão reduzida do estímulo isolado que permite a somação. No caso das conduções de φ, como por exemplo as conduções da dor, também fica comprovada a somação: ali ela se aplica somente a quantidades pequenas. O papel restrito da somação em φ indica que na verdade encontra-se ali uma Q maior. As Qs pequenas, ao que parece, são afastadas pelo limiar estabelecido pelos aparelhos das terminações nervosas, enquanto no domínio de ψ tais aparelhos não estão presentes e apenas as Qἠ muito pequenas atuam.

É notável a capacidade dos neurônios de condução de ψ para combinar os traços da permeabilidade e da impermeabilidade, retomando de forma quase integral sua resistência a despeito da passagem de Qἠ. Isso contradiz frontalmente uma propriedade que supusemos existir nos neurônios ψ: a saber, que eles seriam facilitados de modo permanente pela corrente de Qἠ. Como explicar essa contradição?

Ela é explicada pela suposição de que o restabelecimento da resistência após o cessar da corrente é uma propriedade geral das barreiras de contato. Isso a concilia de uma maneira simples com a influência exercida sobre os neurônios a propósito da facilitação. Basta supor que a facilitação que ainda resta após o percurso de Q não consiste na suspensão daquela resistência, mas sim no seu rebaixamento até um patamar mínimo necessário. A resistência é suspensa durante o percurso de Q; em seguida, ela se restabelece, porém até um grau determinado que varia de acordo com a Q percorrida, de modo a permitir que na oportunidade seguinte uma Q ainda menor possa realizar a passagem etc. Se ocorre a mais completa facilitação, então para todas as barreiras de contato haverá uma resistência que requer ainda a elevação de Q até determinado limiar para que ela obtenha passagem. Essa resistência representaria uma constante. O fato de que a Qἠ endógena atua por somação significa apenas que essa Qἠ é composta de grandezas ínfimas de excitação que são inferiores à constante. Por isso a condução endógena é, apesar de tudo, inteiramente facilitada.

Disso se segue, porém, que as barreiras de contato de ψ serão em geral mais elevadas do que as barreiras de condução, o que pode resultar em um novo armazenamento de Qή nos neurônios do núcleo. Uma vez equiparado às vias de condução, esse armazenamento não encontra mais nenhum limite. Nesse caso, ψ fica sujeito a Q, e surge assim, no interior do sistema, o impulso que sustenta toda atividade psíquica. Nós conhecemos esse poder como a *vontade*, um derivado dos *instintos*.

[XI]
A VIVÊNCIA DE SATISFAÇÃO

O preenchimento dos neurônios do núcleo em ψ acarreta uma *pressão* que é esvaziada pela via motora. Trata-se, de acordo com a experiência, da via para a *modificação interna* (expressão das emoções, grito, inervação vascular), que será percorrida em primeiro lugar. Porém essa descarga, como expusemos no início, não produz uma atenuação, pois a recepção dos estímulos endógenos perdura e restabelece a tensão em ψ; a suspensão do estímulo só é possível em tais casos com uma intervenção que ultrapassa provisoriamente a liberação da Qή no interior do corpo, e essa intervenção demanda uma mudança no mundo exterior (ingestão de alimento, aproximação do objeto sexual) que terá êxito apenas por trajetos determinados, sob a forma de uma ação específica. De início, o organismo humano é incapaz de conduzir uma ação específica. Ela é realizada com um *amparo exterior*, quando um indivíduo que já possui experiência é advertido a respeito do estado da criança por intermédio da descarga pela via da modificação interna. Essa via de descarga adquire assim a valiosa função secundária da *compreensão*, e o desamparo inicial do ser humano representa a *fonte originária* de todos os *motivos morais*.

Depois que o indivíduo que oferece amparo realiza no mundo exterior o trabalho da ação específica em favor do indivíduo desamparado, este último adquire condições para executar sem dificuldade a atividade necessária para suspender o estímulo no interior do seu corpo. Todo esse conjunto representa portanto uma *vivência de satisfação* que traz as mais sérias consequências para o desenvolvimento funcional do indivíduo. Acontecem no sistema ψ três coisas diferentes: 1) Produz-se uma descarga permanente que tem como resultado o fim da pressão que gerava desprazer em ω; 2) surge no manto o investimento de um neurônio (ou de vários) que corresponde à percepção de um objeto; 3) a informação acerca do desencadeamento do movimento reflexo que sucede à ação específica alcança outros pontos do manto. Entre esses investimentos e os neurônios do núcleo forma-se então uma facilitação.

As informações relacionadas à descarga reflexa surgem porque os efeitos indiretos de cada um desses movimentos proporcionam novas excitações sensíveis (da pele e dos músculos) que engendram uma *imagem de movimento* em ψ. O modo de construção da facilitação permite uma compreensão mais profunda do desenvolvimento de ψ. Nós conhecíamos até aqui a influência que φ e as conduções endógenas exerciam sobre os neurônios de ψ; porém cada um dos neurônios de ψ apartava-se dos outros por meio de barreiras de contato dotadas de forte resistência. Existe, no entanto, uma lei fundamental da *associação por simultaneidade*, presente na atividade pura de ψ, a reprodução da memória, que é o fundamento de todas as ligações entre os neurônios de ψ. Sabemos que a consciência — isto é, o investimento quantitativo de um neurônio α — é transposta para um segundo neurônio β caso α e β tenham sido investidos simultaneamente a partir de φ (ou de alguma outra parte). Portanto, uma barreira de contato é facilitada por um investimento simultâneo α-β. Disso se segue, nos termos da nossa teoria, que uma maior quantidade pode ser transposta com mais facilidade para um neurônio investido do que para um neurônio desinvestido. O investimento do segundo neurônio trabalha, assim, como o investimento mais intenso do primeiro. *Novamente o investimento aparece aqui como o equivalente de uma facilitação do percurso da quantidade.*

E assim ficamos conhecendo um segundo fator importante para a direção do percurso da Qή. Uma Qή em um neurônio irá avançá-la tanto na direção da barreira mais facilitada como na direção da barreira mais investida pelo lado oposto. Esses dois fatores podem atuar em colaboração ou eventualmente atuar um contra o outro.

Da vivência de satisfação surge portanto uma facilitação entre duas imagens da memória e os neurônios do núcleo que são investidos no estado de pressão. Com a descarga da satisfação, a quantidade também percorre a partir das imagens da memória. E, com a reaparição do estado de *pressão* ou de *desejo*, o investimento também é transposto para as duas imagens da memória e as anima. A imagem da memória do objeto provavelmente é a primeira a ser alcançada pela *animação do desejo*.

Não duvido que o primeiro resultado dessa animação do desejo venha a ser o mesmo da percepção, ou seja: uma *alucinação*. Se for introduzida aqui a ação reflexa, não haverá nenhum engano a esse respeito.

[XII]
A VIVÊNCIA DE DOR

ψ permanece exposto de um modo normal à Q proveniente das conduções endógenas e de um modo que se aproxima do patológico nos casos em que uma Q extremamente elevada rompe os dispositivos de anteparo em φ, ou seja: nos casos de *dor*. A dor gera em ψ 1) uma forte elevação de nível que é sentida em ω como desprazer; 2) uma propensão à descarga que pode ser manobrada em direções determinadas; 3) uma facilitação entre a propensão à descarga e a imagem da memória do objeto que excitou a dor. Além disso, não há dúvida de que a dor possui uma qualidade particular que se faz presente ao lado do desprazer.

Se a imagem da memória do objeto (hostil) for de alguma maneira reinvestida por uma nova percepção, produz-se então um estado que, apesar das semelhanças, não é o estado da dor. Nele estão contidos o *desprazer* e a propensão à descarga que correspondem à vivência da dor. Como o desprazer significa uma elevação de nível, cabe perguntar qual é a proveniência dessa $Q\dot\eta$. Na vivência da dor propriamente dita era a irrupção da Q externa que elevava o nível em ψ. Na reprodução da vivência — *no afeto* — houve somente o acréscimo da Q que investe a memória; e fica claro que a reprodução, cuja natureza é a mesma de toda e qualquer percepção, não pode provocar uma elevação generalizada da $Q\dot\eta$.

Resta portanto uma única suposição: com o investimento das memórias, o desprazer é liberado no interior do corpo e transmitido mais uma vez. Só seria possível conceber o mecanismo dessa liberação nos seguintes termos: assim como existem neurônios motores, que conduzem a $Q\dot\eta$ para os músculos a partir de um preenchimento determinado, realizando assim a descarga, também devem existir os neurônios "secretores", os quais, uma vez excitados, fazem surgir no interior do corpo algo que atua como um estímulo para as conduções endógenas do corpo em direção a ψ, influenciando a produção de $Q\dot\eta$ endógena; trata-se, portanto, de algo que encaminha a $Q\dot\eta$ para vias divergentes em vez de descarregá-la. Daremos a esses neurônios secretores* o nome de "neurônios-chave". Fica bastante claro que eles são excitados apenas quando determinado nível em ψ é atingido. [A imagem da] me[mória] do objeto hostil preservou, por intermédio da vivência de dor, uma via muito

---

* "Secretores": no manuscrito consta a palavra *motorisch* ("motores"). Os editores alemães atribuem a troca a um lapso de escrita.

favorável para esses neurônios-chave, graças à qual essa imagem agora é liberada como o afeto do desprazer.

Essa suposição incômoda, porém indispensável, é reforçada pela maneira como se comporta a liberação que possui um caráter sexual. Ao mesmo tempo, acaba por impor-se a pressuposição de que nesses e em outros casos os estímulos endógenos consistiriam em produtos químicos cujo número pode ser alto. Considerando que a liberação do desprazer pode ser muito elevada quando há um investimento irrisório da [imagem] hostil da me[mória], é possível inferir que a dor deixa facilitações bastante numerosas atrás de si. Podemos suspeitar que a facilitação depende inteiramente da $Q\dot\eta$ que foi alcançada, de tal maneira que o efeito da facilitação de $3Q\dot\eta$ poderia ser muito superior ao efeito de $3 \times Q\dot\eta$.

[XIII]
AFETOS E ESTADOS DE DESEJO

Os afetos e os estados de desejo são os resíduos das duas espécies de vivências abordadas. Elas compartilham entre si o fato de que ambas contêm uma elevação da tensão da $Q\dot\eta$ em ψ. No caso do *afeto*, essa elevação é provocada por uma liberação súbita, e no caso do *desejo*, pela somação. Os dois estados têm extrema importância para o percurso [da quantidade] em ψ porque geram para esse percurso motivos que têm uma natureza impositiva. O estado de desejo é imediatamente seguido por uma *atração* pelo objeto desejado, ou melhor, pela sua imagem da memória; a vivência de dor resulta em uma repulsão, uma aversão à manutenção do investimento na imagem hostil da memória. Aqui estamos diante da *atração* primária *do desejo* e da *defesa* primária.

Podemos explicar facilmente a atração do desejo pela suposição de que nesse estado de querer o investimento da im[agem] amistosa da me[mória] supera amplamente a Qη do investimento gerado por uma simples percepção, fazendo com que uma facilitação muito favorável conduza do núcleo de ψ até o neurônio correspondente no manto.

É mais difícil explicar *a defesa* primária ou a *repressão*, o fato de que uma imagem hostil da memória é com frequência abandonada pelo investimento tão logo isso seja possível. Mas a explicação talvez esteja presente no fato de que as vivências primárias de dor fossem encerradas pela defesa reflexa. A aparição de outro objeto no lugar do objeto hostil sinalizava que a vivência de dor havia cessado, e o sistema ψ, *biologicamente* instruído, tenta reproduzir em ψ o estado que designa a cessação da dor. Introduzimos com a expressão *biologicamente instruído* uma nova base de explicação que deve possuir um valor autônomo, embora ela não exclua uma remissão a princípios mecânicos (fatores quantitativos) e, pelo contrário, imponha essa exigência: no caso presente ela poderia perfeitamente ser a elevação da Qη que acompanha cada um dos investimentos das im[agens] h[ostis] da me[mória], as quais pressionam por um aumento da descarga e, como consequência, também pelo escoamento das memórias.

[XIV]
INTRODUÇÃO DO "EU"

Com a suposição da *"atração do desejo"* e da inclinação à *repressão* passamos efetivamente a abordar um estado de ψ que não havia sido discutido até agora; pois ambos os processos assinalam que se formou em ψ uma organização cuja existência perturba os percursos da quantidade que transcorreram pela primeira vez de um modo determinado [isto é, acompanhados por satisfação ou dor]. Essa organização, denominada o "Eu", pode ser retratada com facilidade se considerarmos que a recepção regular e repetida da Qὴ endógena em determinados neurônios (do núcleo) e o efeito de facilitação ali iniciado têm como resultado um grupo de neurônios que está constantemente investido e, portanto, corresponde ao *veículo de armazenamento* requerido pela função secundária. O Eu deve, assim, ser definido como a totalidade dos investimentos em ψ num dado momento, dos quais uma parcela permanente se distingue de uma parcela variável. Nota-se sem esforço que as facilitações entre os neurônios de ψ pertencem ao Eu como possibilidades para a indicação, num momento posterior, de sua expansão para o Eu modificado.

Enquanto o propósito desse Eu deve necessariamente ser a emissão dos seus investimentos pela via da satisfação, não é possível que isso venha a acontecer de outro modo exceto pela influência exercida sobre a repetição de afetos e vivências de dor, mais precisamente pela via conhecida como via da *inibição*.

Uma Qή que irrompe em um neurônio a partir de um ponto qualquer irá avançar rumo à barreira de contato que possui a maior facilitação e desencadeará uma corrente orientada para aquela direção. Em termos mais exatos, a corrente de Qή irá repartir-se para diversas barreiras de contato numa proporção inversa à resistência, e ali onde uma barreira de contato for atingida por um quociente inferior à sua resistência praticamente nada irá seguir adiante. Essa proporção pode alterar-se com facilidade para cada Qή em um neurônio, pois também são produzidos quocientes que ultrapassam o limiar de outras barreiras de contato. Portanto, o percurso é independente da Qή e da proporção das facilitações. Contudo, já tomamos conhecimento de um terceiro fator decisivo. Se um neurônio adjacente estiver investido simultaneamente, isso passa a agir como uma facilitação temporária das barreiras de contato entre eles e modifica o percurso que, do contrário, teria sido orientado para aquela barreira de contato facilitada. *Um investimento lateral* representa, portanto, *uma inibição para o percurso da Qή*. Pensemos o Eu como uma rede de neurônios investidos e bastante facilitados entre si, mais ou menos da seguinte maneira (Fig. 3): uma Qή que penetra a partir do exterior (φ) seguiria em direção a um neurônio b caso não sofresse nenhuma influência, porém sob a influência do investimento lateral $a - \alpha$ ela apenas emite um quociente em direção a um neurônio b e talvez nem sequer o alcance. Ou seja: caso um Eu exista, ele deve *inibir* processos psíquicos primários.

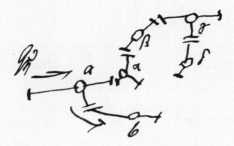

Fig. 3

Essa inibição, porém, traz uma vantagem decisiva para ψ. Se supusermos que *a* seja uma im[agem] hostil da me[mória] e *b* um neurônio-chave para o desprazer, então no momento em que *a* for despertado ocorre em primeiro lugar uma liberação de desprazer que talvez não possua finalidade alguma, e mesmo assim é efetuada de modo integral. Com o efeito inibidor de α, a liberação de desprazer será ínfima e o sistema nervoso será poupado do desenvolvimento e da descarga de Q sem maiores danos. Podemos conceber sem grande esforço que, auxiliado por um mecanismo que orienta a *atenção* do Eu para o novo investimento iminente da imagem hostil da memória, ele se torne capaz de inibir o percurso [quantitativo] da rememoração que conduz à liberação de desprazer por intermédio de um investimento lateral abrangente, o qual pode ser reforçado caso necessário. Na verdade, com a suposição de que a liberação inicial de desprazer (Qή) seria recebida pelo próprio Eu, nós já teremos encontrado a fonte do dispêndio que o investimento lateral inibidor exige do Eu. A defesa primária terá mais força quanto mais forte for o desprazer.

[XV]
PROCESSO PRIMÁRIO E PROCESSO SECUNDÁRIO EM Ψ

Dos desenvolvimentos precedentes se segue que o Eu em ψ — o qual podemos abordar como a totalidade do sistema n[er]voso, naquilo que concerne às suas tendências — enfrenta danos e desamparo por duas vezes nos processos que não sofrem influências em ψ: primeiro quando a memória do objeto é outra vez investida no *estado de desejo* e mais adiante quando ele dá curso à descarga, na qual a satisfação obrigatoriamente não acontece porque o objeto não é *real* e existe apenas uma *representação* da fantasia. De início ψ não reúne condições para estabelecer essa distinção, por ser capaz de trabalhar apenas com base na sucessão de estados análogos entre os seus neurônios. É necessário, portanto, buscar em alguma parte pelo critério que distingue a *percepção* da *representação*.

Por outro lado, ψ necessita de um signo para orientar a atenção para a imagem hostil da memória e prevenir a decorrente liberação de desprazer por intermédio do investimento lateral. Caso ψ consiga acionar essa inibição no tempo devido, a liberação do desprazer e, por consequência, também a defesa serão ínfimas; em outros casos há um desprazer enorme e uma defesa primária excessiva.

Tanto o investimento de desejo como a liberação de desprazer decorrente do novo investimento dessa memória podem ser danosos em termos biológicos. O investimento de desejo é danoso sempre que ultrapassa certa medida, instigando por consequência a descarga; a liberação de desprazer é danosa ao menos naquelas vezes em que o investimento da imagem hostil da memória não procede do mundo exterior, e sim do próprio ψ (por associação). Aqui também está em questão um signo que diferencie P [Percepção] e M[emória] (representação).

Provavelmente são os neurônios de ω que fornecem esse signo, *o signo de realidade*. A cada percepção exterior surge em ω uma excitação qualitativa que, entretanto, não possui de início significado algum para ψ. É necessário acrescentar ainda que a excitação de ω conduz a uma descarga de ω e [que] ψ recebe uma informação sobre esta e sobre qualquer outra descarga. *Portanto, a informação sobre a descarga proveniente de ω é o signo de qualidade ou realidade para ω.*

Se o objeto de desejo estiver fortemente investido, a ponto de ser vivido como uma alucinação, também irá se seguir o mesmo signo de descarga ou de realidade que acompanha a percepção externa. O critério não comprova o seu valor nesse caso. Porém, se o investimento de desejo ocorre sob *inibição*, como é possível com o Eu investido, nós podemos imaginar um caso quantitativo em que o investimento de objeto, por não dispor de intensidade suficiente, não oferece um *signo de qualidade*, enquanto a percepção externa viria a oferecê-lo. Neste caso o critério comprova o seu valor. A diferença está no fato de que o *signo de qualidade* que provém do exterior surge com qualquer intensidade e aquele que provém de ψ aparece somente com as grandes intensidades. É a *inibição promovida pelo Eu*,* portanto, que estabelece o critério para a distinção entre percepção e memória. A experiência biológica posteriormente ensina a não iniciar a descarga antes que se encontre o *signo de realidade* e, com esse objetivo, não conduzir o investimento da im[agem] desejada da me[mória] para além de certa medida.

Por outro lado, a excitação dos neurônios de ω pode igualmente servir para a proteção do sistema ψ no segundo caso, ou seja: orientando a atenção de ψ para a presença ou ausência de uma percepção. Para essa finalidade é necessário supor que os neurônios de ω mantêm desde a origem uma ligação anatômica com a condução de cada um dos órgãos sensoriais e reorientam sua descarga para os aparelhos motores que pertencem a estes mesmos órgãos sensoriais. Esta última informação de descarga (a informação da atenção reflexa) será, em termos biológicos, um sinal para que ψ envie uma quantidade de investimento naquela mesma direção.

Ou seja: com a inibição pelo Eu investido, os signos de descarga tornam-se, em termos gerais, *signos de realidade* que ψ aprende biologicamente a empregar. Caso o Eu se encontre no estado de tensão do desejo quando emergir esse *signo de realidade*, ele irá permitir que a descarga siga o curso da ação específica; caso um crescimento do desprazer coincida com o *signo de realidade*, ψ

---

* "Inibição promovida pelo Eu": *Ichhemmung* no original, ou "inibição do Eu" numa versão literal. O acréscimo contribui apenas para esclarecer que o Eu realiza essa inibição e não está submetido a ela.

irá promover no local em questão uma defesa de proporção normal por meio de um amplo investimento lateral; caso não aconteça nem uma coisa nem outra, o investimento poderá ocorrer sem impedimentos, de acordo com as circunstâncias da facilitação. Denominamos *processos psíquicos primários* o investimento de desejo que alcança a alucinação e o desenvolvimento do desprazer que acarreta o dispêndio integral da defesa; em contrapartida, denominamos *processos psíquicos secundários* aqueles processos que somente o bom investimento do Eu torna possíveis e que representam uma moderação dos anteriores. Como se nota, a condição para os últimos é um emprego correto dos *signos de realidade*, o qual somente é viável por meio da inibição promovida pelo Eu.

[XVI]
O RECONHECER E [O] PENSAR REPRODUTIVO

Após termos apresentado a suposição segundo a qual a inibição promovida pelo Eu produz no processo de desejo um investimento moderado do objeto que é desejado, permitindo que ele não seja reconhecido como real, a análise desse processo pode ir em frente. Diferentes casos podem ocorrer. O primeiro: o investimento de desejo na imagem da recordação e a percepção dessa imagem acontecem simultaneamente; e então ambos os investimentos se sobrepõem, o que não possui utilidade biológica, porém surge além disso o signo de realidade que parte de ω, após o qual, conforme a experiência, a descarga será bem-sucedida. A solução é simples nesse caso. O segundo: ocorre o investimento de desejo, acompanhado por uma percepção que não coincide com ele completamente, e sim de modo parcial. Este é um bom momento para lembrar que os investimentos de percepção jamais são investimentos de neurônios isolados, mas sempre de complexos. Nós havíamos desconsiderado esse aspecto até aqui; este é o momento de apreciá-lo. O investimento de desejo concerne, nos termos mais abrangentes, ao neurônio a + neurônio b; e o investimento perceptivo, ao neurônio a + neurônio c. Por ser este o caso mais frequente, muito mais frequente do que a identidade, ele requer um exame. A propósito disso a experiência biológica também ensina que não é prudente introduzir a descarga caso os signos de realidade não confirmem todo o complexo, mas apenas uma parte dele. Porém agora será descoberto um trajeto que completa a identidade a partir da semelhança. O complexo perceptivo, se comparado a outros complexos perceptivos, decompõe-se em um primeiro componente — o neurônio a, digamos, que em geral permanece idêntico — e um segundo componente, o neurônio b, que varia de modo frequente. Posteriormente a linguagem irá atribuir para essa decomposição o termo *juízo* e irá descobrir as semelhanças que de fato existem entre o núcleo do Eu e o componente constante da percepção e entre os investimentos oscilantes no manto e o componente inconstante, e passará a designar o neurônio a como a *coisa* e o neurônio b como a sua atividade ou característica; em suma, como o seu *predicado*.

Portanto, o *julgar* é um processo de ψ que se torna viável somente por meio da inibição promovida pelo Eu, e que é provocado pela dessemelhança entre o *investimento de desejo* de uma imagem da memória e um investimento perceptivo que guarda uma semelhança com ele. Podemos presumir que a coincidência de ambos os investimentos passa a ser um sinal biológico para que o ato de pensamento seja encerrado e a descarga seja ativada. A discrepância impulsiona o trabalho do pensamento, que novamente será encerrado com a sobreposição.

A análise do processo pode ir em frente: se o neurônio *a* for o elemento coincidente e no lugar do neurônio *b* for percebido o neurônio *c*, o trabalho do Eu irá acompanhar as ligações desse neurônio *c* e permitirá o surgimento de novos investimentos por meio da corrente de Qή no curso dessas ligações, até que um acesso ao ausente neurônio *b* venha a ser encontrado. O resultado, via de regra, é uma imagem de movimento que fica intercalada entre o neurônio *c* e o neurônio *b*, e com a reanimação dessa imagem pela execução real de um movimento fica estabelecida a percepção do neurônio *b* e, por conseguinte, da identidade que era procurada. Digamos, por exemplo, que a imagem da memória desejada seja a imagem frontal do seio materno com o seu mamilo e que a primeira percepção seja uma visão lateral desse objeto sem o mamilo. Na memória da criança encontra-se uma experiência, feita ocasionalmente enquanto ela mamava, na qual a imagem total transformava-se na imagem lateral com determinado movimento da cabeça. A imagem lateral que passa a ser vista conduz ao movimento da cabeça; uma tentativa indica que é necessário executar a sua contrapartida, e a percepção da vista total é obtida.

Aqui há pouca coisa relacionada ao juízo, porém esse é um exemplo da possibilidade de que se venha a alcançar, por meio da reprodução, uma ação que já representa uma porção acidental da ação específica.

Não resta dúvida de que é a Qή do Eu investido que subjaz a essas migrações no curso dos neurônios facilitados, e que essa migração é governada por uma meta. Qual é essa meta e como ela é alcançada?

A meta é retornar ao neurônio b, que havia sido perdido, e desencadear a sensação de identidade, ou seja, o momento em que somente o neurônio b está investido e o investimento migratório desemboca no neurônio b. Ela é alcançada por ensaios de deslocamento de Qή por todas as vias, sendo evidente que para tanto é necessário um dispêndio ora maior ora menor de investimentos laterais, a depender do uso que se possa fazer das facilitações existentes ou da resistência que seja necessário opor a elas. O embate entre as facilitações seguras e os investimentos oscilantes caracteriza o processo secundário do pensar reprodutivo em oposição à sucessão primária das associações.

O que orienta essa migração? O fato de que a representação do desejo* [da] me[mória] [isto é, do neurônio b]

---

* "Representação de desejo": *Wunschvorstellung* no original. O manuscrito não permite a leitura exata de certas letras: o *vor* também poderia ser lido como *er* ou *be*.

permanece investida, enquanto as associações são buscadas a partir do neurônio c. Sabemos que, por meio desses investimentos do neurônio b, todas as suas eventuais ligações se tornam mais facilitadas e mais acessíveis.

Nessa migração pode ocorrer que a $Q\dot\eta$ se depare com uma memória que possui relação com uma vivência de dor e por causa disso ocasione uma liberação de desprazer. E como essa é uma indicação segura de que por essa via não será possível alcançar o neurônio b, a corrente desvia-se imediatamente do investimento em questão. Mas permanece resguardado o grande valor que as vias de desprazer têm para o direcionamento da corrente de reprodução.

[XVII]
O REMEMORAR E O JULGAR

O pensar reprodutivo tem, portanto, uma finalidade prática e um propósito biologicamente definido, a saber: reenviar uma $Q\dot\eta$ em trânsito de uma percepção excedente para o investimento do neurônio que não havia sido encontrado. E assim são alcançados a identidade e o direito à descarga caso apareça, provindo do neurônio b, o signo de realidade. Mas o processo pode conquistar independência em relação à última meta e almejar somente a identidade. Temos então um puro ato de pensamento que, no entanto, poderá em um momento posterior adquirir alguma utilidade. O Eu investido também se comporta exatamente da mesma maneira nesse caso.

Acompanharemos uma terceira possibilidade que pode ocorrer em um estado de desejo: o surgimento de uma percepção que não coincide em absolutamente nada com a imagem desejada da memória [Me+] quando há um investimento de desejo. Surge em seguida um interesse em *reconhecer* essa imagem da percepção para talvez encontrar a partir dela um trajeto que leve à [imagem da] me[mória] [Me+]. É necessário supor que, para essa finalidade, a imagem da percepção também seja sobreinvestida a partir do Eu, tal como apenas o componente "neurônio *c*" era sobreinvestido no caso anterior. Caso [a] [imagem da] p[ercepção] não seja de todo nova, agora ela irá *rememorar* uma Meω, irá *evocar* essa memória com a qual ela coincide ao menos em parte. O processo de pensamento anterior repete-se agora nessa imagem da me[mória], em certa medida, sem a *meta* que antes era oferecida pela representação investida de desejo.

Na medida em que se sobrepõem, os investimentos não dão ensejo algum para o trabalho de pensamento. As parcelas divergentes, em contrapartida, "despertam o interesse" e podem dar ensejo a dois modos de pensamento: ou a corrente se orienta para a me[mória] *despertada* e coloca em andamento um trabalho de memória sem meta — e portanto movido pelas diferenças, e não pelas semelhanças —, ou então ela persiste nos novos componentes que surgiram e forma um *trabalho do juízo* que também não possui uma meta.

Vamos supor que o objeto que oferece a percepção seja similar ao sujeito, o seu *semelhante*. Aqui o interesse teórico também se explica pelo fato de que *tal* objeto seja simultaneamente o primeiro objeto de satisfação e ainda o primeiro objeto hostil, bem como a primeira força que oferece amparo. É com o seu semelhante, portanto, que o homem aprende a reconhecer. Mais adiante os complexos perceptivos provenientes desse semelhante serão em parte novos e incomparáveis — por exemplo, as suas *feições*, no campo visual; entretanto outras p[ercepções] visuais, como o movimento de suas mãos, irão sobrepor-se no sujeito à me[mória] das impressões visuais muito similares do seu próprio corpo, às quais as me[mórias] dos movimentos vividos por ele próprio estão associadas. E as outras percepções do objeto, por exemplo quando ele grita, irão despertar a memória do seu próprio grito e por conseguinte das suas próprias vivências de dor. Dessa maneira, o complexo do semelhante se divide em dois componentes, dos quais um impressiona por sua forma constante e permanece unido como *coisa*, enquanto o outro é *compreendido* pelo trabalho da memória, ou seja, pode ser remetido a uma informação proveniente do próprio corpo. Essa decomposição de um complexo perceptivo significa *reconhecê-lo*; ela contém um juízo e chega ao término com a realização dessa última meta. O juízo, como se percebe, não é uma f[unção] primária e na verdade pressupõe o investimento dos componentes díspares por parte do Eu. Ele não possui de início nenhuma finalidade prática, e ao que parece o investimento dos componentes díspares é descarregado quando ocorre o juízo; afinal, isso explicaria por que as atividades ("predicados") do complexo do sujeito seguem por uma facilitação mais ampla.

Seria possível aprofundar a análise do ato do juízo a partir deste ponto, porém isso nos afasta do tema. Limitamo-nos a registrar que é o interesse originário em produzir a situação da satisfação que gera, em um caso, o *refletir reprodutivo* e, no outro, o *julgar* como meios para partir da situação real que é dada pela percepção e alcançar a situação desejada. Mantém-se aqui a premissa segundo a qual os processos em ψ não percorrem sem inibição, e sim enquanto o Eu é ativo. Com isso, o sentido eminentemente prático de todo trabalho de pensamento ficaria comprovado.

[XVIII]
PENSAMENTO E REALIDADE

A meta e o fim de todos os processos de pensamento são, portanto, a produção de um *estado de identidade*, a passagem de [uma quantidade de] investimento Qή [sic] que provém do exterior para um neurônio investido a partir do Eu. O pensamento *cognoscente* ou *judicante* persegue a identidade com um investimento corporal, e o pensamento *reprodutivo*, com um investimento psíquico próprio (uma vivência própria). O trabalho do pensamento judicante antecede ao pensamento reprodutivo, uma vez que ele oferece facilitações que já estão preparadas para a continuação do trânsito das associações. Caso o signo de realidade alcance a percepção após a conclusão do ato de pensamento, obtém-se então o *juízo de realidade*, a *crença*, e atinge-se a meta de todo o trabalho.

Quanto ao juízo, cabe ainda notar que ele evidentemente tem como base a existência de experiências corporais próprias, sensações e imagens de movimento. A parcela variável do complexo perceptivo permanece incompreendida com sua ausência, ou seja: pode ser reproduzida mas não aponta qualquer direção para novos trajetos de pensamento. Dessa maneira — e isso será importante logo mais [Parte II] —, as experiências sexuais podem não apresentar efeito algum enquanto o sujeito não conhece nenhuma sensação sexual, ou seja, em geral até o início da puberdade.

O *julgar primário* aparentemente pressupõe, por parte do Eu investido, uma influência menor do que os atos reprodutivos do pensamento: pois trata-se nesses casos da busca de uma associação por intermédio de uma sobreposição parcial, à qual nenhuma modificação é imposta. Também ocorrem os casos nos quais o processo associativo do juízo é realizado com uma quantidade plena. P* corresponde aproximadamente a um núcleo de objeto + uma imagem de movimento. Enquanto P é percebida, o próprio movimento é imitado, isto é, a imagem do movimento evocada pela coincidência é inervada com tal intensidade que o movimento se realiza. Podemos assim falar de um *valor imitativo* de uma percepção. Ou ainda: a percepção faz despertar a imagem da memória de uma sensação dolorosa, o desprazer correspondente é sentido, e o movimento de defesa que pertence a ela é repetido: este é o *valor compassivo* de uma percepção.

* P, no original, é W, de *Wahrnehmung* [percepção].

Nesses dois casos nos deparamos com o *processo primário* do julgar e podemos supor que todo julgar secundário ocorre por meio da atenuação desses processos puramente associativos. Portanto, o julgar — que mais adiante será um meio para o *conhecimento* de um objeto que talvez possua uma importância prática — é, na origem, um processo associativo entre investimentos provenientes do exterior e do próprio corpo, *uma identificação entre φ e informações internas ou investimentos.* Talvez não seja incorreto presumir que [o julgar] representa a um só tempo um trajeto pelo qual a Q proveniente de φ pode ser transportada e descarregada. Aquilo que denominamos *coisas* são restos que se esquivam do julgamento.

O exemplo do juízo oferece uma indicação acerca das diferenças que devem ser estabelecidas entre *pensamento* e processo primário no plano quantitativo. É legítimo supor que no caso do *pensamento* uma corrente tênue de inervação motora faça o percurso a partir de ψ — naturalmente apenas quando um neurônio-chave ou um neurônio motor tenha sido inervado. Mas seria incorreto tomar essa descarga pelo próprio processo de pensamento, do qual ela só representa um efeito colateral imprevisto. O *processo de pensamento* consiste no investimento de neurônios de ψ com a modificação da imposição de facilitações pelo investimento lateral proveniente do Eu. É compreensível, em termos mecânicos, que neste caso somente uma parcela da Qή acompanhe as facilitações e que a grandeza dessa parcela seja regulada pelos investimentos de um modo constante. Mas é evidente que dessa maneira também será poupada simultaneamente uma Qη que é suficiente para tornar a reprodução no mínimo vantajosa. Ou, do contrário, *toda* a Qη que ao fim é necessária para a descarga seria dispendida no transcurso até os pontos da saída motora. *O processo secundário é, portanto, uma repetição do percurso original [da quantidade] de ψ em um outro nível inferior, com quantidades ainda menores.*

"Qηs ainda menores", irão nos objetar, "do que aquelas que percorrem os neurônios de ψ!" Como fazer para que Qηs tão mínimas abram trajetos que só podem ser atravessados por Qηs maiores, como aquelas que normalmente são recebidas por ψ? A única resposta possível é que deve tratar-se de uma consequência mecânica dos investimentos laterais. Essas circunstâncias nos obrigam a inferir que, no caso dos investimentos laterais, pequenas Qηs passam pelas facilitações que seriam atravessadas apenas por grandes Qηs. O investimento lateral *liga*, por assim dizer, uma cota da Qη que atravessa o neurônio.

O pensamento ainda deve cumprir uma outra condição. Não lhe é permitido modificar de modo substancial as facilitações formadas pelos processos primários; do contrário, ele falseia os traços da realidade. Essa condição é cumprida pela observação segundo a qual a facilitação é talvez o resultado [do percurso] de uma única passagem de uma grande quantidade, e que o investimento, embora poderoso naquele momento, não deixa qualquer efeito duradouro comparável. Em geral, as pequenas Qs que passam durante o pensamento não se impõem diante da facilitação.

Entretanto, não há dúvida de que o processo do pensamento deixa efetivamente traços duradouros, visto que um segundo pensamento sobreposto requer um empenho ainda menor do que o primeiro. Portanto, para não falsear a realidade são necessários traços e indícios dos processos de pensamento que constituem uma memória de pensamento — algo que não adquiriu uma definição até o momento presente. Veremos mais adiante por quais meios os traços dos processos de pensamento serão separados dos traços de realidade.

[XIX]
PROCESSOS PRIMÁRIOS — SONO E SONHO

Surge então a pergunta: quais são os meios quantitativos que subvencionam o *processo primário* de ψ? No caso da vivência de dor trata-se evidentemente da Q que irrompe do exterior, e no caso do *afeto*, da Q endógena que é liberada por intermédio da facilitação; para o processo secundário do pensar *reprodutivo* é evidente que uma Qή maior ou menor pode ser transferida para o neurônio *c* a partir do Eu, e que ela pode ser designada como *interesse de pensamento* [que é] proporcional ao *interesse de afeto* no qual ela veio a surgir. No entanto, a questão permanece: existem processos de natureza primária em ψ, para os quais o aporte da Qή proveniente de φ é suficiente, ou o investimento em φ de uma percepção recebe de forma automática uma contribuição de ψ (a atenção), justamente aquela que torna possível um processo em ψ? Resta saber se um ajuste especial aos fatos psicológicos não poderá decidir essa questão.

É importante o fato de que nos deparamos com *processos primários de ψ*, tal como eles foram suprimidos biologicamente de maneira gradual pelo desenvolvimento de ψ. Tem a mesma relevância um segundo fato: que os mecanismos patológicos revelados pela mais cuidadosa análise das psiconeuroses possuam uma enorme semelhança com os processos do sonho. Essa comparação, que será realizada mais adiante, conduz a conclusões de grande importância.

Antes é necessário incorporar à teoria o fato do sono. *A condição essencial* do sono pode ser reconhecida com clareza na criança. A criança dorme contanto que nenhuma necessidade ou estímulo externo a importune (a fome ou a umidade da urina). Ela adormece satisfeita (no seio). O adulto também adormece com facilidade *post coenam et coitum* [depois de jantar e copular]. A condição para o sono é portanto *o rebaixamento da carga endógena no núcleo de ψ* que torna ociosa a função secundária. Durante o sono o indivíduo se encontra no estado ideal de inércia, liberado do armazenamento de $Q\dot\eta$.

No adulto esse armazenamento está acumulado no "Eu"; estamos autorizados a supor que é o *descarregamento* do Eu que condiciona e caracteriza o sono. Aqui está dada *a condição para os processos psíq[uicos] primários*, algo que se torna claro imediatamente.

Não se sabe ao certo se o *Eu* do adulto é inteiramente exaurido no sono. Mas o fato é que ele recolhe inúmeros de seus investimentos, que mesmo assim se estabelecem de imediato e sem esforço com o despertar. Isso não contradiz nenhuma de nossas premissas, embora evidencie a necessidade de supor que entre neurônios com uma boa ligação há correntes que implicam o nível geral [dos investimentos], como nos vasos comunicantes, embora o nível de um neurônio isolado precise apenas ser proporcional, e não uniforme.

Das peculiaridades do sonho podemos extrair certas coisas que não poderíamos antecipar:

O sonho se caracteriza pela *paralisia motora (da vontade)*. A vontade é a descarga do montante de Qη em ψ. O tônus espinal encontra-se parcialmente *relaxado* no sono; é plausível que a descarga motora de φ se manifeste no tônus; outras inervações permanecem com a fonte de sua excitação.

É extremamente interessante que o estado de sono inicie e seja ocasionado pela obstrução dos órgãos sensoriais que são passíveis de obstrução. *Percepções* não devem ser realizadas no sono, nada perturba mais o sono do que a entrada de impressões sensíveis, investimentos em ψ que partem de φ. Isso parece indicar que durante o dia um investimento constante, que no entanto fica sujeito a deslocamentos (a *atenção*), é enviado como contrapartida para os neurônios do manto, que recepcionam as percepções provenientes de φ, de tal maneira que os processos primários de ψ podem perfeitamente ser efetuados com essa contribuição de ψ. Se neurônios adjacentes ou os próprios neurônios do manto já se encontram pré-investidos é algo que não se pode afirmar. Caso ψ recolha esses investimentos do manto, as percepções ocorrem então em neurônios desinvestidos e são fracas, talvez incapazes de emitir um signo de qualidade a partir de ω. Como presumimos anteriormente, com o esvaziamento dos neurônios de ω também cessa a inervação de uma descarga que incrementa a atenção. O ponto de partida do enigma da hipnotização também deveria encontrar-se *aqui*. A aparente inexcitabilidade dos órgãos sensoriais está assentada no recolhimento dos investimentos da atenção.

Por meio de um mecanismo automático, portanto (que é a contrapartida do mecanismo de atenção), ψ exclui as impressões de φ sob a condição de que ele próprio esteja desinvestido.

O mais notável, contudo, é que durante o sono ocorram processos ψ: os sonhos com as suas características que não são compreendidas.

[XX]
A ANÁLISE DO SONHO

Os sonhos exibem todas as transições para a vigília e combinações com processos normais de ψ, mas os traços genuínos do sonho podem ser destacados com facilidade.

1. Os sonhos *são desprovidos da descarga motora* e quase sempre dos elementos motores. Fica-se paralisado no sonho.

A explicação mais cômoda para essa característica é a retirada do pré-investimento espinal por meio da cessação da descarga de φ. A excitação motora não é capaz de ultrapassar a barreira Py [sic] caso um neurônio esteja desinvestido. Nos estados oníricos restantes o movimento não fica excluído. Essa não é a característica mais importante do sonho.

2. As ligações no sonho são em parte *incoerentes*, em parte *tolas*, e em alguns casos bizarras.

A explicação desta última característica encontra-se na *compulsão à associação* que impera desde o princípio no sonho, bem como na vida psíquica em geral. Dois investimentos que comparecem simultaneamente *precisam*, ao que parece, manter uma ligação. Eu reuni exemplos cômicos do predomínio dessa compulsão na vigília (por exemplo, durante o atentado na Câmara francesa, dois espectadores da província inferiram que após um bom discurso de um deputado, como sinal de aprovação, dava-se um tiro).

As outras duas características, que na verdade são idênticas, comprovam que uma parcela das experiências psíquicas é esquecida. Na verdade, são esquecidas todas as experiências biológicas que costumam inibir o processo primário, e isso acontece por causa da carência de investimentos do Eu. A ausência de sentido e lógica no sonho provavelmente se deve a essa mesma característica. Os investimentos de ψ parecem nivelar-se em parte na direção das facilitações mais próximas, em parte na direção dos investimentos adjacentes. Com o descarregamento completo do Eu deveria ocorrer um sono sem sonhos.

3. As representações do sonho têm caráter alucinatório, despertam a consciência e recebem crença.

Essa é a característica mais importante do sono. Ela aparece imediatamente no sono inconstante: fechamos os olhos e alucinamos, abrimos os olhos e pensamos por palavras. Existem várias explicações para a natureza alucinatória dos investimentos do sonho. Em primeiro lugar, é possível supor que a *corrente* que parte de φ rumo à motilidade teria impedido um investimento em contrafluxo dos neurônios de φ que partiria de ψ; com a cessação dessa corrente, φ seria investido em contrafluxo e assim seria preenchida a condição para a qualidade. Mas contra essa suposição existe apenas a consideração segundo a qual os neurônios de φ, a exemplo da motilidade, deveriam estar protegidos contra o investimento que parte de ψ por não possuírem investimentos. O sono se distingue pela reversão completa dessa relação: ele suprime a descarga motora de ψ e viabiliza a descarga em contrafluxo na direção de φ. Talvez possamos atribuir um papel decisivo à motilidade-φ, a grande corrente de descarga da vigília. E talvez possamos, em segundo lugar, apelar à natureza do processo primário e assinalar que a rememoração primária de uma percepção é com frequência uma alucinação, e que a inibição promovida pelo Eu havia ensinado no princípio a jamais investir a [imagem da] p[ercepção] de uma maneira que ela possa transferir retrogressivamente [Qή] para φ. Poderíamos mencionar, para tornar a suposição mais viável, que a condução φ-ψ transcorre com maior facilidade do que a condução ψ-φ, de tal modo que mesmo um investimento ψ de um neurônio que ultrapassa em muito o investimento perceptivo desse mesmo neurônio não precisa de modo algum seguir um percurso em contrafluxo. Essa explicação também é favorecida pela circunstância de ser a vivacidade do sonho diretamente proporcional à sua importância, ou seja, ao investimento quantitativo da representação em questão. Isso indica que é a Q que condiciona a alucinação. Se uma percepção proveniente de φ surge durante a vigília, ela na verdade se torna mais nítida por intermédio do investimento de ψ, porém não mais vivaz; ela não altera a sua característica quantitativa.

4. A finalidade e o sentido do sonho (ao menos daqueles normais) podem ser definidos com segurança. Eles são *realizações de desejo*, ou seja, processos primários que sucedem as vivências de satisfação, e apenas não são reconhecidos dessa maneira porque a liberação de prazer (a reprodução dos traços de descarga do prazer) é ínfima no seu caso, uma vez que eles ocorrem quase inteiramente privados de afeto (sem uma liberação motora). Mas é muito simples demonstrar esse traço de sua natureza. Precisamente por isso eu tenderia a concluir *que o investimento primário de desejo também era de natureza alucinatória*.

5. A escassez da memória e o dano muito reduzido que é provocado pelo sonho, em comparação com outros processos primários, são dignos de nota. Porém a explicação é simples, uma vez que os sonhos quase sempre seguem por facilitações antigas e portanto não realizam modificação alguma, e que as vivências φ são afastadas dele, e que ele não deixa traços de descarga atrás de si em razão da paralisia motora.

6. Também é algo interessante que no sonho a *consciência* forneça a qualidade tal como na vigília. Isso mostra que a consciência não se prende ao Eu e, na verdade, pode tornar-se um complemento para todos os processos ψ. E também nos previne, por exemplo, contra a identificação dos processos primários com os processos inconscientes: *duas valiosas indicações para mais adiante*!

Ao consultarmos a consciência acerca do conteúdo do sonho nos casos em que essa memória foi preservada, nós constatamos que o significado dos sonhos como realizações de desejo fica encoberto por uma série de processos ψ que são, todos eles, reencontrados nas neuroses e definem a sua natureza patológica.

[XXI]
A CONSCIÊNCIA DO SONHO

A consciência da representação do sonho é sobretudo descontínua: não é o percurso completo das associações que [se] torna consciente, e sim alguns pontos isolados. Entre eles existem componentes intermediários inconscientes que descobrimos com facilidade durante a vigília. Se procurarmos pelos motivos dessas ultrapassagens, veremos que A é uma representação do sonho que se tornou consciente e que conduz a B; porém no lugar de B encontra-se C na consciência, e isso porque C aparece no trajeto entre B e um investimento simultâneo D que está presente (Fig. 4). O resultado então é um desvio provocado por um investimento simultâneo que é de outro tipo e, além disso, não é consciente. Por isso *C* substituiu *B*, embora *B* correspondesse melhor à ligação dos pensamentos, à realização de desejo.

Fig. 4

Por exemplo: R. preparou para A. uma injeção de propil, e então vejo diante de mim a fórmula da *trimetilamina*, aluci[nada] com muita intensidade. Explicação: o pensamento simultâneo que está presente [*D*] é a natureza sexual da doença de A. Entre esse pensamento e o propil existe uma associação na química sexual, tema da minha conversa com W. Fl[iess], na qual ele chamou a minha atenção para a trimetilamina. Esse elemento [*C*] torna-se consciente porque recebe apoio dos dois lados.

Que o elemento intermediário (química sexual) [*B*] ou a representação desviante (natureza sexual da doença) [*D*] também não se tornem conscientes representa um grande mistério, e isso requer uma explicação. Seria possível pensar que os investimentos de *B* ou *D* não possuíssem isoladamente a intensidade necessária para forçar o caminho da alucinação retrogressiva, e que *C*, investido por esses dois lados, teria a capacidade para isso.

Acontece que, no exemplo escolhido, *D* (natureza sexual [da doença]) era decerto tão intenso quanto A (injeção de propil), e o elemento derivado de ambos, a fórmula química [*C*], era extraordinariamente vívido. O mistério dos elementos intermediários inconscientes se estende também para o pensamento de vigília, onde ocorrências do mesmo tipo são comuns. A singularidade do sonho reside, entretanto, *na facilidade do deslocamento de Qή e, por conseguinte, na substituição de B por um C que conta com uma vantagem quantitativa.*

A mesma coisa acontece com a realização de desejo no sonho. O desejo não se torna consciente e sua realização em seguida é alucinada. Acontece somente a última parte, e o componente intermediário precisa ser inferido. Ele certamente encontrou uma passagem, sem que pudesse se configurar em termos qualitativos. Mas fica claro que é impossível que o investimento da representação de desejo seja mais forte do que o motivo que o impulsiona. No sonho, portanto, o percurso psíquico acontece de acordo com a Q; mas não é a Q que decide o que irá alcançar a consciência.

Dos processos do sonho podemos reconhecer que a consciência emerge *durante* um percurso de Qή, ou seja, que ela não é despertada por um investimento constante. Devemos, além disso, tratar da hipótese de que uma corrente intensa de Qή não favorece a emergência da consciência, pois ela adere ao resultado do movimento, a um repouso prolongado do investimento, por assim dizer. É difícil avançar até os reais condicionantes da consciência em meio a essas definições incompatíveis. Para tanto, também seria necessário examinar as condições nas quais emerge *a consciência* no processo secundário.

Esta última peculiaridade da consciência do sonho que mencionamos talvez seja explicada pelo fato de que um refluxo de Qη em direção a φ seja incompatível com uma corrente mais enérgica na direção das vias associativas de ψ. Para os processos da consciência em φ aparentemente vigoram condições diferentes.

25 set. 95.

PARTE II
PSICOPATOLOGIA

A primeira parte deste projeto reuniu tudo o que era possível deduzir a priori (em certa medida) das suposições elementares, uma vez modelado e corrigido por experiências singulares concretas. Esta segunda parte procura descobrir outras determinações do sistema fundado sobre essas suposições elementares a partir da análise de processos patológicos; uma terceira parte deverá ainda estabelecer as características do percurso psíquico normal a partir das duas anteriores.

A)* PSICOPATOLOGIA DA HISTERIA

---

* Não consta no manuscrito nenhum item "B" que dê sequência a este "A".

[I]
A COMPULSÃO HISTÉRICA*

Inicio por coisas que são encontradas na histeria e não são necessariamente exclusividade sua. Chama a atenção de todo observador da hi[steria] o fato de que os hi[stéricos] estão submetidos a uma *compulsão* que é exercida por representações *hiperintensas*. Por exemplo, uma representação aparece de modo muito frequente na consciência, sem que o percurso [dos acontecimentos]** a justificasse; ou o despertar dessa r[epresentação] vem acompanhado por consequências psíquicas que não são compreensíveis. O aparecimento da representação hiperintensa está ligado a consequências que, por um lado, não podem ser suprimidas e, por outro, não podem ser compreendidas: liberação de afetos, inervações motoras, impedimentos. O indivíduo não deixa de perceber o que há de extravagante nessa situação.

Representações hiperintensas também existem em situações normais. Elas conferem ao Eu a sua singularidade. Não nos provocam surpresa se conhecemos seu desenvolvimento genético (a educação, as experiências) e seus motivos. Estamos acostumados a enxergar nessas representações *hiperintensas* o resultado de motivos

---

* Abaixo do título desta seção, aparecem riscadas no manuscrito as palavras "*Symptome (Sonderbarkeiten) der Hysterie*" [Sintomas (particularidades) da histeria]. O título "A compulsão histérica" teria substituído a passagem riscada.

** As palavras entre colchetes foram acrescentadas pelo editor e tradutor britânico James Strachey, e não pelos editores alemães.

fortes e legítimos. As *representações* histéricas *hiperintensas*, em contrapartida, chamam a nossa atenção pelo seu caráter peculiar: são *representações* que não teriam implicação alguma para outras pessoas e cujo valor nós simplesmente *não compreendemos*. Aos nossos olhos elas parecem oportunistas, usurpadoras, e por isso risíveis.

A *compulsão histérica* é, portanto: 1) *incompreensível*; 2) *insolúvel para o trabalho do pensamento*; 3) *incongruente* na sua composição.

Existe uma compulsão *neurótica simples* que pode ser contrastada com a compulsão histérica. Por exemplo: um homem cai de um carro, fica em perigo por causa disso e não consegue mais andar de carro. Essa compulsão é 1) compreensível, pois sabemos de onde ela provém, 3)* congruente, pois a associação com o perigo justifica a conexão entre "andar de carro" e o medo. Mas ela também é 2) insolúvel para o trabalho do pensamento. Esta última característica não deve ser designada inteiramente como patológica: nossas ideias normais hiperintensas também são muitas vezes insolúveis. A compulsão neurótica não seria considerada patológica em nenhuma medida se a experiência não mostrasse que ela persiste brevemente, depois que foi ocasionada, e se dissipa mais adiante com o tempo. Portanto, a persistência da compulsão é patológica e remete a uma *neurose simples*.

Pois bem: nossas análises mostram que a compulsão histérica é prontamente solucionada se for *explicada* (tornada compreensível). Essas duas características são

---

* O "3" refere-se à enumeração feita no parágrafo anterior.

essencialmente uma coisa só. Pela análise também ficamos conhecendo o evento que produziu a aparência de absurdo e *incongruência*. Em termos abrangentes, o resultado da análise assume a seguinte expressão:

Antes da análise, *A* é uma representação hiperintensa que penetra a consciência de modo frequente e sempre provoca o choro. O indivíduo não sabe por que *A* provoca o seu choro, considera isso absurdo, mas não é capaz de impedi-lo.

Depois da análise descobriu-se que existe uma representação *B*, que com justiça provoca o choro e com justiça repete-se em demasia caso o indivíduo não mobilize contra ela uma produção psíquica relativamente complicada. O efeito de *B* não é absurdo; é compreensível para o indivíduo e pode ser enfrentado por ele próprio.

B mantém uma relação determinada com *A*.

Havia de fato uma vivência que era composta de *B* + *A*. *A* era uma circunstância acidental, *B* dispunha da capacidade para produzir aquele efeito duradouro. A reprodução desse acontecimento na memória assumiu uma forma na qual era como se *A* tivesse ocupado o lugar de *B*. E disso provém a incongruência: *A* é acompanhada por consequências que não parecem corresponder ao seu valor, que não se ajustam a ela.

Formações simbólicas também ocorrem de modo normal. O soldado se sacrifica por um pano colorido pendurado em um mastro porque esse pano foi transformado em símbolo da pátria, e nenhuma pessoa considera isso algo neurótico.

Porém o *símbolo* histérico se comporta de outra maneira. O cavaleiro que duela pela luva de uma dama *sabe*, em primeiro lugar, que a luva deve sua importância à dama; em segundo lugar, o apreço pela luva não o impede em absoluto de pensar na dama e servi-la em outras situações. O *histérico* que chora diante de *A* nem sequer tem a ideia de que faz isso por causa da associação *A-B*, e *B* não possui papel algum na sua vida psíquica. Neste caso o símbolo substitui completamente a *coisa*.

Essa afirmação é correta no sentido mais estrito. [Nós] somos convencidos de que, em todas aquelas evocações provenientes do exterior ou da associação que deveriam de fato investir *B*, em seu lugar aparece *A* na consciência. Na verdade, das circunstâncias que — curiosamente — despertam *A* nós podemos inferir a natureza de *B*.

Podemos resumir deste modo a situação: *A* tem um caráter compulsivo, *B* está reprimido (para fora da consciência, ao menos).

A análise trouxe um resultado surpreendente, a saber: que para toda *compulsão* corresponde uma *repressão*; para toda intrusão forçada na consciência, uma amnésia.

O termo "hiperintenso" assinala características quantitativas; é razoável supor que a *repressão* possui o sentido quantitativo de um desnudamento de Q e que a somatória de ambos [compulsão e repressão] seria equivalente ao normal. Apenas a distribuição foi alterada, *A* recebeu o acréscimo de algo que foi retirado de *B*. O processo patológico é um processo de *deslocamento*, tal como nós o conhecemos pelo sonho, e portanto um processo primário.

[II]
A GÊNESE DA COMPULSÃO HISTÉRICA

Surgem agora diversas questões relevantes: sob quais condições ocorre tal formação patológica, [e de outra parte] repressão? Qual a força que realiza esse movimento? Em qual estado encontram-se os neurônios da representação hiperintensa e da representação reprimida?

Não haveria novas descobertas ou explorações a fazer a esse respeito caso a clínica não ensinasse dois fatos. Primeiro: a repressão está exclusivamente referida a representações que despertam um afeto penoso para o Eu (desprazer), e segundo: são representações provenientes da vida sexual.

Já é possível presumir que é esse o afeto de desprazer que impõe a repressão. Havíamos suposto anteriormente uma *defesa primária* que consiste na reversão da corrente do pensamento tão logo ela se depara com um neurônio cujo investimento libera desprazer.

A experiência oferece duas justificativas nesse caso: 1) esse investimento do neurônio decerto não é aquele investimento procurado, no qual o processo do pensamento originariamente buscava estabelecer a situação de satisfação em ψ; 2) com o encerramento da vivência de dor a percepção hostil era substituída por outra percepção.

No entanto, uma via mais direta pode nos persuadir do papel que o afeto de defesa possui. Se investigarmos o estado em que se encontra a [representação] reprimida, descobriremos que encontrá-la e trazê-la para a consciência é algo simples. Isso causa surpresa; poderíamos pensar que *B* de fato havia sido esquecida, que nenhum traço da memória de *B* havia permanecido em ψ. Mas não: *B* é uma imagem da memória como as outras, não foi extinta, porém caso *B* seja um complexo de investimentos (como é frequente) levanta-se então contra o trabalho do pensamento com *B* uma *resistência* muitíssimo maior, que só será vencida a muito custo. Estamos plenamente autorizados a ver nessa resistência contra *B* a medida da *compulsão* exercida por *A*, e a acreditar que vemos trabalhando aqui a força que, por sua vez, havia reprimido *B*. Descobrimos, ao mesmo tempo, outra coisa. Nós sabíamos apenas que *B* não pode tornar-se *consciente*; a respeito da relação entre *B* e o investimento de pensamento nada se sabia. Aprendemos agora que a resistência se insurge contra toda interação do pensamento com *B*, mesmo se *B* tornou-se em parte consciente. Pode-se dizer, no lugar de "excluído da consciência": *excluído do processo do pensamento*.

É portanto um processo de defesa iniciado no *Eu investido* que resulta na repressão histérica e por consequência na compulsão histérica. Sob esse aspecto, o processo parece separar-se dos processos primários de ψ.

[III]
A DEFESA PATOLÓGICA

Entretanto, estamos muito longe de uma solução. O êxito da *repressão histérica*, como sabemos, é muito distinto do êxito da defesa normal, que conhecemos com precisão. Nós geralmente evitamos pensar naquilo que desperta apenas desprazer, e para isso orientamos os pensamentos para alguma outra coisa. Mas se dessa maneira fazemos com que a [representação] incompatível B só raramente apareça na nossa consciência porque a mantivemos tão isolada quanto possível, mesmo assim nós jamais conseguimos esquecer B a ponto de que novas percepções não pudessem mais nos trazê-la outra vez à memória. Na histeria também não é possível impedir esse despertar: a diferença consiste em que A será sempre consciente no lugar de B, ou seja, será investido. A *formação simbólica* de tipo fixo é, portanto, o desempenho que supera a defesa normal.

A explicação mais imediata para esse sobredesempenho seria atribuir ao afeto da defesa a responsabilidade pela intensidade mais elevada. Contudo, a experiência mostra que as memórias mais penosas, as quais necessariamente devem despertar o mais elevado desprazer (memórias do arrependimento por más ações), não poderão ser reprimidas e substituídas por símbolos. A existência da segunda condição para a defesa patológica — a sexualidade — aponta a necessidade de buscarmos a explicação em outra parte.

É absolutamente impossível supor que a intensidade dos afetos sexuais penosos supere com tanta amplitude todos os outros afetos de desprazer. Deve haver outra característica da representação sexual que possa explicar por que apenas as representações sexuais são submetidas à repressão.

Cabe acrescentar mais uma observação. A repressão histérica ocorre evidentemente com o amparo da *formação simbólica*, do *deslocamento* para outros neurônios. Mas nós poderíamos pensar que o enigma se encontra apenas no mecanismo desse deslocamento, e que a repressão não oferece explicação alguma. Entretanto, veremos na análise das neuroses obsessivas, por exemplo, que ali corre *repressão sem* formação simbólica, e até mesmo que a repressão e a substituição estão cronologicamente separadas. O processo de *repressão* permanece, assim, como o núcleo do enigma.

[IV]
A *PROTON PSEUDOS** HISTÉRICA

Vimos que a compulsão histérica provém de uma espécie peculiar de movimento da Qή (a formação simbólica) que é provavelmente um *processo primário*, pois comprová-lo no sonho é algo simples; vimos que a força do movimento desse processo é a *defesa* do Eu, cujo desempenho, no entanto, supera o normal neste caso. Precisamos de uma explicação para o fato de que um *processo do Eu* acarreta consequências com as quais estamos acostumados somente nos processos primários.

---

* A expressão pertence à teoria aristotélica do silogismo e está presente nos *Primeiros analíticos*, livro II, capítulo 18, 66a, 16. A passagem descreve como uma falsa premissa representa um erro de origem (*Proton Pseudos*) que por vezes conduz a uma falsa conclusão.

Devemos contar aqui com condições psíquicas específicas. Pelo lado clínico, sabemos que isso sucede apenas no campo *sexual*; portanto talvez precisemos esclarecer as condições psíquicas específicas a partir das características naturais da sexualidade.

No campo sexual, existe de fato uma constelação psíquica específica que pode ser útil para o nosso propósito. Gostaríamos de apresentar essa constelação, que é conhecida pela experiência, a partir de um exemplo.

Emma enfrenta hoje a compulsão que a impede de entrar *sozinha* em uma loja. O fundamento para isso é uma memória de quando tinha doze anos (logo após a puberdade): entrou numa loja para comprar alguma coisa, viu dois balconistas (um dos quais ela ainda recorda) que davam risada juntos e saiu correndo dali numa espécie de *afeto de espanto*. Isso fez despertar uma ideia de que os dois estavam rindo da sua roupa e que um deles havia lhe interessado sexualmente.

Tanto a relação entre esses fragmentos como o efeito da vivência são incompreensíveis. Se ela sentiu desprazer por ser alvo de risos em razão de sua roupa, isso já deveria ter sido corrigido há muito tempo, desde que ela passou a se vestir como uma mulher adulta. E não faz diferença alguma, a propósito da roupa, que ela entrasse sozinha ou acompanhada na loja. A prova de que Emma não necessita de uma proteção direta está no fato de que se sente segura na companhia de uma criança pequena, tal como se passa na agorafobia. Que um deles tenha lhe interessado é uma coisa absolutamente incongruente; estar acompanhada também não mudaria nada nesse caso. Portanto, as memórias que foram despertadas não esclarecem nem a compulsão nem a determinação dos sintomas.

A investigação descobre em seguida uma segunda memória que ela alega que não possuía no momento da cena I. E não havia nada que a comprovasse. Quando era criança, aos oito anos, ela havia ido duas vezes sozinha à loja de um merceeiro para comprar guloseimas. O senhor apertou a sua genitália por sobre a roupa. Apesar da primeira experiência ela voltou lá outra vez. Depois da segunda não voltou mais. Agora ela se recrimina por ter retornado outra vez, como se com isso ela quisesse anteriormente provocar o atentado. Na verdade, a experiência deve ser remetida a um estado de "aflição por má consciência".

A cena I (vendedores) é compreensível se acrescentarmos a ela a cena II (merceeiro). Precisamos apenas de uma ligação associativa entre ambas. Ela mesma admite que a *risada* oferece isso. O riso dos vendedores trouxe a lembrança do esgar do merceeiro [que havia] acompanhado o atentado. Agora é possível reconstruir a ordem dos eventos desta maneira: os dois vendedores *riem* na loja, esse riso traz (de modo inconsciente) a memória do merceeiro. Nessa situação aparece outra semelhança — ela está novamente sozinha na loja. Com a memória do merceeiro aparece a memória da pressão sobre a roupa, mas nesse meio-tempo Emma chegou à puberdade. A memória evoca uma coisa da qual ela certamente não era capaz, uma liberação sexual que é transposta em angústia. Diante dessa angústia, ela teme que os vendedores repitam o atentado e sai correndo dali.

É absolutamente certo que aqui ocorre o cruzamento de dois processos ψ, que a memória da cena II (merceeiro) acontece em um estado diferente em comparação com a outra. A sequência pode ser ilustrada deste modo (Fig. 5):

Fig. 5

As r[epresentações] destacadas com um círculo preto preenchido equivalem às percepções que também são rememoradas. O fato de que a liberação sexual também alcançou a consciência é comprovado pela ideia, antes incompreensível, de que o vendedor que estava rindo havia despertado nela um interesse. Entretanto, nada desse processo (exposto na parte inferior do gráfico) alcançou a consciência, exceto o elemento das "roupas", e o pensamento que trabalha com *consciência* formou duas falsas ligações a partir do material disponível (vendedores, risos, liberação sexual): que ela havia sido o alvo das risadas por causa de sua roupa, e que um dos vendedores havia excitado nela um interesse sexual.

A totalidade do complexo (representado pelos círculos não preenchidos) é substituída na consciência pela representação "roupas", que é evidentemente a mais inocente. Aqui ocorre uma repressão com formação simbólica. Que a conclusão — o sintoma — seja perfeitamente correta, fazendo com que o símbolo não desempenhe ali papel algum, é na verdade um traço peculiar do caso.

Poderíamos dizer que é bastante comum que uma associação percorra componentes intermediários até alcançar um componente consciente, a exemplo do que ocorre aqui. É provável que entre em seguida na consciência aquele componente que desperta um interesse especial. Mas no nosso exemplo é notável que justamente não entre na consciência aquele componente que desperta interesse (atentado), e sim um outro, na condição de símbolo (roupas). Se nos perguntarmos qual poderia ser a causa desse processo patológico intercalado, apenas uma irá surgir: a liberação sexual que também é atestada pela consciência. Ela está ligada à memória do atentado, mas é especialmente notável que não estivesse ligada ao atentado quando ele foi vivenciado. Aqui ocorre um caso no qual uma memória desperta um afeto que ela não havia despertado quando era uma vivência porque nesse intervalo as alterações da puberdade permitiram uma compreensão diferente.

Esse é o caso típico da repressão na histeria. Em todos eles descobrimos que foi reprimida uma memória que apenas *posteriormente* transformou-se em trauma. A origem dessa situação é o retardamento da puberdade em relação ao restante do desenvolvimento do indivíduo.

[V]
CONDIÇÕES DO ΠΡΩΤΟΝ ΨΕΥΔΟΣ ΥΣΤ(ΕΡΙΚΟΝ)*

Embora na vida psíquica uma memória geralmente não desperte um afeto que ela não compartilhava quando havia sido uma vivência, isso ocorre com frequência no caso da representação sexual porque o retardamento da puberdade é uma característica universal dessa organização. Todo adolescente possui traços de memória que poderão ser compreendidos apenas quando surgirem as suas próprias sensações sexuais. É evidente que também são necessários fatores concomitantes para que essa determinação universal fique limitada ao reduzido número de pessoas que de fato se tornam histéricas. Pois bem: a análise indica que o elemento perturbador em um trauma sexual evidentemente é a liberação de afeto, e a experiência nos ensina a reconhecer como histéricos aqueles a respeito de quem sabemos, em parte, que se tornaram *prematuramente* suscetíveis à excitação sexual por estimulação mecânica e [por estimulação] emocional (masturbação), e nos quais

* Em grego no original: *proton pseudos hys(terikon)*, a falsa premissa da histeria.

podemos, em parte, supor a presença de uma predisposição inata para a liberação sexual prematura. O *início* prematuro da liberação sexual ou a liberação sexual prematura *mais intensa* possuem o mesmo valor. Essa característica deve ser reduzida a um fator quantitativo.

Qual seria, porém, o significado do *caráter prematuro* da liberação sexual? Todo o peso recai, nesse caso, sobre o caráter prematuro, pois não é possível sustentar que a liberação sexual ocasione a repressão de uma forma geral; isso novamente transformaria a repressão em um processo com incidência normal.

[VI]
A PERTURBAÇÃO DO PENSAMENTO PELO AFETO

Não pudemos contestar a existência de duas condições para a perturbação do processo psíquico normal: 1) a ligação da liberação sexual com uma *memória* no lugar de uma vivência; 2) a ocorrência *prematura* dessa liberação sexual. Ambos esses acréscimos deveriam provocar uma perturbação que ultrapassa o padrão normal e que, no entanto, está prefigurada no normal.

A inibição do percurso normal do pensamento pela geração do afeto é uma experiência muito comum, que acontece de diferentes maneiras. Em primeiro lugar, quando são esquecidas diversas trilhas de pensamento que seriam pertinentes em outras situações, ou seja, tal como no caso do sonho. Aconteceu-me pouco tempo atrás, por exemplo, ter esquecido de usar o telefone, recentemente introduzido em nossa casa, em meio à agitação provocada por uma grave preocupação. A via recente havia sucumbido ao estado de afeto. A *facilitação* — isto é, a *antiguidade* — teve a primazia. Desaparece, com esse esquecimento, o poder de seleção, a noção de finalidade e a lógica do percurso, de um modo muito semelhante ao sonho. Em segundo lugar, quando são trilhados, sem esquecimento algum, trajetos que são evitados em outras situações, sobretudo trajetos para a descarga e ações sob o afeto. Em suma, o processo afetivo está próximo do processo primário desinibido.

Algumas inferências podem ser efetuadas a partir deste ponto. Em primeiro lugar, que a representação que é liberada adquire com a liberação do afeto uma força adicional; em segundo lugar, que a principal atividade do Eu investido consiste em impedir novos processos afetivos e rebaixar as antigas facilitações afetivas. Essa situação pode ser concebida apenas nos seguintes termos. No princípio, um investimento perceptivo, que na condição de herdeiro de uma vivência de dor havia liberado desprazer, foi fortalecido pela Qή liberada e seguiu rumo à descarga pelos percursos que se encontravam parcialmente pré-facilitados. Após a formação de um Eu investido desenvolveu-se, da maneira já conhecida, a "atenção" orientada para novos investimentos perceptivos, a qual passou a acompanhar com investimentos laterais o percurso que parte de P. A liberação de desprazer sofreu, assim, uma restrição quantitativa, e o seu princípio era justamente um sinal para que o Eu empreendesse a defesa normal; impedia-se, desse modo, que novas vivências de dor surgissem tão desembaraçadamente com as suas facilitações — pois quanto mais forte a liberação de desprazer, mais difícil a tarefa do Eu, cujos investimentos laterais são capazes de fazer contrapeso à Qη apenas até certo limite, sendo portanto obrigado a autorizar um *percurso primário*.

Além disso, quanto maior a quantidade que tende para um percurso, mais difícil torna-se para o Eu o trabalho do pensamento, que consiste, conforme todas as indicações, no ensaio de deslocamento de pequenas Qη. A "ponderação" é uma atividade que demanda tempo por parte do Eu e não pode ocorrer sob uma Qη intensa no plano do afeto. A isso se devem a precipitação e a seleção de caminhos similares ao processo primário sob o afeto.

Para o Eu, trata-se de impedir qualquer liberação de afeto, pois com isso ele autorizaria um processo primário. O mecanismo de atenção é sua melhor ferramenta nesse caso. Se um investimento que libera desprazer consegue esquivar-se dele, o Eu só agiria contra ele quando já fosse tarde. É exatamente esse o caso da P[roton] P[seudos] histérica. A atenção está ajustada à p[ercepção], que costuma dar ensejo à liberação de desprazer. Nesse caso, não é uma p[ercepção], e sim uma me[mória] que inesperadamente libera desprazer, e o Eu só descobre isso tarde demais; ele autorizou um processo primário porque não esperava que houvesse processo algum.

Mesmo assim, em outras situações também ocorre que memórias liberem desprazer. Esse é decerto o caso normal das memórias recentes. Quando aparece o trauma (vivência de dor) — os primeiros e mais antigos escapam por completo ao Eu —, no período em que já existe um Eu, logo ocorre uma liberação de desprazer; porém nesse período o Eu também entrou em atividade, criando investimentos laterais. Caso o investimento da me[mória] se repita, repete-se também o desprazer, porém as facilitações do Eu também já estão presentes, e a experiência indica que numa segunda vez a liberação será menor, até que fique reduzida à intensidade que é apropriada para o Eu. Trata-se portanto de uma única coisa: que a inibição promovida pelo Eu não deixe de ocorrer quando houver a *primeira* liberação de desprazer, que o processo não transcorra como uma vivência primária e tardia de afeto; é precisamente o que se passa quando a memória é a primeira a ocasionar a liberação de desprazer, como no caso da *P[roton] P[seudos]* histérica.

Dessa maneira, o significado de uma das condições apresentadas pela experiência clínica que mencionamos teria sido contemplado. *O retardamento da puberdade torna possíveis os processos primários tardios.*

[PARTE III]
ENSAIO DE EXPOSIÇÃO DOS PROCESSOS NORMAIS EM Ψ
5. out. 95

[I]

Os assim denominados processos secundários devem ser explicados em termos mecânicos pelo efeito que uma massa neuronal constantemente investida (o Eu) exerce sobre outra cujos investimentos sofrem variações. Gostaria de ensaiar aqui a exposição psicológica desses processos.

Se encontro de um lado o Eu e, do outro, P (Per[cepçõe]s), isto é, investimentos em ψ provenientes de φ (do mundo exterior), necessito então de um mecanismo que faça com que o Eu persiga percepções e exerça influência sobre elas. De acordo com as minhas premissas, irei encontrá-lo no fato de que uma percepção invariavelmente excita ω, ou seja, fornece signos de qualidade. Para ser mais exato: ela excita em ω a consciência (consciência de uma qualidade) e a descarga da excitação de ω irá, [como] toda descarga, transmitir uma informação para ψ — que é precisamente o signo de qualidade. De acordo com a minha hipótese, portanto, são esses signos de qualidade que levam ψ a *interessar-se* pela percepção.

Esse seria o mecanismo da atenção psíquica. Encontro dificuldades para explicar o seu surgimento em termos mecânicos (automáticos). Acredito por isso que ele seja biologicamente condicionado, isto é, que seja um resquício do desenvolvimento psíquico, pois todos os outros comportamentos foram excluídos de ψ pelo desenvolvimento do desprazer. O efeito da *atenção psíquica* é o investimento daqueles mesmos neurônios que são portadores do investimento perceptivo. Esse estado encontra um modelo na *vivência de satisfação*, tão importante para o conjunto do desenvolvimento, e nas suas repetições, os estados de *anseio* que deram forma aos estados de *desejo* e aos estados de *expectativa*. Demonstrei que esses estados contêm a *justificativa biológica* de todo o pensamento. A situação psíquica presente ali é a seguinte: impera no

Eu a tensão do anseio, em razão da qual a representação do objeto amado (a representação de *desejo*) é investida. A experiência biológica ensinou que essa R [epresentação]* não pode ser investida com muita intensidade, para que não seja confundida com uma p[ercepção], e que a descarga deve ser adiada até que apareçam os signos de qualidade vindos de R, como a comprovação de que agora R é real, que é um investimento p[erceptivo]. Se houver a chegada de uma p[ercepção] idêntica ou semelhante a R, ela encontra seus neurônios *pré-investidos* pelo desejo, isto é: todos ou uma parcela deles já estão investidos, a depender da extensão da concordância. A diferença entre a R e a p[ercepção] que havia chegado dá ensejo ao processo de pensamento, que alcança seu fim quando os investimentos p[erceptivos] excedentes são transportados para investimentos de representação por um caminho que foi descoberto: obtém-se então a *identidade*.

A *atenção* consiste, desse modo, na produção da situação psíquica do estado de expectativa até mesmo para aquelas percepções que não coincidem parcialmente com os investimentos de desejo. Passou a ser importante remeter um investimento para todas as percepções, pois aquela que é desejada poderia encontrar-se ali. A *atenção* está biologicamente justificada; cabe apenas orientar o Eu acerca de *quais* investimentos expectantes ele deve produzir, e os signos de qualidade servem a esse propósito.

* R corresponde, no manuscrito, ao *V* em alemão, de *Vorstellung* [representação].

É possível acompanhar mais de perto o processo da adoção de uma *atitude psíquica*. Em um primeiro momento, o Eu não se encontra preparado. Surge um investimento perceptivo, seguido por seus signos de qualidade. A facilitação íntima entre ambas as informações elevará ainda mais o investimento perceptivo, e ocorrerá então o investimento dos neurônios perceptivos pela atenção. A percepção seguinte do mesmo objeto resultará (de acordo com a segunda* lei da associação) em um investimento maior da mesma percepção, e somente essa percepção terá utilidade psíquica.

(Uma tese muito importante já pode ser extraída dessa passagem da exposição: o investimento perceptivo é um pouco menos intenso na primeira ocorrência, tem uma Q reduzida, e na segunda ocorrência é quantitativamente maior com o pré-investimento de ψ. Em princípio, o juízo a respeito das características quantitativas do objeto não é alterado pela atenção. Por conseguinte, a Q externa dos objetos não pode se expressar em ψ por intermédio da Q$\dot\eta$ psíquica. A Q$\dot\eta$ psíquica significa algo absolutamente diferente, que não encontra um correspondente na realidade, e a Q externa se expressa efetivamente em ψ por outro meio, pela complexidade dos investimentos. Mas é dessa maneira que a Q externa permanece afastada de ψ.)

É mais satisfatória a explicação seguinte: a orientação constante da atenção de ψ para os signos de quali-

---

* Uma referência à lei da associação por semelhança. Consta no manuscrito o termo "primeira [lei]", depois corrigido para "segunda [lei]".

dade é um resultado da experiência biológica. Eles se efetuam portanto em neurônios pré-investidos e com uma medida suficiente de quantidade. Fortalecidas por essa razão, as informações da qualidade fortalecem os investimentos perceptivos por meio de suas facilitações; e o Eu aprendeu a permitir que os seus investimentos de atenção acompanhem o curso desse movimento de associações, partindo dos signos de qualidade em direção à P. E assim ele é induzido a investir as percepções corretas ou o seu entorno. Se supusermos que é a mesma Qή proveniente do Eu que trafega pela facilitação que parte dos signos de qualidade em direção à P, nós teremos explicado o investimento da atenção até mesmo em termos mecânicos (automáticos). Ou seja, a atenção abandona os signos de qualidade para voltar-se para os neurônios de percepção, agora sobreinvestidos.

Vamos supor que o mecanismo de atenção falhasse por alguma razão: nesse caso não ocorreria o investimento ψ dos neurônios perceptivos, e a Q que alcançou aquele ponto iria propagar-se (de modo puramente associativo) pelas melhores facilitações, na medida em que as relações entre as resistências e a quantidade viessem a permitir. É provável que esse percurso se encerrasse logo, pois a Q se reparte e depois torna-se muito pequena para outras correntes em um neurônio seguinte. Em momento posterior, o percurso da quantidade perceptiva pode estimular ou não a atenção em circunstâncias determinadas. Nesse caso, ela acaba despercebida no investimento de algum neurônio adjacente cujo destino ignoramos. Temos aqui o percurso perceptivo sem a atenção, tal como ele provavelmente ocorre incontáveis vezes a cada dia. Como irá assinalar a análise do processo de atenção, ele não terá grande alcance, e a partir disso nós podemos inferir [a] pequena dimensão da quantidade perceptiva.

Mas quando P recebe o seu investimento de atenção algumas coisas podem suceder, entre as quais há duas situações que merecem destaque: as situações do *pensamento comum* e do *pensamento* meramente *observador*. Este último parece ser o caso mais simples; ele corresponde em termos gerais ao estado do investigador que acaba de ter uma percepção e se pergunta: "O que isso significa, para onde isso conduz?". Ele acontece do seguinte modo (para facilitar as coisas, devo substituir agora o intrincado investimento perceptivo pelo investimento de um único neurônio): o neurônio perceptivo está sobreinvestido, a quantidade composta de Q e Qή flui na direção das melhores facilitações e, a depender da resistência e da quantidade, irá ultrapassar algumas barreiras e investir novos neurônios associados, e essa quantidade não irá superar outras barreiras porque o quociente destinado a ela encontra-se abaixo do limiar. Agora certamente serão investidos mais neurônios, em locais mais afastados, do que em um mero processo associativo sem atenção. E, por fim, a corrente irá encerrar-se aqui em determinados investimentos terminais ou em um único investimento. O resultado da atenção será o surgimento de diversos investimentos de *memória* ou de um único (ligado por associação com o neurônio inicial).

PROJETO DE UMA PSICOLOGIA III

Vamos supor, [para] simplificar, que se trate de uma única *imagem da memória*. Se essa imagem pudesse ser novamente investida (com a atenção) a partir de ψ, o jogo acabaria se repetindo: a Q entraria outra vez no fluxo e investiria (*despertaria*) uma nova *imagem da memória* no caminho para a melhor* facilitação. Pois bem: o propósito evidente do *pensamento observador* é conhecer os caminhos que partem de P em toda extensão possível; é dessa maneira que deve ser exaurido o conhecimento do objeto perceptivo. Nós observamos que o modo de pensamento aqui descrito conduz ao *conhecimento*. Por isso é necessário um novo investimento ψ para as imagens da memória que foram obtidas, bem como um mecanismo que conduza tal investimento até o ponto correto. Do contrário, como os neurônios saberiam para onde deve ser conduzido o investimento? No entanto, um mecanismo de atenção tal como o descrito acima novamente pressupõe signos de qualidade. Eles são gerados durante o percurso da associação? De acordo com nossas premissas, não é isso que acontece. Mas eles podem ser obtidos por um novo expediente, que teria as características seguintes: os signos de qualidade em geral provêm apenas de P; cabe, portanto, extrair uma p[ercepção] do percurso da Qή. Se uma descarga estivesse ligada ao percurso da Qή (ao lado do circuito), ela forneceria uma informação sobre o movimento — a exemplo de qualquer outro movimento. Os signos de

---

*No lugar de *besten* [melhor], aparece riscada no manuscrito a palavra *nächsten* [mais próxima].

qualidade são efetivamente apenas informações sobre a descarga (talvez [saibamos] mais adiante de qual natureza). Mas pode suceder que durante o percurso de Q também seja investido um neurônio motor que em seguida descarrega Qή e fornece um signo de qualidade. Cabe, porém, obter tais descargas de todos os investimentos. Nem todos eles são motores, e para este fim eles devem ser transportados para uma facilitação segura com os neurônios motores.

A *associação da fala* cumpre essa finalidade. Ela consiste na ligação entre os neurônios de ψ e os neurônios que servem à representação sonora e que possuem eles próprios a mais estreita associação com as imagens motoras da fala. Essas associações têm duas características que as colocam à frente das outras: são fechadas (seu número é reduzido) e exclusivas. Da imagem sonora a excitação alcança, em todos os casos, a imagem da palavra, e dali alcança a descarga. Ou seja, se as imagens da memória são tais que uma parcela de sua corrente pode chegar até as imagens sonoras e as imagens motoras da palavra, então o investimento das imagens da memória é acompanhado por informações sobre a descarga — que são signos de qualidade e, por conseguinte, são também signos cons[cientes] de me[mória]. Caso o Eu pré-invista estas imagens de palavra como antes investia as imagens de descarga de ω, ele terá criado então o mecanismo que direciona o investimento de ψ para as memórias que emergem no percurso da Qή. Este é o *pensamento consciente, observador*.

Além de tornar possível o conhecimento, a associação da fala também viabiliza algo muito importante. As facilitações entre os neurônios de ψ são, como sabemos, a *"memória"*, representação de todas as influências do mundo exterior que foram experimentadas por ψ. Observemos, porém, que o próprio Eu igualmente realiza investimentos dos neurônios de ψ e estimula percursos que decerto também deixam facilitações para trás como traços. ψ não dispõe de meios para discernir entre as consequências dos processos de pensamento e as consequências dos processos perceptivos. Talvez seja possível reconhecer e reproduzir os processos perceptivos por meio da associação com descargas de ω, porém as facilitações que o pensamento produziu legam somente o seu resultado, e não uma *memória*. A mesma facilitação de pensamento pode ser gerada por um processo que possui intensidade ou por dez processos menos vigorosos. Os *signos da descarga da fala* preenchem essa lacuna: eles equiparam os processos de pensamento aos processos perceptivos, concedem-lhes uma realidade e *tornam possível a sua memória*.

O desenvolvimento biológico dessa associação de extrema importância também deve ser contemplado. A inervação da fala é, na origem, uma via de descarga que realiza uma ventilação para ψ, regulando as oscilações de Qἠ; é uma peça da via para a *modificação interna*, que representa a única descarga anterior à descoberta da *ação específica*. Essa via adquire uma função secundária ao chamar a atenção do indivíduo que oferece o amparo (geralmente o próprio objeto desejado) para o estado de anseio e carência da criança e passa a servir à *comunicação*, sendo assim incorporada à ação específica. São formadas duas ligações para a expressão da fala nos primeiros empregos do juízo, quando as percepções despertam interesse por sua possível relação com o objeto desejado e os seus complexos se decompõem (tal como descrito anteriormente) em uma [parcela] inassimilável (a coisa) e uma [parcela] que o Eu conhece pela própria experiência (uma propriedade, uma atividade), que recebe o nome de *compreensão*. Em primeiro lugar são encontrados objetos — percepções — que levam alguém a *gritar* porque provocam a dor, e fica comprovado o quanto é importante que essa associação entre um som (que também estimula as suas próprias imagens de movimento) e uma percepção compósita assinale esse objeto como *hostil* e sirva para direcionar a atenção para [a] p[ercepção]. Noutras situações em que bons signos de qualidade do objeto não são obtidos por causa da dor, a *informação do próprio grito* serve para a caracterização do objeto. Essa associação é, portanto, um meio para tornar consciente a memória que provoca *desprazer* e torná-la objeto da atenção; foi criada a primeira classe de *memórias conscientes*. Agora falta pouco para a invenção da fala. Existem outros objetos que emitem sons de modo constante, nos quais o som ocupa um papel em seu complexo perceptivo. Graças à tendência à imitação que emerge com o juízo é possível localizar as primeiras informações do movimento para esses sons. Agora essa classe de memórias também pode tornar-se consciente. Resta ainda que seja formada espontaneamente a associação entre os sons e as percepções, e então as memórias podem tornar-se conscientes quando a atenção for aplicada para os signos da descarga sonora (tal como para a percepção) e podem ser investidas a partir de ψ.

Descobrimos, portanto, que o processo do pensamento *cognoscente* caracteriza-se pelo fato de que a atenção está desde o princípio orientada para os signos de descarga do pensamento, os signos da fala. Como é sabido, o chamado pensamento consciente ocorre com um reduzido dispêndio motor.

Assim sendo, o processo de acompanhamento de um percurso de Q ao longo de uma associação pode estender-se de modo indefinido, em geral até aos componentes finais "plenamente conhecidos" da associação. A fixação desse trajeto e das estações finais passa então a conter o "conhecimento" da percepção, a qual poderá ser nova.

Seria muito interessante saber algo que fosse quantitativo a respeito desse processo de pensamento-conhecimento. Aqui a percepção é de fato sobreinvestida em comparação com o processo mais simples de associação, e o próprio processo consiste em um deslocamento de Qή regulado pela associação com signos de qualidade; o investimento ψ é renovado a cada estação e, a partir dos neurônios motores da via da fala, é gerada por fim uma descarga. Surge então a pergunta: nesse processo o Eu sofre uma grande perda de Qή ou o dispêndio do pensamento é relativamente pequeno? Uma resposta é indicada pela circunstância de que a inervação da fala percorrida quando há pensamento é evidentemente muito reduzida. Não falamos de fato, e tampouco movimentamos de fato alguma coisa quando representamos uma imagem de movimento. Mas os atos de representar e mover diferem apenas em termos quantitativos, como nos ensinaram os experimentos relacionados à leitura de pensamentos. Quando pensamos com intensidade, também falamos em voz alta. No entanto, como são produzidas descargas tão pequenas se Qη̇s pequenas não passam por correntes e as grandes são niveladas *en masse* pelos neurônios motores?

É provável que no processo de pensamento as quantidades de deslocamento também não sejam grandes. Em primeiro lugar, o dispêndio de uma grande Qη̇ representa para o Eu um prejuízo que deve ser restringido tanto quanto for possível; afinal, a Qη̇ está destinada para as demandas da ação específica. Em segundo lugar, uma grande Qη̇ seguiria simultaneamente por diversos trajetos associativos, e não haveria tempo para que o investimento de pensamento também provocasse um grande dispêndio. Portanto, as correntes de Qη̇ decerto devem ser pequenas no processo de pensamento. Entretanto, de acordo com as nossas suposições, a percepção e a memória devem encontrar-se sobreinvestidas no pensamento, mais do que se encontram na percepção simples. Além do mais, existem, é claro, intensidades distintas de atenção, algo que só podemos traduzir como alturas diferentes da Qη̇ em investimento. E justamente uma atenção muito intensa tornaria ainda mais difícil o acompanhamento com uma observação ativa — numa suposição que não podemos fazer, por ser contraproducente.

São duas exigências que parecem ser antagônicas: um investimento forte e um deslocamento fraco. Caso se queira unificar ambas, adota-se então a suposição de um *estado ligado* do neurônio, por assim dizer, *que quando está fortemente investido, entretanto, apenas autoriza uma corrente pequena*. Essa suposição pode tornar-se plausível caso se considere que a corrente de um neurônio evidentemente sofre influência dos investimentos circundantes. Pois bem, o Eu é ele próprio uma tal massa de neurônios que sustenta seus investimentos — ou seja, que se encontram em estado ligado —, e isso é algo que só pode acontecer por intermédio dos efeitos que uns exercem sobre os outros. Desse modo, é possível imaginar que um [neurônio de] p[ercepção] investido pela atenção seja provisoriamente [recepcionado] pelo Eu e então fique submetido à mesma ligação Qη, a exemplo de todos os neurônios do Eu. Se ele for investido com intensidade maior, a quantidade da corrente pode sofrer redução, e não crescimento. É possível imaginar, por exemplo, que com essa ligação justamente a Q externa permanece livre para a corrente, enquanto o investimento da atenção está ligado; naturalmente essa relação não precisa permanecer constante.

O processo do pensamento seria caracterizado em termos mecânicos por esse estado ligado que reúne o investimento elevado e a corrente rebaixada. É possível conceber outros processos nos quais a corrente caminha paralelamente ao investimento, processos com descarga em que não há inibição.

Espero que a suposição desse estado ligado prove ser sustentável em termos mecânicos. Gostaria de esclarecer as consequências psíquicas dessa suposição. Em primeiro lugar, essa suposição parece implicar em uma contradição interna. Se o estado consiste na permanência de pequenas Qs para o deslocamento quando o investimento é elevado, como ele pode incorporar novos neurônios, isto é, permitir que grandes Qs trafeguem por novos neurônios? E antes mesmo que pudesse surgir essa dificuldade: como um *Eu* que tem essa composição poderia sequer ter se formado?

E assim deparamo-nos de modo inesperado com o mais obscuro dos problemas: o surgimento do "Eu", isto é, de um complexo de neurônios que sustenta os seus investimentos, ou seja, um complexo que [permanece] em um nível constante por breves períodos. A abordagem genética será a mais instrutiva. O Eu é formado, na sua origem, por neurônios do núcleo que receberam a Qη endógena por intermédio de conduções e a descarregam no trajeto para a modificação interna. A vivência de satisfação proporcionou para esse núcleo uma percepção (a imagem desejada) e uma informação de movimento (a porção reflexa da ação específica). A educação e o desenvolvimento desse Eu prematuro têm lugar na repetição do estado de anseio, na *expectativa*. O Eu aprende inicialmente que não pode investir imagens de movimento para que suceda a descarga enquanto certas exigências não tenham sido cumpridas por parte da percepção. Ele aprende ainda que não pode investir a representação de desejo para além de certa medida, caso contrário teria iludido a si próprio de uma forma alucinatória. Mas, ao respeitar ambas as barreiras e orientar a sua atenção para a nova percepção, ele contará com a perspectiva de alcançar a satisfação procurada. Fica claro, portanto, que as barreiras que impedem o investimento das imagens de desejo e movimento acima de um nível determinado por parte do Eu são a razão para o armazenamento de $Q\dot\eta$ no Eu, obrigando-o talvez a transferir, dentro de certo limite, a sua $Q\dot\eta$ para os neurônios que estão ao seu alcance.

Os neurônios sobreinvestidos do núcleo se chocam, em último caso, com as conduções provenientes do interior que se tornaram permeáveis como consequência do contínuo preenchimento com $Q\dot\eta$; e, como eles são um prolongamento dessas conduções, também devem permanecer preenchidos. A $Q\dot\eta$ presente neles irá fluir em conformidade com a medida das resistências que aparecem no caminho, até que as resistências seguintes sejam superiores ao quociente de $Q\dot\eta$ disponível para a corrente. Mas, a partir desse ponto, a massa total do investimento fica em equilíbrio: por um lado, ela é sustentada por ambas as barreiras contrárias à motilidade e ao desejo; por outro, é sustentada pelas resistências dos neurônios mais ao exterior e pela pressão constante da condução contra o interior. No interior desse tecido do Eu o investimento não será, de modo algum, inteiramente nivelado: seu nivelamento deve ser apenas proporcional, isto é, relacionado às facilitações.

Se houver uma elevação do nível de investimento no núcleo do Eu, a extensão do seu círculo poderá ampliar-se; se houver uma diminuição, o Eu irá estreitar-se de forma concêntrica. A partir de certo nível e [certa] extensão do Eu não haverá objeção a possíveis deslocamentos na região do investimento.

Agora resta a pergunta: como são estabelecidas as duas barreiras que garantem o nível constante do Eu, especialmente a barreira contra as imagens de movimento que impede a descarga? Trata[-se de] um ponto decisivo para compreendermos a organização na sua totalidade. Só é possível afirmar que à época em que não existia essa barreira e surgia o desejo, acompanhado pela eliminação motora, o prazer aguardado não ocorria e o prolongamento da liberação endógena do estímulo acabava provocando desprazer. A barreira que foi mencionada pode representar apenas essa ameaça de *desprazer* que estava ligada à descarga prematura. A facilitação assumiu mais tarde uma parte dessa tarefa no curso do desenvolvimento. Mesmo assim permanece certo que a Qή no Eu não investe imediatamente as imagens de movimento porque isso *traria uma liberação de desprazer como consequência*.

Considero que essa *ameaça de desprazer*, cuja ação consiste em que os neurônios que conduzem à liberação do desprazer não sejam investidos, reúne tudo aquilo que designo como uma *aquisição biológica* do sistema nervoso. Trata-se da *defesa primária*, uma consequência compreensível da tendência originária do sistema nervoso. O desprazer permanece como o único meio para a educação. Eu não saberia dizer, de modo algum, como seria possível representar em termos mecânicos a defesa primária — o não investimento provocado pela ameaça de desprazer.

Sinto-me autorizado, a partir deste momento, a não oferecer uma representação mecânica dessas regras biológicas e dou-me por satisfeito caso consiga expor em termos fiéis um desenvolvimento que possa ser compreendido. Uma segunda regra biológica, abstraída do processo da expectativa, consistiria certamente na orientação da atenção para os signos de qualidade, pois eles pertencem às percepções que podem alcançar a satisfação e assim conduzir a si próprias desde o signo de qualidade até a percepção que emerge. Resumindo, o mecanismo da atenção deve sua origem a essa regra biológica; ele irá regular o deslocamento dos investimentos do Eu.

É possível objetar aqui que esse mecanismo auxiliado pelos signos de qualidade é ocioso. O Eu poderia ter aprendido biologicamente por contra própria a investir a área de percepção no estado de expectativa em vez de ser instado a tais investimentos pelos signos de qualidade. Mas há duas coisas que podem ser ditas para justificar o mecanismo de atenção: 1) a área dos signos de descarga de ω evidentemente é menor e compreende menos neurônios do que a área da percepção, isto é, do que todo o manto de ψ, que mantém contato com os órgãos sensoriais de tal modo que o Eu poupa um extraordinário dispêndio quando mantém investidos os signos de descarga em vez [da] p[ercepção]; e 2) os signos de descarga ou qualidade são também, antes de tudo, signos de realidade que devem justamente servir para que se faça a distinção entre os investimentos reais da percepção e os investimentos de desejo. Portanto, não é possível contornar o mecanismo da atenção. Ele consiste, em todos os casos, no fato de que o Eu investe aqueles *neurônios* pelos quais já havia passado um investimento.

Eis a *regra biológica da atenção* para o Eu: *caso um signo de realidade apareça, deve ser sobreinvestido o investimento perceptivo que é simultâneo a ele.*

Esta é a segunda regra biológica: a primeira era a regra da *defesa primária*.

[II]

O material precedente também nos oferece algumas indicações gerais para a representação mecânica [dos processos psíquicos],* a exemplo daquela primeira indicação que afirmava que a quantidade externa não pode ser representada pela Qη̇, pela quantidade psíquica. Pois da representação do Eu e de suas oscilações segue-se que a elevação do nível também não possui qualquer relação com o mundo exterior, que o rebaixamento ou a elevação geral (normalmente) não modifica em nada a imagem do mundo. Como a imagem do mundo exterior repousa sobre as *facilitações*, as oscilações gerais do nível não alteram as facilitações em nada. Um segundo princípio já havia sido mencionado: pequenas quantidades deslocam-se com mais facilidade com um nível elevado do que com um nível rebaixado. Estes são pontos isolados que devem comparecer na caracterização do movimento neuronal, que permanece inteiramente desconhecido.

---

* As palavras entre colchetes foram acrescentadas pelo editor e tradutor britânico James Strachey, e não pelos editores alemães.

Retomemos a descrição do processo do pensamento observador ou *cognoscente*, que se distingue do processo de expectativa pelo fato de que as percepções não recaem sobre investimentos de desejo. O Eu é, portanto, advertido em seguida pelos primeiros signos de realidade sobre qual a área da percepção que deve ser investida. O percurso associativo da Q transportada é implementado sobre neurônios pré-investidos e a Qψ em deslocamento volta novamente a flutuar em todas as ocasiões. Durante esse percurso são gerados os signos de qualidade (da fala), em virtude dos quais o percurso associativo torna-se consciente e passível de reprodução.

A esta altura poderíamos perguntar novamente para que servem os signos de qualidade. Eles nada fazem além de incitar o Eu a enviar investimentos para o ponto no qual um investimento aparece no percurso, porém os signos de qualidade não transportam por conta própria essa Qή a ser investida: eles oferecem, se tanto, uma contribuição. Mas, nesse caso, o Eu pode permitir a circulação dos seus investimentos ao longo do percurso da Q sem esse suporte.

Isso certamente está correto, mas não é de modo algum ocioso que nós observemos os signos de qualidade. Deve-se enfatizar que a mencionada regra biológica da atenção é abstraída da percepção e de início é aplicada apenas para os signos de realidade. Os signos de descarga da fala também são, em certo sentido, signos de realidade — da realidade do pensamento, e não da realidade externa — e não lhes foi imposta nenhuma regra desse tipo porque não havia uma ameaça constante de desprazer vinculada ao seu descumprimento. O desprazer que deriva da falta de conhecimento não é tão flagrante quanto o desprazer proveniente da ignorância do mundo exterior, muito embora os dois sejam no fundo uma coisa só. Portanto, também existe de fato um *processo de pensamento com observação*, no qual os signos de qualidade são despertados esporadicamente ou não são despertados, e que se torna possível porque o Eu acompanha o percurso de modo automático com os seus investimentos. Esse processo de pensamento é, na verdade, muito mais frequente, sem chegar a ser anormal: é o nosso pensamento comum, inconsciente, com eventuais *associações* que ocorrem* na consciência, o dito pensamento consciente com componentes intermediários inconscientes que podem, entretanto, tornar-se conscientes.

Mesmo assim, a utilidade dos signos de qualidade para o pensamento é incontestável. Os signos de qualidade que foram despertados fortalecem inicialmente os investimentos no percurso e asseguram a atenção automática, a qual evidentemente está ligada — não sabemos como — ao aparecimento do investimento. Na sequência, o que parece ainda mais importante, a atenção relacionada aos signos de qualidade assegura a imparcialidade do percurso. Pois para o Eu é extremamente difícil transportar-se para uma situação de mera *"investigação"*. O Eu quase sempre possui investimentos relacionados a uma meta ou a um

---

* "Associações": *Einfälle* no original.

desejo, cuja presença, como ainda veremos, influencia o percurso da associação durante a investigação e portanto produz um falso conhecimento de P. Contra essa falsificação do pensamento não existe melhor proteção do que uma Qή geralmente suscetível ao deslocamento que se orienta para o Eu no sentido de uma região que não pode expressar tal desvio de percurso. Existe um único recurso desse tipo, a saber: quando a atenção se volta para os signos de qualidade que não são representações de meta e cujo investimento concede, inversamente, uma ênfase ainda maior ao percurso associativo por meio de reforços para a quantidade de investimento.

O pensamento com investimento dos signos de realidade do pensamento ou signos da fala é, portanto, a forma mais elevada e segura do processo do pensamento cognoscente.

A indiscutível utilidade do despertar dos signos do pensamento autoriza a expectativa por dispositivos que o assegurem. Os signos do pensamento não são gerados espontaneamente como os signos de realidade, sem a participação de ψ. A observação nos informa aqui que tais dispositivos não são aplicados a todos os casos do processo do pensamento, tal como no pensamento investigativo. A condição geral para que os signos do pensamento sejam despertados é o investimento da sua atenção; eles são gerados a seguir em acordo com a lei que favorece a condução entre dois neurônios que são simultaneamente investidos e estão ligados um ao outro. Entretanto, *a capacidade de atração* criada pelo pré-investimento dos signos do pensamento possui uma força limitada e enfrenta outras influências. Em razão disso, por exemplo, todo investimento que estiver nas adjacências do percurso (investimento de meta, investimento de afeto) irá concorrer com ela e tornar o percurso inconsciente. Além disso (algo que a experiência confirma), atuam no percurso quantidades ainda maiores, as quais produzem uma corrente mais intensa e a decorrente aceleração do percurso na sua totalidade. A afirmação muito comum "aconteceu comigo tão depressa que eu nem percebi" não poderia estar mais correta. E sabe-se perfeitamente que o afeto pode perturbar o despertar dos signos do pensamento.

É possível extrair uma nova sentença acerca da representação mecânica dos processos psíquicos, a saber: o percurso que não é alterado pela elevação do nível sofre a influência da própria Q *que passa pela corrente. Uma grande Q geralmente segue na rede de facilitações por trajetos diferentes daqueles seguidos por uma pequena Q.* Não me parece difícil oferecer uma ilustração:

Para toda barreira existe um valor limítrofe, abaixo do qual a Q simplesmente não irá passar, e menos ainda um quociente seu; a Q tão reduzida ainda irá repartir-se em dois outros trajetos para cujas facilitações a Q será suficiente. Caso a Q sofra uma elevação, o primeiro trajeto passa então a ser considerado e reivindica seus quocientes; a partir desse ponto, quem sabe, também poderão fazer-se valer os investimentos que estão para além dessa barreira que agora se tornou superável. Talvez um outro fator também adquira importância. Seria permitido supor, por exemplo, que nem todos os trajetos de um neurônio são igualmente receptíveis a Q e designar essa disparidade como *amplitude de trajeto*. A amplitude de trajeto é por si mesma independente da resistência, que deve por sua vez ser modificada pela Qpc [quantidade do percurso] enquanto a amplitude do trajeto permaneceu constante. Façamos agora a suposição de que com a elevação de Q abre-se um caminho que pode corresponder à sua amplitude, e nós vislumbramos então a possibilidade de que o percurso de Q seja alterado de modo fundamental pela Q que passa pela corrente. A experiência cotidiana parece reforçar essa conclusão de modo enfático.

Ou seja, o despertar dos signos do pensamento aparentemente está ligado ao percurso com Qs pequenas. Não se pretende afirmar com isso que todos os outros percursos também devam permanecer *inconscientes*, pois o despertar dos signos da fala não é o único caminho para despertar a consciência.

Mas como seria possível oferecer uma ilustração clara do pensamento no qual a consciência é intermitente, das associações repentinas? Nosso pensamento habitual e desprovido de metas, embora sujeito a pré-investimentos e à atenção automática, não atribui valor algum aos signos de pensamento. Não ficou comprovado biologicamente que eles sejam indispensáveis para o processo. Mesmo assim costumam surgir 1) quando o percurso sem acidentes chega ao final ou se depara com um impedimento; 2) quando ele evoca uma representação que, por motivos diferentes, evoca os signos de qualidade, isto é: consciência. A explicação pode ser interrompida neste ponto.

[III]

É evidente que existem outros tipos de processo de pensamento, os quais não almejam a meta desinteressada do *conhecimento* e sim uma meta diferente, que é prática. O estado de expectativa, que deu início a todo o pensamento, é um exemplo desse segundo tipo. Aqui um investimento de desejo fica retido e ao lado dele é perseguido, sob a atenção, um segundo investimento perceptivo que emerge. Nesse caso, o objetivo não consiste em saber para onde o investimento conduz, e sim por quais trajetos ele conduz à animação do investimento de desejo que permanecia retido. É simples ilustrar esse tipo mais originário de processo de pensamento a partir das nossas premissas. Tomemos +R como a representação de desejo que é mantida especialmente investida e P como a percepção que deve ser perseguida; o efeito do investimento da atenção será, de início, o percurso da Qφ pelo neurônio mais facilitado; e desse ponto em diante o investimento seguiria outra vez pela melhor facilitação, e assim por diante. Porém essa tendência a seguir pela melhor facilitação será perturbada pela presença de *investimentos laterais*. Se houver três trajetos que partem de *a* na ordem *b*, *c* e *d*, de acordo com sua facilitação, e *d* encontre-se ao lado do investimento de desejo +R, poderá suceder que, a despeito das facilitações, a Qφ não siga por *c* e *b* mas sim pela corrente de *d*, e dali para +R, revelando assim que o trajeto P-*a*-*d*-+R era aquele procurado. Opera aqui o princípio que conhecemos há certo tempo, segundo o qual o investimento interpõe-se à facilitação e portanto também pode opor-se a ela, e que o investimento lateral por conseguinte modifica o percurso da Qή. Como os investimentos sofrem variações, fica a critério do Eu modificar o percurso que parte de P na direção de qualquer investimento de meta.

Não devemos compreender aqui o investimento de meta como sendo uniforme, a exemplo daquele pensamento que atinge uma região inteira quando a atenção comparece, e sim como um investimento que é dotado de ênfase e que se destaca acima do nível do Eu. Nós provavelmente devemos supor que, no caso desse tipo de pensamento com investimentos de meta, a Qή também migra simultaneamente a partir de +R, e isso faz com que o percurso possa ser influenciado não apenas por +R como também por suas estações posteriores. Nesse quadro, porém, o trajeto +R... foi conhecido e fixado, e o trajeto P...a... precisa ser procurado. Se considerarmos que na verdade o nosso Eu sempre abriga investimentos de meta, com frequência múltiplos e simultâneos, compreendemos tanto a dificuldade de um pensamento puramente cognoscente como a possibilidade de serem alcançados, no caso do pensamento prático, os mais diferentes trajetos em diferentes tempos, sob diferentes condições e por diferentes pessoas.

A partir do pensamento prático também podemos formar uma apreciação das *dificuldades do pensamento*, que todos conhecemos por nossas próprias sensações. Retomando o exemplo anterior, no qual a corrente da Qφ fluiria para *b* e *c* (conforme a facilitação) enquanto *d* se distingue pela proximidade com o investimento de meta ou com as suas representações subsequentes: a influência da facilitação em favor de $b\ldots c$ pode ser tão grande a ponto de exceder largamente a atração de $d\ldots +R$. Mas para direcionar o percurso para $+R$ seria necessária uma elevação ainda maior do investimento de $+R$ e de suas representações derivadas, talvez até mesmo [fosse] necessário alterar a atenção em P para a obtenção de uma ligação mais forte ou mais fraca e de um nível da corrente mais favorável ao trajeto $+R$. A dificuldade do pensamento corresponde a esse dispêndio que se destina à superação de boas facilitações para vincular a Q a trajetos com uma facilitação ruim, e que no entanto estão mais próximos do investimento de meta.

O papel dos signos de qualidade para o pensamento prático pouco difere do seu papel para o pensamento cognoscente. Os signos de qualidade asseguram e fixam o percurso, mas não são uma exigência incontornável nesse caso. Se colocarmos "complexos" no lugar de "neurônios" e "complexos" no lugar de "representação", ficamos diante de uma complexidade do pensamento prático que escapa à descrição, e compreendemos que uma resolução imediata seria o mais desejável aqui. Mas durante o percurso os signos de qualidade geralmente não são despertados por completo, e o seu despertar na verdade contribui para tornar este percurso mais lento e mais complicado. Ali onde o percurso que parte de certa percepção rumo a certos investimentos específicos de meta já ocorreu repetidas vezes e foi estereotipado pelas facilitações da memória, praticamente não haverá oportunidade para que os signos de qualidade venham a ser despertados.

A meta do pensamento prático é a *identidade*, a confluência do investimento da Qφ para o investimento de desejo que permanecia retido nesse intervalo. Deve ser compreendido em termos puramente biológicos que a necessidade do pensamento cesse em função disso e que, como contrapartida, seja permitida a inervação integral das imagens de *movimento* que foram tangenciadas no trajeto — as quais representam uma peça acessória legítima da *ação específica*. Como essa imagem de movimento é investida somente de modo ligado durante o percurso; e como o processo de pensamento foi iniciado com uma P que na sequência foi perseguida apenas como imagem [de] m[emória], o conjunto do processo do pensamento pode tornar-se independente do processo da expectativa e da realidade e avançar integralmente sem alterações até a identidade. Ele parte então de uma mera *representação* e não conduz, nem mesmo depois que está completo, à ação; apesar disso, ele proporcionou um *saber prático* que pode ser aplicado quando um caso real vier a ocorrer. Fica comprovado que o mais conveniente não é colocar em ação o processo do pensamento prático antes que ele seja necessário na realidade, e sim permanecer preparado para ele.

É chegada a hora de delimitar uma posição que foi adotada anteriormente, a saber: que uma memória do processo de pensamento seria viável apenas por meio dos signos de qualidade, pois não haveria como distinguir entre os seus traços e os traços das facilitações da percepção.

Devemos sustentar que a *memória da real*[*idade*] não pode ser modificada corretamente por nenhum pensamento a respeito dela. É inegável, por outro lado, que o pensamento dedicado a um assunto deixa pistas extraordinariamente importantes para um sobrepensamento posterior, e além disso é bastante questionável que apenas o pensamento com signos de qualidade e consciência faça isso. Portanto, as facilitações do pensamento devem existir; contudo as vias associativas originárias não podem ser dissipadas. Como só pode existir um único tipo de facilitação, deveríamos acreditar que as duas inferências são inconciliáveis. Mas é possível buscar uma conciliação e uma explicação a partir da circunstância de que todas as facilitações do pensamento foram criadas pela primeira vez com um nível elevado e provavelmente também se consolidaram com um nível elevado, enquanto as facilitações de associação, geradas com percursos primários ou integrais, reaparecem quando são estabelecidas as condições do percurso não lig[ado]. Assim sendo, não se deve recusar inteiramente um possível efeito das facilitações do pensamento sobre as facilitações da associação.

E assim obtemos a seguinte caracterização para o desconhecido movimento neuronal:

A memória consiste nas facilitações. As facilitações não são modificadas pela elevação do nível, porém existem facilitações exclusivas para um nível determinado. A direção do percurso, de início, não é modificada pela modificação do nível, mas sim pela quantidade da corrente e pelos investimentos laterais. Em um nível mais elevado, podem ser deslocadas preferencialmente as pequenas Qs.

Ao lado do pensamento prático e do pensamento *cognoscente* é necessário distinguir um pensamento reprodutor, *rememorante*, que penetra em parte no pensamento prático, sem contudo esgotá-lo. Esse *rememorar* é condição prévia para todo exame do pensamento crítico; ele persegue retroativamente um dado processo de pensamento na direção oposta, talvez até à percepção, e — outra vez ao contrário do pensamento prático — sem uma meta estabelecida; e aqui ele se serve amplamente dos signos de qualidade. Nessa persecução retroativa, o processo se depara com componentes intermediários que até então eram inconscientes e que não deixaram signos de qualidade, embora seus signos de qualidade sejam fornecidos mais adiante. Disso se segue que o percurso do pensamento efetivamente deixou traços sem signos de qualidade. Em alguns casos chega mesmo a parecer que certas frações do trajeto poderiam ser apenas adivinhadas, pois seus pontos de partida e chegada são dados por signos de qualidade.

Em todo caso, a reprodutibilidade dos processos do pensamento vai muito além dos seus signos de qualidade; eles devem tornar-se conscientes em momentos posteriores, quando o resultado do percurso do pensamento talvez tenha deixado traços com mais frequência do que as suas etapas.

Eventos de todo tipo, que merecem ser descritos, podem ocorrer no percurso do pensamento — o pensamento *cognoscente*, o *examinador* ou então o *prático*. O pensamento pode conduzir ao *desprazer* ou à *contradição*. Acompanharemos o caso em que o pensamento prático com investimentos de meta conduz à liberação de desprazer.

A experiência mais comum indica que esses eventos criam um obstáculo para o transcurso do pensamento. Como é possível que isso aconteça? Se uma memória engendra desprazer quando é investida, a razão mais comum é que a percepção correspondente havia, por sua vez, engendrado desprazer e pertence, portanto, a uma vivência de dor. De acordo com a experiência, tais percepções atraem uma atenção elevada para si, porém excitam os seus próprios signos de qualidade menos do que a reação que provocaram; elas se associam às suas próprias manifestações de afeto e defesa. Se acompanharmos o destino dessas percepções enquanto imagens da *memória*, notaremos que as primeiras repetições despertam tanto o afeto como também o desprazer, até que percam com o tempo essa capacidade. Simultaneamente, outra transformação se completa com eles. As imagens da memória retiveram no início o caráter de qualidades sensíveis; quando já não possuem a capacidade para o afeto elas perdem igualmente essa qualidade e tornam-se semelhantes a outras imagens da memória. Se o percurso do pensamento se depara com essas imagens da *memória que ainda não foram domesticadas*, são gerados então os seus signos de qualidade, em geral de natureza sensível — a sensação de desprazer e a inclinação para a descarga —, cuja combinação caracteriza um afeto determinado, e o percurso do pensamento é interrompido.

Mas o que se passa com as *memórias* que são capazes de afeto até que venham a ser *domesticadas*? Não se deve presumir que o "tempo", a repetição, atenue essa capacidade de afeto, pois é justo esse o fator que contribui para o fortalecimento de uma associação. Certamente é necessário que com o "tempo", com a repetição, aconteça alguma coisa que promova essa sujeição, e isso só poderia ser o fato de que uma relação com o Eu ou com os investimentos do Eu adquire poder sobre a memória. Se o tempo demandado é maior do que o habitual, isso se deve a uma razão particular, ou mais precisamente à proveniência dessa memória com capacidade de afeto. Em sua condição de traços de vivências de dor elas haviam sido investidas por uma Q muito elevada em φ (em conformidade com nossa suposição a respeito da dor) e adquiriram uma facilitação hiperintensa para a liberação de desprazer e afeto. Faz-se necessária uma ligação repetida e consideravelmente grande pela parte do Eu até que essa facilitação para o desprazer seja contrabalançada.

O fato de que a memória apresenta um caráter alucinatório também demanda uma explicação, cuja importância é fundamental para a concepção da alucinação. É razoável supor que a capacidade para a alucinação, a exemplo da capacidade para o afeto, seja um indício de que o investimento do Eu não passou a influenciar a memória, e que nela predominam as direções primárias do fluxo e o processo primário ou integral.

Somos obrigados a ver, no ingresso da alucinação, um

refluxo da Q para φ e por consequência para ω; um neurônio ligado não permite, portanto, esse refluxo. Resta ainda saber se o que propicia o refluxo seria a quantidade excessiva do investimento da memória. Porém cabe recordar aqui que uma Q de grande proporção só está presente na primeira vez, por ocasião da vivência real de dor. Quando a repetição ocorre, precisamos lidar apenas com um investimento da me[mória] cuja força é comum e, entretanto, ocasiona alucinação e desprazer em razão de uma facilitação cuja força, devemos supor, é incomum. Disso se segue que a quantidade de φ é suficiente para o refluxo, e a ação inibidora da ligação do Eu adquire uma importância maior.

Ao final, torna-se possível investir a memória da dor de tal maneira que ela não possa apresentar refluxo e libere apenas o mínimo de desprazer; ela é então domesticada justamente por uma facilitação do pensamento que é forte a ponto de apresentar efeitos duradouros e atuar como uma inibição a cada repetição posterior da me[mória]. Na sequência, a ausência de emprego para o trajeto que leva à liberação do desprazer reforça pouco a pouco suas resistências. As facilitações, na verdade, estão sujeitas ao declínio gradual (esquecimento). A me[mória] passa a ser uma memória domesticada, a exemplo das outras, apenas depois disso.

Parece, contudo, que esse processo de sujeição da memória traz consigo uma consequência duradoura para o percurso do pensamento. No princípio, o percurso do pensamento era invariavelmente perturbado pela animação da memória e pelo despertar do desprazer, e isso agora resulta em uma tendência para inibir igualmente o percurso do pensamento tão logo a memória domesticada gere seu traço de desprazer. Essa tendência possui uma grande utilidade para o pensamento prático, pois no meio do trajeto que se busca para a identidade com o investimento do desejo não pode aparecer um componente intermediário. Surge portanto a *defesa* primária *do pensamento* que adota, no pensamento prático, a liberação do desprazer como sinal para abandonar um trajeto determinado, ou seja: para mover o investimento da atenção em *outra direção*. Aqui o desprazer move mais uma vez a corrente de Qή, tal como na primeira regra biológica. Caberia indagar por que essa defesa do pensamento não havia se orientado anteriormente para a memória quando ela ainda contava com a capacidade para o afeto. Mas é permitido supor que a segunda regra biológica, que demanda a atenção onde um signo de realidade estiver presente, tenha se mobilizado contra isso, e a memória que não havia sido domesticada ainda reunia condições para impor signos reais de qualidade. Percebe-se que ambas as regras se articulam de modo consequente.

É interessante notar como o pensamento prático deixa-se manobrar pela regra biológica da *defesa*. No [pensamento] teórico (cognoscente e examinador) a regra já não é observada. É algo compreensível, pois o pensamento com meta lida com *algum* trajeto, e nesse caso aqueles que carregam o desprazer poderão ser eliminados, enquanto no caso do pensamento teórico deverão ser reconhecidos todos os trajetos.

[IV]

Surge ainda a questão: como pode ocorrer o *equívoco* no trajeto do pensamento? O que é o equívoco?

É necessário examinar mais atentamente o processo do pensamento. O pensamento prático, a origem [de todo pensamento], continua a ser a meta final de todos os processos de pensamento. Todas as outras espécies estão separadas dele. É uma vantagem evidente que o encaminhamento do pensamento, que tem lugar no pensamento prático, não suceda inicialmente no estado de expectativa e na verdade tenha ocorrido em momento anterior, pois 1) poupa-se com isso o tempo para a definição da ação específica, e 2) o estado de expectativa não é particularmente favorável ao percurso do pensamento. O valor da rapidez do intervalo entre percepção e ação deriva da consideração de que as percepções mudam com velocidade. Se o processo do pensamento se prolonga, seu resultado torna[-se] inútil neste meio-tempo. Portanto, ele é *"pensado com antecipação"*.

O início dos processos separados do pensamento é a *formação do juízo*, obtida pelo Eu por meio de uma descoberta na sua organização, pela já mencionada coincidência parcial entre os investimentos perceptivos e as informações provenientes do próprio corpo. Os complexos perceptivos separam-se, assim, em uma parcela constante, não compreendida, a *coisa*; e uma parcela mutante, compreensível, a característica ou o movimento da coisa. Na medida em que o complexo da coisa mantém conexão com diferentes complexos de características e que estes reaparecem em conexão com diferentes complexos de coisa, cria-se uma possibilidade de estabelecer os trajetos do pensamento que partem desses dois tipos de complexo em direção ao estado-coisa desejado em termos, por assim dizer, irrestritamente válidos, e sem a consideração de cada percepção real correspondente. O trabalho do pensamento com juízos no lugar de complexos perceptivos singulares e desordenados representa portanto uma grande economia. Se a unidade psicológica assim conquistada também é representada por uma unidade neuronal no percurso do pensamento, e por outra unidade que não seja a representação de palavra, é uma discussão que não será realizada.

O equívoco pode infiltrar-se já na criação do juízo. Pois os complexos de coisa ou movimento jamais são absolutamente idênticos, e entre os componentes discrepantes podem estar aqueles cuja retirada perturba o resultado na realidade. Essa insuficiência do pensamento deriva de um empenho (que reproduzimos aqui, na verdade) para substituir o complexo por um único neurônio — algo que é imposto precisamente pela extraordinária complexidade. *São os enganos do juízo ou erros de premissas.*

Um outro fundamento para o equívoco pode estar presente no fato de que [o objeto da] p[ercepção] da realidade não fora percebido integralmente porque não se encontrava no domínio sensorial. São os *equívocos da ignorância*, dos quais os humanos não podem escapar. Ali onde essa condição não for preenchida, o pré-investimento psíquico pode ser insuficiente (porque o Eu afasta-se para longe das percepções) e produzir percepções imprecisas e percursos incompletos de pensamento; são os *equívocos* provocados por *atenção insuficiente*.

Se agora adotarmos como material os complexos organizados e submetidos ao juízo, e não mais os complexos simples, surge então uma oportunidade para abreviar o próprio processo do pensamento prático. Se o trajeto de P rumo à identidade com o investimento de desejo passa por uma imagem de movimento M, fica então biologicamente assegurado que, uma vez encontrada a identidade, esta M será inervada por completo. A simultaneidade da p[ercepção] e desta M gera entre ambas uma facilitação intensa, e uma nova P despertará a M sem nenhum percurso associativo adicional. Fica pressuposto, como é evidente, que é possível estabelecer uma ligação entre dois investimentos a qualquer momento. Aquilo que era na origem uma ligação de pensamento estabelecida com muito custo passa então a ser, por intermédio do investimento completo e simultâneo, uma vigorosa facilitação acerca da qual cabe somente perguntar se ela se efetua com frequência* no primeiro trajeto que é encontrado ou se passa por alguma ligação mais direta. O último caso parece mais provável e também mais consequente, por dispensar a necessidade de fixação dos percursos do pensamento, que devem permanecer livres para outras ligações, muito diversas. Sem a repetição do percurso do pensamento também não se

---

* "Com frequência": *stets* no original. O manuscrito não é nítido nesse trecho e a palavra poderia ser lida como *statt* [em vez disso], o que modificaria o sentido da passagem: "[...] cabe somente perguntar se *em vez disso* ela se efetua no primeiro trajeto que é encontrado ou se ela passa por alguma ligação mais direta".

deve esperar facilitação alguma, e o resultado será mais bem fixado por ligação direta. No entanto, a proveniência do novo trajeto permanece desconhecida. A tarefa seria mais simples caso os dois investimentos, P e M, possuíssem uma associação em comum com um terceiro.

A porção do percurso do pensamento que parte da percepção rumo à identidade, passando por uma M, também adquire relevo e apresenta um resultado semelhante quando, mais adiante, a atenção fixa a M e forma uma associação entre ela e a P que foi outra vez fixada. E a seguir essa facilitação também se estabelece no caso real.

Os equívocos não são, em princípio, compreensíveis nesse trabalho do pensamento, mas decerto é possível que um trajeto do pensamento que se desvia da finalidade seja seguido e um movimento dispendioso adquira relevo, pois no caso do pensamento prático a seleção depende exclusivamente das experiências que são passíveis de reprodução.

Com a ampliação das memórias, surgem sem parar novos trajetos de deslocamento. Por essa razão, parecerá vantajoso que as percepções isoladas sejam perseguidas de forma integral para que se descubra entre todos os trajetos aquele mais favorável, e esse trabalho cabe ao pensamento *cognoscente*, que na verdade se soma ao pensamento prático como uma preparação, embora só tardiamente ele venha a formar-se a partir do último. Por isso os resultados desse trabalho podem ser empregados para mais de um tipo de investimento de desejo.

Os equívocos do pensamento cognoscente são flagrantes: a parcialidade, quando os investimentos de meta não foram evitados, e a incompletude, quando nem todos os trajetos foram seguidos. A vantagem evidentemente será enorme se forem despertados ao mesmo tempo os signos de qualidade; quando esses processos selecionados do pensamento ingressam no estado de expectativa, o percurso associativo pode seguir desde o primeiro até o último componente por intermédio dos signos de qualidade, em vez de acompanhar a série completa do pensamento, e nesse caso a série das qualidades nem sequer precisa corresponder numericamente à série do pensamento.

O desprazer não desempenha papel algum no pensamento teórico, e portanto isso também é possível no caso da memória que foi domesticada.

Ainda nos falta examinar mais um tipo de pensamento, o pensamento crítico ou avaliador, ocasionado pelo fato de que o processo de expectativa com a subsequente ação específica conduz ao desprazer em vez da satisfação, mesmo que tenham sido observadas todas as regras. O pensamento crítico tenta repetir integralmente o percurso da Qή, sem uma meta prática, de forma ociosa e sob a evocação de todos os signos de qualidade, para comprovar um *erro do pensamento* ou uma *insuficiência psicológica*. Trata-se de um pensamento cognoscente com um objeto que é dado, a saber, a uma série de pensamentos. Sabemos em que consiste este último (o erro do pensamento); mas em que consistem os *erros lógicos*?

De forma resumida, na inobservância das *regras biológicas* para o percurso do pensamento. Essas regras estabelecem em cada caso para onde o investimento da atenção deve orientar-se e qual o momento em que o processo do pensamento deve estacionar. Elas são protegidas pelas ameaças de desprazer, foram obtidas a partir da experiência e são facilmente transformadas em regras da lógica — algo que deve ser comprovado caso por caso. Portanto, o desprazer intelectual da contradição, diante do qual o percurso examinador do pensamento fica estacionado, não é outra coisa senão o desprazer armazenado com vistas à proteção das regras biológicas, e que é instigado pelo processo incorreto do pensamento.

A existência de tais regras biológicas pode ser comprovada justamente a partir dos erros lógicos.

Não podemos entretanto conceber a ação senão como o investimento completo daquelas imagens de movimento que ganharam relevo no processo do pensamento, ou talvez ainda daquelas que (quando havia o estado de expectativa) pertencem à porção voluntária da ação específica. Ocorre aqui uma renúncia ao estado ligado e uma retração dos investimentos da atenção. No primeiro caso ocorre uma queda ininterrupta do nível no Eu a partir do primeiro percurso iniciado nos neurônios motores. Certamente não se deve esperar um descarregamento completo do Eu no caso das ações singulares, mas sim apenas no caso dos atos de satisfação mais profusos. A ação não acontece por intermédio da inversão da via trazida pelas imagens de movimento, mas por trajetos motores específicos, o que é muito instrutivo; e por isso o efeito do movimento evidentemente também não é aquele desejado, como seria obrigatório no caso da inversão da mesma via. Por isso, até que seja alcançada a identidade, é necessário que durante a ação sejam outra vez comparadas as informações de movimento recém-chegadas com aquelas pré-investidas, além de uma excitação que corrija as inervações. Repete-se aqui o mesmo que sucedia no plano da percepção, porém com menor variedade, maior velocidade e uma descarga *plena* e constante, algo que não estava presente naquele caso. Entretanto, é notável a analogia entre o pensamento prático e a ação consequente. Nota-se a partir disso que as imagens de movimento são *sensíveis*. Mas o fato peculiar de que a ação avança por novos trajetos e não pela inversão, que é tão mais simples, parece indicar que a direção da condução dos elementos neuronais certamente é fixa, ou talvez que o movimento neuronal possua uma característica diferente, tanto em um caso como no outro.

As imagens de movimento são percepções e, como tais, naturalmente têm qualidade e despertam consciência, mas também não é possível negar que por vezes elas atraem grande atenção para si; entretanto, suas qualidades são mesmo evidentes e talvez não sejam tão diversas quanto aquelas do mundo exterior; além disso, elas não estão associadas a representações de palavra e se colocam, pelo contrário, parcialmente a serviço dessa associação. Mas não procedem de órgãos sensoriais bastante organizados: sua qualidade, na verdade, é monótona.

TEXTOS BREVES
(1886-1895)

PREFÁCIO À TRADUÇÃO DE J.-M. CHARCOT, *LIÇÕES SOBRE AS DOENÇAS DO SISTEMA NERVOSO* (1886)*

Um trabalho desse tipo, que visa apresentar a um círculo médico mais amplo os ensinamentos de um mestre da clínica, certamente não precisa de justificação. Assim, direi apenas algumas palavras acerca da origem desta tradução e do teor das conferências nela reproduzidas.

No inverno de 1885, quando cheguei à Salpêtrière para uma permanência de quase seis meses, constatei que o prof. Charcot — que, aos sessenta anos, trabalhava com vigor juvenil — tinha abandonado o estudo das doenças nervosas baseadas em alterações orgânicas para se dedicar exclusivamente à investigação das neuroses, em especial a histeria. Essa mudança ligava-se às modificações ocorridas nas condições do trabalho e da atividade docente de Charcot em 1882, descritas na primeira conferência deste livro.

Depois que superei a perplexidade inicial com os resultados das novas pesquisas do prof. Charcot e

---

* Título original: "Vorwort des Übersetzers von J.-M. Charcot, *Leçons sur les maladies du systéme nerveux*". Publicado primeiramente em J.-M. Charcot, *Neue Vorlesungen über die Krankheiten des Nervensystems insbesondere über Hysterie* [Novas conferências sobre as enfermidades do sistema nervoso, em especial sobre a histeria]. Traduzido de *Gesammelte Werke. Nachtragsband*, pp. 52-3.

pude apreciar a grande importância delas, solicitei-lhe a permissão de traduzir para o alemão as conferências em que são apresentadas essas novas teorias. Devo, aqui, expressar minha gratidão não só pela boa vontade com que ele me concedeu a permissão, mas também pela ajuda que prestou em seguida, o que tornou possível, inclusive, que a edição alemã seja publicada vários meses *antes* da francesa. Acrescentei à tradução, por solicitação do autor, algumas notas — em geral, aditamentos às histórias clínicas dos pacientes.

O núcleo do livro é formado pelas preleções — magistrais e fundamentais — sobre a histeria, das quais podemos esperar, juntamente com o autor, que levarão a uma nova época na avaliação dessa neurose pouco conhecida e, por isso, tão difamada. Em virtude disso, e tendo a concordância do professor, mudei o título francês do livro, que é *Leçons sur les maladies du système nerveux — Tome troisième*, destacando a histeria entre os temas nele tratados.

Se estas conferências estimularem o leitor a se aprofundar nas pesquisas da escola francesa sobre a histeria, posso recomendar-lhe o livro de P. Richer, *Études cliniques sur la grande hystérie*, notável em vários aspectos, cuja segunda edição apareceu em 1885.

Viena, 18 de julho de 1886.

TEXTOS PRÉ-PSICANALÍTICOS

RESENHA DE H. AVERBECK, *A NEURASTENIA AGUDA* (1887)*

A insuficiência, para as necessidades da prática médica, da formação clínica oferecida em nossos hospitais se mostra da maneira mais contundente, talvez, no exemplo da "neurastenia", esse estado patológico do sistema nervoso que sem receio podemos caracterizar como a mais frequente enfermidade da nossa sociedade, que, nos doentes das classes mais altas, complica e torna mais graves a maioria dos demais quadros clínicos, e que muitos médicos cientificamente preparados ainda ignoram por completo ou veem apenas como a denominação moderna de um conteúdo reunido de forma arbitrária. A neurastenia — não um quadro clínico no sentido encontrado nos manuais que se baseiam muito exclusivamente na anatomia patológica, mas sim uma forma de reação do sistema nervoso — merece a atenção geral dos médicos que exercem atividade científica, em grau não menor do que a que recebe dos que trabalham como terapeutas, diretores de sanatórios etc. Portanto, merece recomendação para círculos mais amplos de leitores esse pequeno livro, com suas descrições pertinentes (embora deliberadamente extremadas), suas propostas e observações atinentes a muitos aspectos sociais. Como o próprio autor desconfia, elas nem sempre terão o apoio dos colegas, mas despertarão seu interesse. As

---

* Título original: "Referat über Averbeck, *Die akute Neurasthenie*". Publicada primeiramente na *Wiener medizinische Wochenschrift*, v. 37, n. 5. Traduzida de *Gesammelte Werke. Nachtragsband*, pp. 65-6.

observações sobre o serviço militar obrigatório como remédio para os danos da vida civilizada, a sugestão de possibilitar à classe média trabalhadora, mediante assistência *do Estado*, um repouso periódico em tempos de boa saúde, estão sujeitas a várias objeções. Deve-se admitir, porém, que nessa pequena obra são tratados, de modo espirituoso, temas importantes da profissão médica.

RESENHA DE WEIR MITCHELL, *O TRATAMENTO DE CERTAS FORMAS DE NEURASTENIA E HISTERIA* (1887)*

O método terapêutico do original médico de doenças nervosas Weir Mitchell, da Filadélfia — que, combinando repouso absoluto, isolamento, superalimentação, massagem e eletricidade de forma rigorosamente planejada, consegue vencer estados severos e duradouros de exaustão nervosa —, foi indicado primeiro na Alemanha por R. Burkart, e no ano passado encontrou pleno reconhecimento numa conferência de E. V. von Leyden.

---

*Título original: "Referat über Weir Mitchell, *Die Behandlung gewisser Formen von Neurasthenie und Hysterie*". Publicada primeiramente na *Wiener medizinische Wochenschrift*, v. 37, n. 5. Traduzida de *Gesammelte Werke. Nachtragsband*, pp. 67-8. A primeira edição da obra de S. Weir Mitchell, publicada nos Estados Unidos, recebeu o título *Fat and Blood and How to Make Them*; algumas edições americanas posteriores tiveram como subtítulo o título usado na edição alemã: *The Treatment of Certain Forms of Neurasthenia and Hysteria*.

Foi o mesmo Leyden que providenciou a tradução desse pequeno livro, que contém valiosos conselhos para a seleção dos casos adequados ao tratamento em questão e comentários estimulantes sobre o efeito das diversas forças terapêuticas que compõem o procedimento de Mitchell, e que deve trazer a todo médico uma ampliação de seus conhecimentos. Talvez a tradução seja demasiado fiel à construção especificamente inglesa da frase e a certas formulações: os termos "histeria" e "histérico" são geralmente usados no sentido vulgar, não científico, dessas palavras tão maltratadas.

RESENHA DE OSWALD BERKHAN, "TENTATIVAS DE MELHORAR A SURDO-MUDEZ E OS BONS RESULTADOS DESSAS TENTATIVAS" (1887)*

Esse artigo [de Berkhan] não deixará de chamar a atenção e de mais uma vez recomendar aos médicos os trabalhos do original pesquisador James Braid, pai do hipnotismo. Com base nas afirmações de Braid, segundo as quais restituiu, ao menos em parte, a audição de várias pessoas surdas-mudas de nascença através da hipnose, Berkhan entrou em contato com médicos de surdos-mudos para repetir

---

*Título original: "Referat über Berkhan, 'Versuche, die Taubstummheit zu bessern und die Erfolge dieser Versuche'". Publicada primeiramente em *Zentralblatt für Kinderheilkunde*, v. 1, n. 2. Traduzida de *Gesammelte Werke. Nachtragsband*, pp. 103-4.

esses experimentos. Vários garotos, cuja surdez total era comprovada, foram hipnotizados ao olhar fixamente para uma bola de vidro reluzente. A hipnose sobreveio depois de cinco a nove minutos. Durante esta, foram gritadas no ouvido dos garotos as diferentes vogais, assoviou-se etc. Após oito dias repetiu-se a hipnose, de quatro a seis vezes com cada um. Depois da hipnose, examinou-se novamente a audição dos garotos e foi constatado que alguns deles conseguiam ouvir algumas vogais, o toque do sino de uma torre, o silvo de um trem e coisas assim. O ganho era duradouro, num caso pôde ser verificado um ano e meio após o experimento. *O grande aumento da excitabilidade dos centros sensoriais mediante a hipnose,* que foi demonstrado por Charcot na Salpêtrière, *torna compreensíveis esses bons resultados.* Com alguns garotos surdos-mudos Berkhan não teve sucesso, como ele próprio relata.

RESENHA DE HEINRICH OBERSTEINER, "O HIPNOTISMO CONSIDERADO ESPECIALMENTE EM SUA IMPORTÂNCIA CLÍNICA E FORENSE" (1888)*

Esse trabalho de oitenta páginas coloca-se a tarefa de caracterizar, do modo mais sucinto, o ponto em que se acha

---

*Título original: "Referat über Obersteiner, 'Der Hypnotismus mit besonderer Berücksichtigung seiner klinischen und forensischen Bedeutung'". Publicada primeiramente em *Zentralblatt für Physiologie*, v. 1, n. 23. Traduzida de *Gesammelte Werke. Nachtragsband*, pp. 105-6.

a teoria do hipnotismo após as pesquisas dos últimos anos, disso deduzindo a necessidade de os médicos se familiarizarem com o assunto. Fundamentado em rico conhecimento bibliográfico e na experiência própria, Obersteiner aborda o método para indução da hipnose, as manifestações, enquanto dura a hipnose, no âmbito da motilidade e da sensibilidade, na esfera vegetativa, e os fenômenos físicos, e também os fatos e problemas que se ligam à assim chamada "sugestão"; e, ademais, a aplicação terapêutica da hipnose, que parece destinada a um papel considerável na terapia das neuroses, e a importância forense dos estados hipnóticos. Deve-se destacar, em especial, o ponto de vista cientificamente correto do autor, que evita rejeitar como sendo impossível ou mendaz aquilo que ultrapassa suas próprias experiências, e sempre separa a questão sobre a verdade de um fato afirmado, mas que ainda parece prodigioso, da questão sobre a sua explicabilidade mediante nossas atuais concepções fisiológicas. No que toca à influenciação do sistema nervoso pelos ímãs, Obersteiner sustenta a posição de que devemos atribuir ao ser humano um "sentido magnético", cujas sensações ficam normalmente abaixo do limiar, mas que em condições doentias (hipnose, histeria) o transpõem. Uma observação que a este resenhador parece incorreta é feita por Obersteiner acerca dos famosos experimentos de Babinski quando trabalhava com Charcot,* nos quais uma sugestão foi trans-

---

* Sobre Jean-Martin Charcot e Joseph Babinski, ver *The Discovery of the Unconscious* (Nova York: Basic Books, 1970), cap. 2, "The Emergence of Dynamic Psychiatry".

mitida de uma pessoa hipnotizada para outra por intermédio de um ímã. Se é preciso supor que, em determinadas circunstâncias, um ímã atua sobre uma pessoa, não deve parecer estranho que esse indivíduo influa sobre outro, assim como um pedaço de ferro magnetizado mantém a característica de atrair outro. Essa analogia não diminui o caráter prodigioso do fato de um sistema nervoso poder influenciar outro por meios outros que não as percepções sensoriais nossas conhecidas. É preciso conceder, isto sim, que uma confirmação desses experimentos acrescentaria à nossa visão de mundo algo novo, até agora não reconhecido, e, ao mesmo tempo, como que expandiria os limites da personalidade.

RESENHA DE A. HEGAR, *O INSTINTO SEXUAL: UM ESTUDO MÉDICO-SOCIAL* (1895)*

Esse pequeno trabalho do famoso ginecologista será uma decepção para muitos que — seduzidos pelo título — esperarão, de um especialista, autênticos esclarecimentos sobre a vida sexual das mulheres. Trata-se de uma resposta ao conhecido livro de Bebel, *A mulher e o socialismo* [1883], mas uma resposta que, pelo conteúdo e pela forma

* Título original: "Besprechung von A. Hegar, *Der Geschlechtstrieb: Eine sozial-medizinische Studie*". Publicada na *Wiener klinische Rundschau*, v. 9, n. 5, 1895. Traduzida de *Gesammelte Werke. Nachtragsband*, pp. 489-90.

da exposição, não é capaz de fazer frente ao adversário na conquista dos leitores. Além disso, o livro de Hegar é tão tendencioso quanto o do líder socialista. Enquanto este ressalta as exigências do instinto sexual, que a atual ordenação da sociedade não leva em conta, o médico se empenha em apresentar esse incômodo impulso como um camarada relativamente inócuo. Não é possível — conforme Hegar — escapar à suspeita de que o instinto sexual obediente à natureza, no indivíduo civilizado de hoje, não é tão forte como foi retratado. No homem, devemos distinguir "entre disposição natural e flama artificialmente atiçada" (p. 5), ao passo que "a tendência natural da mulher ao amor físico, em geral, naturalmente sem considerar as exceções, não é muito grande".

Como era de se prever, Hegar tem de constatar alguns fatos que não condizem com essa baixa avaliação do instinto sexual. Assim, eis o que ele diz em sua abordagem do "amor ilícito":* "Dados os perigos, hoje nitidamente comprovados, que o amor ilícito acarreta, é difícil achar possível que alguém se exponha a eles" (p. 51). Hegar vê uma explicação no fato de a imensa maioria não fazer ideia clara dos efeitos nocivos do amor ilícito. No exemplar de seu livro que adquiri, acha-se nesse ponto uma anotação à margem: "Hegar esquece precisamente... o instinto sexual". De resto, a obra contém muitas estatísticas sobre temas que não se ligam diretamente ao instinto sexual, ou, de toda forma,

---

* No original, *wilde Liebe*, que também significa, literalmente, "amor selvagem".

não essencialmente: aumento da população, mortalidade infantil etc. Sobre o âmago do problema, o fato de que as pessoas — a alternativa sendo o dano à saúde — são obrigadas a gerar seus filhos como produtos secundários da satisfação de uma necessidade natural, Hegar não diz uma palavra, e quanto à importância dos esforços para separar a concepção do coito, sem transtorno para a saúde, não mostra nenhuma compreensão.

ÍNDICE REMISSIVO

AS INDICAÇÕES "NA" E "NT" DESIGNAM
AS NOTAS DO AUTOR E DO TRADUTOR,
RESPECTIVAMENTE.

ÍNDICE REMISSIVO

A-B-C-D (consciência da representação do sonho; gráfico de Freud), 282
ab-reação, 183, 208
aberrações sexuais, 127; *ver também* sexualidade, sexual, sexuais
Abuso de Emma, memória do (gráfico de Freud), 295
ação psíquica sobre o corpo, 110-3; *ver também* psique, psíquica(s), psíquico(s)
acromatopsia, 47
adolescentes, 297
adulto(s), 56, 60, 113, 162, 275
afasia, 49, 196-7, 201-2, 204
afeto(s), 110-2, 118-9, 153, 181-2, 187, 254-5, 257, 274, 280, 285, 289, 291, 293, 296-301, 322, 330-1, 333
agorafobia, 173, 293
agudas, histerias, 60-1; *ver também* histeria, histérica(s), histérico(s)
alcoolismo/alcoólatras, 56, 127
alegria, 111-2
Alemanha, 14, 23, 70, 74-5, 90, 345
alexia, 202
alfalgesia, 45; *ver também* dor(es)
alimento(s), 108, 150, 153, 220, 250
alívio, 114, 117
alma, 98, 105, 117-8, 125
alucinação, alucinações, alucinatória(s), alucinatório(s), 42, 67, 124, 171, 182, 185, 253, 261, 263, 278-80, 282, 314, 331-2

ama de leite, 150
amamentação, 122, 148, 150, 152, 156-7
amaurose, 45-6
ambliopia, 45-6
amor, 124, 163, 350
"amor ilícito", 350
amplitude de trajeto, 322-3
analgesia, 44, 199, 213
anemia, 60, 203-5
anestesia, 22, 32-6, 44-51, 59, 71, 144, 199
angústia(s), 92, 134, 294; *ver também* medo(s)
animal/animais, 77, 98, 107
anomalia constitucional, histeria como, 56
arc de cercle (postura corporal histérica), 42; *ver também* histeria, histérica(s), histérico(s)
Archives de Neurologie (periódico), 22-3, 204
Aristóteles, 292NT
arseniados, compostos, 63
artes, 187
"artificial", histeria/loucura, 90; *ver também* histeria, histérica(s), histérico(s)
artralgia(s) histéricas(s), 22, 59; *ver também* histeria, histérica(s), histérico(s)
associações, 154, 159, 172, 202, 206-8, 266-7, 270, 281, 305, 308, 320, 323
ataque epiléptico, 42; *ver também* convulsão/convulsões; epilepsia; histeroepilepsia

ÍNDICE REMISSIVO

ataque(s) histérico(s), 42-4, 54, 59, 61, 74, 78, 160, 171-2, 181, 183-8; *ver também* histeria, histérica(s), histérico(s)
atividade intelectual, 54, 60, 92, 106
atividade sensorial, 46-7, 96
"atração do desejo", 257; *ver também* desejo(s)
attitude passionelle na histeria, 42, 171, 184-5
audição, 29, 33, 47, 346-7
August P. (paciente), 28
Áustria, 14, 96NT
autossugestão/autoinfluência/auto-hipnose, 63, 80-1, 95, 99, 209; *ver também* hipnose, hipnótica(s), hipnótico(s); sugestão, sugestionabilidade
aversão, 88, 135, 150-1, 153, 207, 256

Babinski, 165, 348
Baginsly, 25
barreiras de contato, teoria das, 222-8, 230-1, 233-4, 236, 239, 248-50, 252, 258; *ver também* neurônio(s), neuronal, neuronais; sistema ω ("sistema de neurônios perceptivos"); sistema φ ("sistema de neurônios permeáveis"); sistema Ψ ("sistema de neurônios impermeáveis")
Basedow, doença de, 41, 174
Bebel, 349
bebês, 148, 150-2
Bell, doença/paralisia de, 191, 193

Beregszászy, 28
Bérillon, dr., 100
Berkhan, 346-7
Berlim, 21, 23, 25, 29, 99, 216
Bernheim, 64, 69, 72, 74, 76-9, 81, 83-4, 94, 97-8, 100-2, 137, 141
bexiga, 48
Binswanger, 78
biologia, biológico(s), biológica(s), 228-30, 233-4, 242, 260, 262-5, 278, 302-3, 305, 309, 316-9, 327, 333, 339
blasfêmias, 160, 172
bócio, 41
Braid, 87, 138, 346
Breuer, 64, 150, 157NA, 172, 176, 180, 208
Bright, doença de, 29
Bright, R., 29NT
Briquet, 16
brometo, 92
Brouardel, 17
Brücke, 15
bruxa(s)/bruxaria, 21, 46
Burkart, 345

campo visual, 46, 269; *ver também* visão
carências, grandes (fome, respiração, sexualidade), 220
casamento, 57
catalepsia, 78-9, 139, 144, 151
cataplexia, 182
cegueira às cores, 47
células, 25, 106, 190-1, 212, 220, 224, 232; *ver também* neurônio(s), neuronal, neuronais

ÍNDICE REMISSIVO

cérebro, 44, 51, 72, 79, 81, 83, 91, 93, 95, 106, 108-9, 199-200, 202; *ver também* córtex cerebral; cortical e subcortical, atividade

Charcot, 14, 16, 18-25, 28, 36NA, 40-1, 56, 65NT, 70, 72-4, 78, 80, 96-7, 149, 160-1, 165, 168-78, 183-5, 190, 192, 195-6, 200, 203, 208-9, 342, 347-8

choro, 287-8

ciências naturais, 70, 106, 236

científico naturalista, psicologia, 218; *ver também* psicologia

classes de neurônios, 224, 228-9; *ver também* neurônio(s), neuronal, neuronais

cloral, hidrato de, 51, 92

clorose, 60

coação, 116, 125

cognoscente, pensamento, 270, 311, 321, 329-30, 337-8

coito, 351; *ver também* relações conjugais

coitus interruptus, 214

coluna vertebral, 37

"comoção da medula", 58

"Comparação entre a sintomatologia histérica e a orgânica" (Freud), 23

complacência psíquica, 118; *ver também* psique, psíquica(s), psíquico(s)

compulsão histérica, 285-6, 289-90, 292; *ver também* histeria, histérica(s), histérico(s)

comunicação, 79, 157, 208, 309

concepção do coito, esforços para separar a, 351

Conferências introdutórias à psicanálise (Freud), 101NT

Congresso Internacional de Hipnotismo (Paris, 1889), 103NT

consciência, a, 36, 42, 55, 76, 81, 103, 133, 155, 181-4, 186-7, 236-7, 239-42, 252, 278, 281, 283-5, 287-8, 290, 295-6, 302, 320, 323

Consciência da representação do sonho (esquema A-B-C-D; gráfico de Freud), 282

conscientes, atos e processos, 65, 72, 74, 77, 155-6, 167, 207-9, 238, 240, 281-3, 290-1, 296, 308, 310-1, 319-20, 329

contágio psíquico, 40; *ver também* psique, psíquica(s), psíquico(s)

contraturas, 35, 50, 56-7, 65, 73-4, 143-4, 176

"contravontade", 155-6, 159-60, 163, 172

convulsão/convulsões, 29-30, 42-4, 64-6, 158, 185; *ver também* epilepsia; histeroepilepsia

coprolalia, 162

coração, 213, 215

cordão espermático, 37-8, 43

coreia (condição neurológica), 25

cores, sensibilidade às, 33, 47

córnea, 32, 45-6

córtex cerebral, 25, 82-3, 184, 190, 192, 200-1, 206; *ver também* cérebro

ÍNDICE REMISSIVO

cortical e subcortical, atividade, 83, 91, 95, 103, 191, 197-8, 201, 203
"costas", enxaqueca das, 213-5
crença religiosa, poder da, 115; *ver também* fé; religião, religiosidade
criança(s), 18, 25, 54, 56, 60, 77, 102, 113, 119, 123, 150, 152-3, 156, 159, 191, 251, 265, 275, 293-4, 309; *ver também* infância, infantil, infantis
Cristóvão, são, 102
cultura, cultural, 40, 211
cura, 58, 61-3, 89, 100-1, 113-5, 117-9, 126, 133, 142, 145, 148, 214
"cura de repouso", 61-2, 214

Darkchevitch, 18
De la Suggestion (Bernheim), 7, 68-9, 71, 73, 75, 77, 79, 81, 83, 85
defesa normal vs. patológica, 290-1, 299
Delboeuf, 103
dendritos, 221-2; *ver também* neurônio(s), neuronal, neuronais
depressão/depressões, 56, 111, 149, 154
descarga(s), 184, 188, 219-20, 222, 233-5, 238, 241-2, 245, 248, 250-4, 256, 259-62, 264-5, 267, 272-3, 276-7, 279-80, 299, 302-3, 307-14, 316-7, 319, 330, 340
desejo(s), 70, 98, 119, 134, 154, 239, 253, 255-7, 260-6, 268, 280-3, 302-3, 314-7, 319, 321, 324, 327, 333, 336-7
deslocamento(s), 51, 72, 181, 266, 276, 283, 288, 292, 300, 311-2, 314-5, 317, 319, 321, 337
desprazer, 242-3, 251, 253-5, 259-63, 267, 271, 289, 291, 293, 299-302, 310, 316, 320, 330-3, 338-9
détaillée, paralisia, 191, 193
Deuticke, 25, 192
diátese nervosa, histeria como, 53
digestão/trato digestivo, 30, 62, 107-8, 157; *ver também* estômago
digitalina (medicamento), 100
diplopia monocular, 47
direito penal, 87, 103
Discovery of the Unconscious, The (Ellenberger), 348NT
doença de Bell/paralisia de Bell, 191, 193
doença(s), doente(s), 15-6, 18-9, 22, 24, 29, 35-6, 41, 44-6, 50, 53-6, 58-9, 61, 75, 97, 108-9, 111-5, 117-21, 126-31, 134-6, 143-5, 149, 151, 158-61, 166, 168, 171, 174, 178, 184, 186, 188, 195, 216, 342, 344-5; infecciosas, 111
doenças nervosas, 16, 41, 145, 168, 174, 178, 342
dor(es), 29, 31-2, 38, 44, 66, 92, 107-8, 110, 112-4, 127, 141, 143-4, 150, 156, 213-4, 216, 235, 244, 248, 253-4, 256-7, 267, 269, 274, 289, 299-300, 310, 330-2

ÍNDICE REMISSIVO

dor de cabeça *ver* enxaqueca
duração da vida, 111

ecolalia, 162
educação, 54, 60, 92, 119, 172, 285, 314, 316
egoísmo, egoísta(s), 149
Eisenloh, dr., 15
eletricidade, 17, 38, 44, 49, 51, 62-3, 144, 193-4, 345
Ellenberger, 348NT
Emma (paciente), 293-4
Emmy von N. (paciente), 212NT
emoção, emoções, emocional, 108, 110, 123-5, 185, 250, 297
en masse, paralisia, 191, 193
enamoramento, 162-3
encéfalo, 229-30; *ver também* cérebro
ensejo psíquico, 64; *ver também* psique, psíquica(s), psíquico(s)
entorpecimento, 71, 121, 143
enxaqueca, 102, 211-6
Enxaqueca, A (Möbius), 210-1
epiglote, 32
epilepsia, 24, 42, 54, 65-7, 177; *ver também* convulsão/convulsões; histeroepilepsia
erotismo, erótica(s), erótico(s), 160, 172; *ver também* sexualidade, sexual, sexuais
esclerose múltipla, 24
Esmarch, faixa de, 50
espasmo(s), 42, 48, 50, 52, 56, 63
espiritismo, 87
esquecimento, 299, 332
estados de consciência, 181; *ver também* consciência, a

estados hipnoides, 182-3; *ver também* hipnose, hipnótica(s), hipnótico(s); sugestão, sugestionabilidade
"estigmas histéricos", 21, 28, 181; *ver também* histeria, histérica(s), histérico(s)
estímulo(s), 32, 50-1, 63, 65, 81, 96-7, 103, 107, 112, 121, 165, 220, 229, 232-3, 235, 240, 244-5, 248, 250, 255
Estímulos — Mundo exterior (gráfico de Freud), *244*
estômago, 31, 45, 59, 66, 108, 151, 213; *ver também* digestão/trato digestivo
Estudos sobre a histeria (Breuer e Freud), 157NT, 181NT, 183NT, 212NT
Eu, o, 159, 161, 206, 208, 257-72, 274-5, 278-9, 281, 285, 289-90, 292, 299-305, 308-21, 325, 331-2, 334-5, 339
Eu como uma rede de neurônios (gráfico de Freud), *259*
Eulenburg, 25, 78
evacuação, 108
evolução da histeria, 56; *ver também* histeria, histérica(s), histérico(s)
examinador, pensamento, 330, 333, 339
excitabilidade nervosa, 40, 49, 53, 72-3, 76, 79, 81-2, 205
excitação, excitações, 21, 50-1, 53, 64-5, 80, 157, 172, 180-1, 187, 219-20, 223-6, 229, 231, 235, 238, 240-1, 243, 245,

ÍNDICE REMISSIVO

247, 249, 251, 261-2, 276-7, 297, 302, 308, 340
exoftalmia, 41
expectativa angustiada, 113
"experimental", psicose, 71

facilitações, 226, 235-6, 255, 257-8, 266, 270, 272-3, 278, 280, 299-301, 305-6, 309, 315, 318, 322, 324, 326-8, 332
Faculdade de Medicina de Viena, 14, 26
fadiga, 82, 102
fala, a, 49, 124, 308-12, 319, 321, 323
famílias, 28, 61, 149-50
faradização, 45, 61-2
faringe, 42
fase alucinatória na histeria, 42; *ver também* alucinação, alucinações, alucinatória(s), alucinatório(s); histeria, histérica(s), histérico(s)
fase "epileptoide" da histeria, 42, 66, 184; *ver também* epilepsia; histeria, histérica(s), histérico(s); histeroepilepsia
fé, 114, 116, 134; *ver também* religião, religiosidade; sacerdotes; sagrados, locais
febre, 59
feitiçaria, 40; *ver também* bruxa(s)/bruxaria
felicidade, 111
feminina, feminino, 40, 55, 59, 157, 185
fenômenos "sobrenaturais", 112
fibras motoras, 190-2

filho(s), 29, 54, 351
filósofos, 106
fisiologia, 94, 168, 212
flexores, músculos, 37
Fliess, 18ONT, 216, 282
folie de doute, 155, 162
forças motrizes/forças psíquicas, 113, 115; *ver também* psique, psíquica(s), psíquico(s)
Forel, 7, 69-70, 85-9, 91, 93-5, 97-103
formes frustes, 167
França, 75
freiras, 160, 172, 187
Freud: Biologist of the Mind (Sulloway), 216NT

garganta, 31-2, 42, 77
Gay, P., 216NT
genital/genitais, 21, 40, 45, 55, 63
genitalidade, relação entre histeria e, 55; *ver também* histeria, histérica(s), histérico(s)
ginástica, 62
globus hystericus, 42, 59
Golgi, 191
Goltz, 25
grand hypnotisme, 23, 72-3, 76
"*grande hystérie*", 41; *ver também* histeroepilepsia
grandes carências (fome, respiração, sexualidade), 220
Gruber, 33
Grubrich-Simitis, 58NT
Guinon, 161-2

Hamburgo, 15
Hegar, 350-1

ÍNDICE REMISSIVO

hemianestesia, 28, 33, 37-8, 45, 48, 59, 75
hemianopsia, 45-6, 173, 199-200, 202, 204
hemiplegia, 48, 176, 195, 197, 199, 202
hereditariedade, 54, 168, 173; histeria e, 53-4
hidrato de cloral, 51, 92
hidroterapia, 17, 61-3, 101
hiperemia, 203
hiperestesia(s), 44-5, 47, 59
hipnose, hipnótica(s), hipnótico(s), 14, 22-4, 51, 63-4, 69-75, 77-9, 82-5, 87-100, 102-3, 120-31, 133-46, 148, 150-3, 157-8, 171, 176, 181-6, 208, 277, 346-8; *ver também* sugestão, sugestionabilidade
hipnotizador(es), 95-6, 100, 122-6, 133, 135, 140-1
histeria, histérica(s), histérico(s), 14, 20-5, 28-9, 33, 40-4, 46-67, 70, 72-6, 78, 80, 90, 96, 101, 109, 135-6, 154-5, 157-61, 163, 171-2, 174-7, 180-2, 184-8, 190, 193-200, 203-6, 208, 219, 284-6, 291, 297, 342-3, 346, 348
histeroepilepsia, 41, 65-6, 177; *ver também "grande hystérie"*
histeroneurastenia, 213; *ver também* neurastenia, neurastênica(s), neurastênico(s)
histologia do sistema nervoso, 190, 221, 232; *ver também* neurônio(s), neuronal, neuronais

homens, 20, 28-9, 43, 57, 59, 89, 92-3, 185
Hückel, 73
hyperexcitabilité neuromusculaire, 76
hystérique d'occasion, 149, 157

Idade Média, 21, 40, 46, 160
ideia(s) obsessiva(s), 71, 109, 162, 173, 214
identidade como meta do pensamento prático, 327; *ver também* prático, pensamento
ímã/"sentido magnético", 65, 96, 348-9
imagens da memória, 252-3, 256, 265, 271, 290, 307-8, 330; *ver também* memória
imaginação, 113, 115, 127
imaturos, meninos sexualmente, 55
impermeáveis, neurônios *ver* sistema Ψ ("sistema de neurônios impermeáveis")
impulso(s), 64, 80, 98, 115, 124, 172, 207, 250, 350
inconsciente, o, 58
inconscientes, atos e processos, 30, 53, 63, 65, 73, 155, 186, 236, 281, 283, 294, 320, 322-3, 329
incubação, 58, 143
inércia, 212, 219-20, 222, 242, 275
inervação, 36, 48, 80-2, 155, 159-60, 250, 272, 276-7, 285, 309, 311, 327, 340
infância, infantil, infantis, 29, 56, 148, 351; *ver também* criança(s)
infecciosas, doenças, 111

ÍNDICE REMISSIVO

inibição, inibições, inibida(s), inibido(s), 29, 35, 52, 127, 155-6, 159-61, 257-63, 265, 270, 279, 298, 301, 313, 332
insônia, 102
instinto(s), 250, 350
Instituto de Fisiologia de Viena, 15NT
insuficiência renal crônica, 29NT
intercelulares, estímulos, 232, 238, 244
intestino, 48
intoxicação/intoxicações, 54, 57, 176
investimento(s), 226-7, 242-3, 246-7, 251-70, 272-83, 289-90, 299-309, 311-7, 319-28, 330-9
irmã, irmão, 29-30, 149, 213
irritação, 63, 139-40, 157

Janet, P., 176, 204-5
Jendrássik, 78
juízo(s)/o julgar, 88, 93, 113, 265, 268-72, 304, 310, 334-5

Kaan, 156NA
Klein-Friedrichsberg, hospício de, 15
Kölliker, 191
Königstein, 33
Krafft-Ebing, 70

laringe, 45, 63-4
latência, 58
Leçons du mardi à la Salpêtrière (Charcot), 80NA, 160NA, 165, 171

Leçons sur les maladies du système nerveux (Charcot), 36NA, 342-3
Lei de Fechner, 246
Leipzig, 15NT
"leitura de pensamentos", 112, 312
lembrança(s), 101, 125, 141, 171-2, 181-2, 184-7, 207-9, 294; *ver também* memória; recordação
lesões orgânicas, 49, 197, 199, 203-5
letargia, 76
Leyden, 345-6
liberação sexual, 294-6, 298
Liébeault, 87, 97, 99-100, 137
Liégeois, 97, 103
linguagem, 170, 202, 264
Loeb, prof., 25
Lott, dr., 150
loucura, 90-1, 109
luz, percepção da, 46-7

macropsia, 47
mãe, 29, 54, 61, 122, 148-50, 152, 156, 159
magia, 105, 117-8, 123
"magnetismo"/"sentido magnético", 65, 96, 348-9
massagem, 61-2, 345
masturbação, 297
medicação, medicamento(s), 51, 62-3, 88, 108, 114
medicina, 40, 90, 99, 105-7, 114, 116-7, 119, 136, 211
médico(s), 14, 16, 19, 59-60, 64, 69-70, 72, 74, 89-92, 101, 105-7, 109, 111, 115-9, 125,

ÍNDICE REMISSIVO

131, 133-4, 150, 177, 184, 211, 344, 346, 348
"médium", 112
medo, 30, 100, 119, 134, 151, 159, 162, 286; *ver também* angústia
medula, 18, 58, 190, 192, 199-200, 229
melancolia/melancólico, 56, 154; *ver também* depressão/depressões
memória, 31, 98, 139, 166, 168, 182, 186, 223-6, 239, 245, 252-6, 259-62, 265-9, 271, 274, 280-1, 287, 290-1, 293-8, 300-1, 306-10, 312, 326-8, 330-3, 337-8; *ver também* lembrança(s); recordação
Memória do abuso de Emma (gráfico de Freud), *295*
Mendel, 25, 157NA
Ménière, doença de, 24, 100
meninas/garotas, 54, 56, 162, 214
meninos/garotos, 54-6, 160, 187, 347
Mesmer, 96
Meynert, 14, 28, 69, 78, 89, 91-4
micropsia, 47
Mitchell, 61, 345-6
Möbius, 174, 211-2, 215-6
monoplegia(s), 36, 175, 196-8, 201
morfina, 51, 92
morfinomania, 127
morte, 30, 43, 71, 107, 109, 203
Moscou, 18
"movimentos de saudação" na histeria, 42
mucosas, 32, 43-4, 47
mudez histérica, 49; *ver também* histeria, histérica(s), histérico(s)
Mulher e o socialismo, A (Bebel), 349
mulher(es), 16, 31, 38, 43, 55, 57, 59, 61, 149, 151, 153, 157, 187, 207, 213, 293, 349-50
mundo exterior, 122, 218, 220, 229, 231-4, 237, 239, 244, 250-1, 261, 302, 309, 318, 340
Mundo exterior — Estímulos (gráfico de Freud), *244*
Munk, prof., 25
músculo(s), 24, 33, 37, 44, 48-50, 76, 82, 110, 112, 122, 191, 194, 220, 245, 251, 254

Nancy (França), 64, 69, 84, 94, 97, 100, 102-3, 137
narcose, 50
narcóticos, 51, 62
nariz, 215-6
Naturphilosophie, 106
"negativa", alucinação, 124; *ver também* alucinação, alucinações, alucinatória(s), alucinatório(s)
nervo(s), 32, 44, 58, 61, 76, 82, 108, 151, 199, 204
nervo óptico, 202
nervosismo, 41, 109
neurastenia, neurastênica(s), neurastênico(s), 41, 54, 56, 58-9, 62, 109, 135, 149, 155-7, 177, 215, 344; *ver também* histeroneurastenia
Neurasthenische Angstaffekt bei Zwangsvorstellungen, Der (Kaan), 156NA

neuroglias, 25
neurologia, 9, 190
Neurologisches Zentralblatt (periódico), 18, 157NA, 208
neuromuscular, excitabilidade, 73, 76
neurônio(s), neuronal, neuronais, 25, 191, 218-9, 221-36, 238-52, 254-62, 264-8, 270, 272-4, 276-80, 289, 292, 301-9, 311-9, 321-2, 324, 326, 328, 332, 335, 339-40; como partículas materiais, 218; dendritos, 221-2; perceptivos, 218, 304-5; *ver também* sistema ω ("sistema de neurônios perceptivos"); sistema φ ("sistema de neurônios permeáveis"); sistema Ψ ("sistema de neurônios impermeáveis")
Neurônios de φ e Ψ (gráfico de Freud), 245
Neurônios, o Eu como uma rede de (gráfico de Freud), 259
neurose(s), neurótica(s), neurótico(s), 20-3, 28, 40-1, 44, 50, 52-62, 73-4, 92, 109, 121, 130, 146, 148-9, 154-5, 157, 161, 163, 174, 177, 185, 190, 195-6, 198, 200, 208, 213-4, 281, 286-7, 292, 342-3, 348
Normalschule, 30NT
nosografia, 19, 167
Nothnagel, 14, 211
nutrição, 43, 62, 111, 193-4

Obersteiner, 93, 348
objeto amado/objeto sexual, 250, 303
obscenas, palavras, 162-3, 172
obsessão, 219; *ver também* ideia(s) obsessiva(s)
olfato, 33, 47
olhos, 31, 33-7, 45, 77, 81-2, 107, 110, 114, 121, 138-40, 211, 215, 279, 286
Oppenheim, 23
orelha, 32, 34, 76
órgãos internos, 32, 45, 50
órgãos sensoriais/órgãos dos sentidos, 44-7, 50, 235, 240, 262, 276-7, 317, 340
origens do termo "histeria", 40; *ver também* histeria, histérica(s), histérico(s)
osso(s), 31, 37, 43-4
"ovarialgia", 38
ovários, 43-4

P, sistema *ver* percepção, percepções (P)
pai(s), 28-9, 30, 61, 123
paladar, 33, 47
Palavras de Freud, As (Paulo César de Souza), 105NT
palavras, "magia" das, 118
palpitações, 30, 31
paralisia facial, 76, 191, 200
paralisia(s) cerebral/paralisias cerebrais, 190-5, 197, 199-202
paralisia(s) cortical/corticais, 193-5, 200-2
paralisia(s) histérica(s), 22, 48-9, 58, 64, 76, 80, 175, 193-8, 200, 202, 204-8; *ver também* histeria, histérica(s), histérico(s)

ÍNDICE REMISSIVO

paralisia(s) orgânica(s), 47-9, 175, 193-5, 197-8, 202-3, 205, 209
paraplegia espinal, 48
Paris (França), 14-5, 19, 23, 25, 36, 94, 96NT, 103
pele, a, 32-3, 37-8, 44-7, 51, 59, 110, 251
pensamento, processos de, 270, 272, 274, 289-90, 309, 311-3, 319-21, 324, 327, 329, 334, 336, 338-9
percepção, percepções (P), 12, 46-7, 60-1, 81, 93, 123, 162, 206, 218, 224, 237-9, 243, 246, 251, 253-4, 256, 260-71, 274, 276, 279-80, 289, 291, 295, 302-6, 309-12, 314, 317, 319, 324, 326-7, 329-30, 334-5, 337, 340, 349; *ver também* sistema ω ("sistema de neurônios perceptivos")
percursos do pensamento, 329-38
perifero-espinal, paralisia, 190-2
permeáveis, neurônios *ver* sistema φ ("sistema de neurônios permeáveis")
pernas, 48-9, 107
personalidade do médico, 118; *ver também* médico(s)
perversão, 57, 157, 160
Pierre Marie, dr., 24
poliomielite, 191
poliopia, 33
pontos histerógenos, 22
povos antigos, 117
prático, pensamento, 325-7, 329-30, 333-4, 336-7, 340
prazer, 242-3, 280, 316

predisposição histérica, 53-6, 58-9, 172, 182; *ver também* histeria, histérica(s), histérico(s)
"Prefácio a *Ritos escatológicos do mundo inteiro*" (Freud), 17NT
Preyer, 78
Primeiros analíticos (Aristóteles), 292NT
processo primário, 272-4, 276, 278-81, 288, 290, 292, 299-301, 331
processo secundário, 266, 273-4, 284, 301
processos psíquicos, 53, 81, 99, 184, 218, 224, 236, 258, 263, 275, 322; *ver também* psique, psíquica(s), psíquico(s)
procriação, 351
protoplasma, 219, 222-3
psicanálise, 58NT
psicologia, 69, 99, 205, 207-8, 218, 237, 241
Psicologia das massas e análise do Eu (Freud), 102NT
psicose, 53, 71
psique, psíquica(s), psíquico(s), 98, 105, 107, 109-10, 120, 122-3, 125-6, 130-1; *ver também* vida psíquica
"psique", uso da palavra, 105
psiquiatras, 87, 92-3
puberdade, 56, 149, 213, 271, 293-4, 296-7, 301
pudor, 188
pupilas, 45-6

ÍNDICE REMISSIVO

Q (quantidade proveniente do mundo exterior), 218, 221, 230, 232-5, 239-40, 245-6, 248-50, 254, 258-9, 272, 274, 280, 283, 288, 304-5, 307-8, 311, 313, 319, 322-3, 326, 332
Qpc (quantidade do percurso), 323
quiasma, 202, 204
Qή (quantidade que circula no interior do aparelho neuronal), 218-22, 224, 226-7, 230, 232,-5, 239-40, 242, 245-6, 249-50, 252, 254-9, 265-7, 270, 272-6, 279, 283-4, 292, 299-300, 304-9, 311-6, 318-9, 321, 325, 333, 338

railway brain, 55-6
railway spine, 23, 55
raiva, 110, 172
Ramón y Cajal, 191
Ranvier, 25
rapport, 122
Real-Enzyklopädie (Eulenburg), 78
realidade, a, 70, 144, 274
recordação, 125, 133, 180-1, 263; *ver também* lembrança(s); memória
refletir reprodutivo, o, 270
relações conjugais, 57; *ver também* coito
religião, religiosidade, 113-4, 116
rememorar, o, 237, 267-8, 329
"repouso", cura de, 61-2, 214

representação, representações, 65, 112, 153, 159-60, 183, 192-5, 200, 206, 218, 219, 222, 224, 241, 260-1, 266, 268, 278, 280-3, 285-7, 289, 291, 296-7, 299, 303, 308-9, 314, 316, 318, 321-4, 326-7, 335, 340
repressão, 256-7, 288-92, 296
respiração, 43, 138, 220
Richards, A., 58NT

sacerdotes, 118
sacro, osso, 31, 37
sagrados, locais, 114-5
Salpêtrière (clínica/escola), 14-8, 20, 36, 40, 73-5, 165, 169, 174, 190, 342, 347
sanatórios, 61, 344
sangue, 63, 110
satisfação, vivência de, 250-2, 302, 314
satisfação sexual, 351
saúde, 30, 61, 71, 108, 149, 153-4, 161, 187, 207, 214, 345, 351
Schur, 216NT
Seele [alemão: "alma"/"psique"], 105
sensação, sensações, 30-1, 34, 42-4, 66, 80, 82, 93, 107, 111-2, 134, 137-9, 142-3, 155, 237-8, 240, 242-3, 245-6, 266, 271, 297, 325, 330, 348
sensibilidade, 32-3, 38, 44, 46, 49, 51, 60, 73, 75, 198-9, 213, 348
sensoriais, estímulos *ver* estímulo(s)
sentidos, órgãos dos, 45-7

sentidos, percepções dos, 123; *ver também ver* estímulo(s); percepção, percepções (P)
sentimento(s), 52-3, 98, 113-4, 119, 151
ser humano, 77, 92, 99, 106, 116, 251, 348
sexualidade, sexual, sexuais, 54, 110, 127, 149, 174, 177, 188, 215, 220, 255, 271, 282-3, 291, 293, 295-8, 350; *ver também* erotismo, erótica(s), erótico(s)
sífilis, 24, 56
signos da fala/signos da descarga sonora, 310-1, 321, 323
signos de qualidade, 302-5, 307-8, 310, 317, 319-20, 323, 326-30, 338
signos de realidade, 263-4, 317, 319, 321
símbolo histérico, 287-8; *ver também* histeria, histérica(s), histérico(s)
sintomatologia histérica/sintoma(s) histérico(s), 22, 50-1, 56-7, 59-60, 62-4, 73-5, 78, 157, 159, 172, 181; *ver também* histeria, histérica(s), histérico(s)
sistema nervoso, 20, 24, 40, 47, 51-3, 57, 59-60, 63-5, 80-3, 95-6, 98, 102, 108-9, 111, 159, 172, 187-8, 190, 192-3, 200, 202-4, 206, 219-22, 226, 228-9, 232-5, 237-8, 241, 245, 259-60, 316, 344, 348-9; *ver também* cérebro; neurônio(s), neuronal, neuronais

sistema φ ("sistema de neurônios permeáveis"), 218NT, 225, 228-35, 237, 240, 243-8, 252, 272, 274, 276-7, 279-80, 284, 302, 332
sistema Ψ ("sistema de neurônios impermeáveis"), 218NT, 224-6, 228-35, 237, 240, 242, 244-52, 254, 256-7, 261-2, 265, 272-80, 284, 290, 302, 304, 307-9, 311, 317, 321
sistema ω ("sistema de neurônios perceptivos"), 218NT, 238-43, 245, 251, 253, 261-3, 268, 277, 302, 308-9, 317, 332
"Sobre a relação do corpo restiforme com o funículo dorsal e seu núcleo" (Freud), 18
"Sobre dois casos de monoplegia histérica do braço etc." (Charcot), 36NA
"Sobre o mecanismo psíquico dos fenômenos histéricos" (Freud e Breuer), 157NA, 208
"sobrenaturais", fenômenos, 112
socialismo, 349, 350
Sociedade dos Médicos (Viena), 78
sofrimentos, 114
"soma de excitação", 187
somático e psíquico, relação entre, 106-10; *ver também* psique, psíquica(s), psíquico(s)
sonambulismo, sonâmbula(s), sonâmbulo(s), 73, 103, 121, 139, 141, 143-4, 152, 183

ÍNDICE REMISSIVO

sonho(s), 31, 107, 117, 123, 125, 172, 181-2, 275-7, 278-81, 283-4, 288, 292, 298-9
Sonho, consciência da representação do (esquema A-B-C-D; gráfico de Freud), *282*
soníferos, 121
sono, 30-1, 43-4, 50, 66, 69, 71, 77, 81-2, 90-1, 94, 97-8, 102, 108, 120-1, 138, 151, 185, 215, 275-9
Strachey, 183NT, 285NT, 319NT
substituição, 92, 219, 283, 292
sugestão, sugestionabilidade, 51, 69-70, 76-80, 82, 84-5, 99, 102, 128-9, 131, 138, 141-3, 146, 148, 150, 184, 348; *ver também* autossugestão/autoinfluência/auto-hipnose; hipnose, hipnótica(s), hipnótico(s)
"sugestão", uso da palavra, 79
Sulloway, 216NT
surdez, 47, 204, 347; histérica, 47

tecido nervoso, 203, 205-6, 223
telefone, 298-9
tendão de Aquiles, 37
terapia, 59, 62, 89-92, 127, 135, 141, 145, 148, 183, 211, 216, 348
terminações nervosas, 232-5, 238, 240, 243
testículos, 43
Thomsen, 23
tipos de enxaqueca, 213, 215
tipos de paralisia, 190-1, 193
tique(s), 25, 158-9, 161-3, 173
tireoide, 174
Toeplitz, 25

tórax, 37
tosse, 63-4, 100
Tourette, síndrome de la, 25
transfert, 45, 65, 73-5
tratamento psíquico, 64, 105, 117, 119, 126, 128, 131; *ver também* psique, psíquica(s), psíquico(s)
trauma(s), 22-3, 54-5, 57-8, 171-2, 174, 181-3, 185-6, 188, 207-9, 297, 300
"traumática", histeria, 171
tríceps, 37
trigêmeo, nervo, 32, 37
Trousseau, 166
tuberculose, 29, 100
tussis hysterica [tosse histérica], 63-4; *ver também* histeria, histérica(s), histérico(s)

urinar na cama, 102

valor afetivo, 207-9; *ver também* afeto(s)
vasomotores, centros/reflexos, 45, 81-2, 98
vasos sanguíneos, 103, 111
vertigem, 30, 66, 100
vida psíquica, 98, 105, 109, 125, 131, 207, 242, 278, 288, 297; *ver também* psique, psíquica(s), psíquico(s)
vida sexual, 55, 174, 183, 289, 349
Viena, 14-5, 17, 25-6, 64, 78, 83, 85, 87, 90, 96NT, 170, 192, 343
vigília, 95, 99, 124, 126, 129, 141, 143, 158, 176, 182, 277-81, 283

Villaret, 65NT
visão, 22, 33, 46; *ver também* campo visual
vísceras, 44, 50
vômito, 32, 59, 150, 213
vontade, 12, 52-3, 60, 80, 98, 112-3, 118, 120, 134, 142, 146, 151-3, 155-7, 250, 276

xingamentos, 172, 197

Zeitschrift für die gesamte Strafrechtswissenschaft [Revista de Direito Penal Geral], 87
zona de indiferença entre prazer e desprazer, 243
zonas histerógenas, 37, 43-4, 46, 74; *ver também* histeria, histérica(s), histérico(s)
Zuntz, prof., 25
Zur Auffassung der Aphasien (Freud), 192
Zurique, 69, 87

**SIGMUND FREUD,
OBRAS COMPLETAS
EM 20 VOLUMES**

COORDENAÇÃO DE PAULO CÉSAR DE SOUZA

1. **TEXTOS PRÉ-PSICANALÍTICOS** (1886-1896)
2. **ESTUDOS SOBRE A HISTERIA** (1893-1895)
3. **PRIMEIROS ESCRITOS PSICANALÍTICOS** (1893-1899)
4. **A INTERPRETAÇÃO DOS SONHOS** (1900)
5. **PSICOPATOLOGIA DA VIDA COTIDIANA E SOBRE OS SONHOS** (1901)
6. **TRÊS ENSAIOS SOBRE A TEORIA DA SEXUALIDADE, ANÁLISE FRAGMENTÁRIA DE UMA HISTERIA ("O CASO DORA") E OUTROS TEXTOS** (1901-1905)
7. **O CHISTE E SUA RELAÇÃO COM O INCONSCIENTE** (1905)
8. **O DELÍRIO E OS SONHOS NA *GRADIVA*, ANÁLISE DA FOBIA DE UM GAROTO DE CINCO ANOS E OUTROS TEXTOS** (1906-1909)
9. **OBSERVAÇÕES SOBRE UM CASO DE NEUROSE OBSESSIVA ["O HOMEM DOS RATOS"], UMA RECORDAÇÃO DE INFÂNCIA DE LEONARDO DA VINCI E OUTROS TEXTOS** (1909-1910)
10. **OBSERVAÇÕES PSICANALÍTICAS SOBRE UM CASO DE PARANOIA RELATADO EM AUTOBIOGRAFIA ("O CASO SCHREBER"), ARTIGOS SOBRE TÉCNICA E OUTROS TEXTOS** (1911-1913)
11. **TOTEM E TABU, CONTRIBUIÇÃO À HISTÓRIA DO MOVIMENTO PSICANALÍTICO E OUTROS TEXTOS** (1912-1914)
12. **INTRODUÇÃO AO NARCISISMO, ENSAIOS DE METAPSICOLOGIA E OUTROS TEXTOS** (1914-1916)
13. **CONFERÊNCIAS INTRODUTÓRIAS À PSICANÁLISE** (1916-1917)
14. **HISTÓRIA DE UMA NEUROSE INFANTIL ("O HOMEM DOS LOBOS"), ALÉM DO PRINCÍPIO DO PRAZER E OUTROS TEXTOS** (1917-1920)
15. **PSICOLOGIA DAS MASSAS E ANÁLISE DO EU E OUTROS TEXTOS** (1920-1923)
16. **O EU E O ID, "AUTOBIOGRAFIA" E OUTROS TEXTOS** (1923-1925)
17. **INIBIÇÃO, SINTOMA E ANGÚSTIA, O FUTURO DE UMA ILUSÃO E OUTROS TEXTOS** (1926-1929)
18. **O MAL-ESTAR NA CIVILIZAÇÃO, NOVAS CONFERÊNCIAS INTRODUTÓRIAS E OUTROS TEXTOS** (1930-1936)
19. **MOISÉS E O MONOTEÍSMO, COMPÊNDIO DE PSICANÁLISE E OUTROS TEXTOS** (1937-1939)
20. **ÍNDICES E BIBLIOGRAFIAS**

PARA MAIS INFORMAÇÕES SOBRE A COLEÇÃO, ACESSE:
www.companhiadasletras.com.br

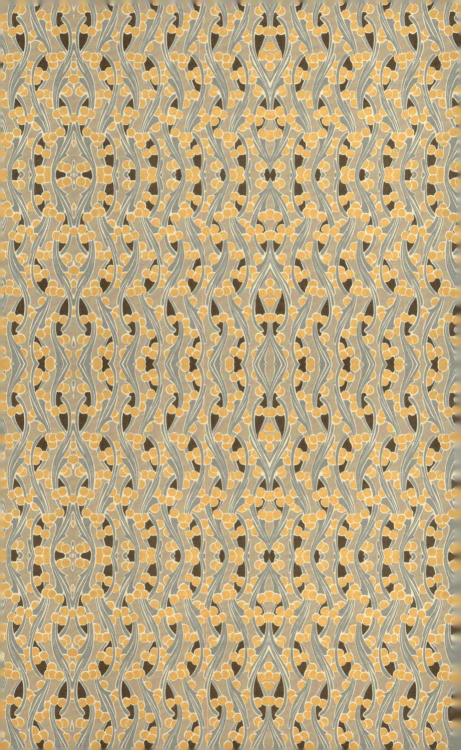